生きる力 知恵の力

白川好光
Shirakawa Yoshimitsu

くまがい書房

まえがき

　人は、生まれてから死ぬまでを一つの人生として、それを全うします。しかし過去、現在、未来を背負いながらそれぞれを満足に歩むことは難しいでしょう。辛さや苦しさ、多くの悩みをいだいて生き続けなければなりません。自分だけが不幸だ、運勢から見放されていると思う人も多いことでしょう。

　私たち人間は、因果の法則（過去の生き方に「因」があり、その結果としての現在が「果」）によって生きていることに気づかねばなりません。未来の自分（果）を見たいなら、現在の自分の生き方（因）を見ればいいのです。

　私はこの世に未練を残さぬよう、高校に夢と希望を託し入学した69歳の現役夜間高校2年生です。今の若者たちは、生きることの意味や大切さがわからず、生きる力と知恵の力をともに失っているように感じてなりません。

　本書は、ともに夜学で学ぶ友や未来ある若者たちだけでなく、ご夫婦、中高年の方を含め、広く一般の方々への応援歌のつもりで書きました。生き方に悩み苦しむ多くの方々の相談を受けながら、私自身の69年間の経験を生かした実践哲学をつくり上げてきました。そんな私の「生きる力と知恵の力」が、悩める多くの人たちの生きるヒントになり、世のため人のためになれば、これほどうれしいことはありません。

目次

まえがき　*2*

1　自分に残された今日という日は最初の日　*15*
2　社会では無言の闘争心と競争心が大切　*16*
3　良き習慣を身につけよ　*17*
4　実践に強い不立文字　*18*
5　人生の螺旋階段　*19*
6　なりたい自分になれる　*20*
7　人は常に平常心の心構えを　*21*
8　常識と非常識を知らない生徒たち　*22*
9　人生の根は深く広く強く　*23*
10　父親の存在感は子供に未来をもたらす　*24*
11　人生に大切な人脈力　*26*
12　自ら生き甲斐の創出を　*27*
13　言い訳だけでは進歩せず　*28*
14　謙虚な人間には周りから集まってくる　*29*
15　自分に自信をもつことの心の強さ　*30*
16　苦難に立ち向かう喜びを　*31*
17　子を思う親の気持ち　*32*
18　人間は信頼の中で絆が生まれる　*33*
19　能力より知識と知恵のやりくり人生　*34*
20　人生希望どおりに進まなくても、プラス思考が希望を招く　*35*
21　良い習慣は継続にあり　*36*
22　向上心を磨く元は他人の心から　*37*
23　合縁奇縁が今日、感謝されて　*38*
24　内憂外患は人間社会につきものだ　*39*
25　お客様の要望、叶えて実現　*40*
26　高低差を変えれば人の見方も変わる　*41*
27　現実の予想と想像と空想は紙一重　*42*
28　歳老いた脳が、十代に戻るとき　*43*

29	心の落ち込み、他人の栄養剤補給	44
30	夢と目標を追う者、追われる者	45
31	人間の心の中にはマイナス思考の嘆きが宿るのか	46
32	怒りと叱りと慰め	47
33	時間の活用は小間切れに	48
34	マイナス思考からの脱出	49
35	体験と経験に万を知って一を語れる迫力	50
36	共感力を養う喜笑哀楽	51
37	人生の第六感をフル活動	52
38	本心と真心を伝えるには向かい合って話すこと	53
39	聞くは一時の恥　聞かぬは一生の恥	54
40	できるのにやらない人、できないからやらない人	55
41	常に冷静、日々冷静	56
42	物事を多角的に判断することの大切さ	57
43	義理人情は人の恩へのお返し	58
44	人は何かに挑戦して夢を見る	59
45	魅力ある人間には愛がある	60
46	道ばたにこんなに幸福が落ちていた	61
47	人生で長い道のりを歩いてきた人々に	62
48	昔の経験から謙虚に学ぶ	64
49	言葉は自分自身の心の声	66
50	見方を常に変える思いやりを	68
51	日本の社会事情は自分の自立心の心得	70
52	時の刻みは人生の刻み	72
53	人生の生き方。「人は城、人は石垣、人は堀、情けは味方、仇は敵」	73
54	人生の割合はその時々にて変化する	74
55	日々の遭遇を素直に受け入れることが大切	75
56	人間社会の規則と学校の規則。「道徳倫理」	76
57	桜も見る角度を変えれば美感も変わる	77
58	人の育て方は、70％褒めて30％叱り、怒りは０％で	78
59	約束が守れないのは身勝手な考え方の人	79

60 尊敬される人には、それだけの因果の実績がある　*80*
61 性格は変えられる、それに気づくことだ　*82*
62 人生浮世は回り持ち　*84*
63 家庭円満は生活の家宝　*85*
64 気を配って見渡せば幸福にも出会える　*86*
65 花は桜木、人は武士、人生の無常感　*87*
66 大功を成し者は衆に諮らず　*88*
67 現在の自己管理ができない人は、将来の管理もできない　*89*
68 妥協のできる人生はうまい生き方　*90*
69 人は生まれたときの条件を工夫して生きる　*91*
70 「自分を大切に、人を大切に、時間を大切に」生きる　*92*
71 酸いも甘いも嚙み分ける経営哲学　*93*
72 社会の規則順守は人間の基本　*94*
73 夕陽と雲と雑草だけでも感じられたら幸せなんだよ　*95*
74 心の奥に秘めた闘志と競争心　*96*
75 今置かれた環境を素直に受け入れよ　*97*
76 長者の万灯より貧者の一灯　*98*
77 未知への挑戦は人生の自信にも　*99*
78 一日の始まりは豊かな目的から　*100*
79 規則正しい原則　*101*
80 人生の無常感、儚いもの　*102*
81 子供の性格は家庭環境、特に親の存在が大きい　*103*
82 転ばぬ先の杖、用心すれば失敗なし　*104*
83 人生もゴルフも心技身動　*105*
84 信念を貫く心がけ　*106*
85 思いどおりにいかないのが人生　*107*
86 性格は変えられる180度の転回　*108*
87 艪櫂の立たぬ海もなし　*110*
88 合縁良縁は時の縁　*111*
89 父の背中は今も瞼に　*112*
90 自分自身の身を守る心がけ　*114*

91	即決即断する判断力	*115*
92	自分の存在意義	*116*
93	会者定離	*117*
94	死ねば死に損、生きれば生き得	*118*
95	事後の熱さは夫婦も経営も	*119*
96	自分を守り続ける	*120*
97	良心、邪心の迷い道	*121*
98	人生の汗と質	*122*
99	杞憂	*123*
100	八方塞がり	*124*
101	過去と現在、読める人なし	*125*
102	「言葉の誤解」がん患者には、きつい言葉	*126*
103	大阪の中学生を救ってやれなかった他人社会	*127*
104	運否天賦、遅れて咲いた額紫陽花	*128*
105	人の恩は一生忘れず	*129*
106	人生、コツコツ積み重ね	*130*
107	己に勝つことは、世に勝つこと	*131*
108	失敗から学ぶ経営哲学	*132*
109	口は禍のもと、口は重宝	*133*
110	夢を語るなら、そのものを好きになること	*134*
111	心の広さは、人生の広さ	*135*
112	人を敬う心は常に姿勢から	*136*
113	笑顔は心の曇り止め	*137*
114	心の広い人間性に学ぶ　広角、望遠、マクロレンズから学ぶ哲学	*138*
115	不幸顔と幸福顔	*139*
116	雑草だって美しく生きている	*140*
117	人生の"時期尚早"の判断の大切さ	*141*
118	坐して喰らえば山も空し	*142*
119	味のある人間	*143*
120	取り越し苦労の父の笑いジワ	*144*
121	生かされて感謝の日々	*145*

122	悪天候もいつかは必ず晴れる。人生の天気も	*146*
123	日々、工夫の大切さ	*147*
124	歌は世につれ、世は歌につれ、時の想い	*148*
125	社会では無言の競争心が大切	*149*
126	粉骨砕身。今では遠くになりにけり	*150*
127	冬来たりなば、春遠からじ	*151*
128	謝罪の行動は効果的に	*152*
129	人生、常にチャンスと逆転あり	*153*
130	人生の長ーい道のりの歩き方	*154*
131	三毒煩悩。透明な雫のように	*155*
132	花のように、人のように「隠れたるより現るる」	*156*
133	感動は脳を活性化して、退屈は脳を衰退させる	*157*
134	子供の悩みから親は逃げてはいけない	*158*
135	無功徳心の難しさ	*159*
136	心に暗示を行動に勇気を	*160*
137	趣味は人を生かす、無趣味は人を無気力に	*161*
138	大きすぎる希望より、身の回りの小さな希望	*162*
139	私に刺激された教授の言葉	*163*
140	人の一生は重荷を負うて遠き道を行くが如し	*164*
141	悲しき時は身一つ	*165*
142	我がものと思えば軽し傘の雪	*166*
143	目的なき夢は幻想に過ぎない	*167*
144	タイミングとチャンス	*168*
145	高慢は出世の行き止まり	*169*
146	夫婦は老いるほど趣味が一緒に	*170*
147	立ち直った少年、大志を抱け	*171*
148	人は本音で位置を語る	*172*
149	人生の生き方は、考えにある	*173*
150	知識があっても対応力がない	*174*
151	あなたが生きてこそ人生	*175*
152	失敗なんて恐れるな	*176*

153	子供時代のもったいない貧困生活	*177*
154	孟母三遷の教え	*178*
155	善人は支えあって善人になる	*179*
156	「絶対」という言葉の誤認	*180*
157	うれしくも、楽しくも	*181*
158	精神一到	*182*
159	心の１ミリの積み重ねが人を成長させる	*183*
160	能動的精神力	*184*
161	子は親の背中を見て育つ	*185*
162	朝の活力は行動を生む	*186*
163	一日再び晨なり難し	*187*
164	さりげない貢献、小さな親切	*188*
165	医食同源	*189*
166	愛のない子育ては親の失格	*190*
167	あらゆるものが生きている	*191*
168	塵も積もれば山となる	*192*
169	己の尺度を知れ	*193*
170	精神力が高まれば、仕事も向上	*194*
171	気づきを信じて	*195*
172	考えて悩んでも	*196*
173	一日一生	*197*
174	晩年の幸せは、常に前向きの姿勢から	*198*
175	継続は力なり、何事も実になる	*199*
176	人は歳相応の生き方を	*200*
177	経営哲学、健全経営、小さな経営大きな安定	*201*
178	他人への思いやりと自分への気配り	*202*
179	動けるだけでも、笑えるだけでも、生きているだけでも幸せと思え	*203*
180	まだ見ぬ人への合縁奇縁に感謝	*204*
181	ロウソクは身を減らして人を照らす	*205*
182	過去の自分をありのままに受け入れる	*206*
183	親は心の奥に一生生きる、これも親孝行かな	*207*

184	予想、想定も、今の現状が正直	*208*
185	賢い生き方、謝ること、許すこと	*209*
186	人は一代、名は末代	*210*
187	行動には優先順位を	*211*
188	人生の重さのプラス思考	*212*
189	名馬に癖あり	*213*
190	死しての千年より生きての一日	*214*
191	自分を鍛えよ	*215*
192	人のために喜びを	*216*
193	逆境の時こそ恵みの時	*217*
194	晴好雨奇	*218*
195	信用は無形の立派な財産である	*219*
196	辛いときこそ、自分を励ます	*220*
197	一人でない人間と一輪でない花たち	*221*
198	人々に話すコツは四つ	*222*
199	合掌の心	*223*
200	他人の幸せも自分の幸せ	*224*
201	愚者も一得	*225*
202	以心伝心	*226*
203	一視同仁	*227*
204	明日への道筋は自分づくり	*228*
205	生き方と感じ方	*229*
206	光陰、矢の如し	*230*
207	考え方の心理学	*231*
208	チャンスとタイミングの大切さ	*232*
209	今日の一針、明日の十針	*233*
210	人に一癖	*234*
211	人生の分岐点	*235*
212	考え方を変えると人生変わる	*236*
213	測りがたきは人心	*237*
214	心の耳を養う	*238*

215	親思う心に勝る親心	239
216	同気相求む	240
217	向かい風に立ち向かう	241
218	股肱の臣	242
219	合縁奇縁は不思議な縁	243
220	謙遜の心	244
221	土仏の水遊び	245
222	勝った自慢は負けての後悔	246
223	世の中は九分が十分	247
224	人生は浮き沈み	248
225	時が終わりを告げる	249
226	人間の波長の法則	250
227	悲しみを感謝に変える心	251
228	人間の弱さは、自分も他人も同じ	252
229	夫婦の思いやりとお返しの心	253
230	必要なのは心の余裕	254
231	今ある人間関係は宝の山	255
232	前向きな考えで人生変わる	256
233	ないときの辛抱、あるときの倹約	257
234	理に勝って、非に落ちる	258
235	自分の幸せ見えず、左見右見	259
236	見えない言葉、見える言葉	260
237	歯亡びて舌存す	261
238	人ある中に、人なし	262
239	志ある者は、事竟になる	263
240	落花情あれども、流水意なし	264
241	親父の背中は生きた教材	265
242	自分を探す、内観法	266
243	花一時、人一盛り	267
244	後生は徳の余り	268
245	苦労、厳しさ、熱意があって、幸せ感じる	269

246	一心不乱の姿	*270*
247	日本の家族の絆の崩れ	*271*
248	失敗から学ぶ訓練	*272*
249	温もりの選択	*273*
250	明確な目標は成功の源	*274*
251	人間の優しさと悪意	*275*
252	神の小池のような心を	*276*
253	言葉のすり替えが幸福を呼ぶ	*277*
254	相手を気遣う言葉の大切さ	*278*
255	不得手な人にも愛語	*279*
256	鏡と微笑み	*280*
257	人間文化の絆の変化	*281*
258	心の曇り止め	*282*
259	塵も積もれば山となる	*283*
260	環境と植物と人間	*284*
261	無縁社会からの脱出	*285*
262	人は人なり、我は我なり	*286*
263	ぜいたく不況	*287*
264	百花繚乱	*288*
265	治に居て乱を忘れず	*289*
266	彼も人なり、我も人なり	*290*
267	忠言耳に逆らう	*291*
268	心の犠牲計りきれず	*292*
269	石の上にも三年	*293*
270	好機逸すべからず	*294*
271	愚か者に福あり	*295*
272	融通無碍	*296*
273	人事を尽くして天命を待つ	*297*
274	普通の言葉を言える人はどこかに自信が	*298*
275	家族と親子	*299*
276	やればできる何事も	*300*

277	自殺防止支援「蜘蛛の糸」	*301*
278	天を恨まず人を咎めず	*302*
279	虚仮の一心	*303*
280	一念、天に通ず	*304*
281	花も人も運は天にあり	*305*
282	天は自ら助くる者を助く	*306*
283	子供の心、伸ばすつもりでダメにする	*307*
284	考え方と習慣の改め	*308*
285	子供の引きこもりに力を注ぐ	*309*
286	自分が変われば人生変わる	*310*
287	類をもって集まる	*311*
288	有為転変は世の習い	*312*
289	功成り名遂げて身退くは天の道なり	*313*
290	学ぶ門に書来る、経営哲学に成功来る	*314*
291	人の七難より我が十難	*315*
292	鶴の脛も切るべからず	*316*
293	苦楽は生涯の道づれ	*317*
294	不運を努力で変える	*318*
295	下種の1寸、のろまの3寸	*319*
296	人間に大切な性教育	*320*
297	詫びる心には見栄もプライドもいらない	*321*
298	信じるは自分なり	*322*
299	言葉の善悪	*323*
300	親の鑑と子供の目	*324*
301	植えぬ種は生えぬ	*325*
302	困難を乗り切るのに無駄はない	*326*
303	天才秀才型に劣らぬ社会実践型の強み	*327*
304	自分の心と運の強さ	*328*
305	ありのまま、人間一生	*329*
306	子供に真の教育を	*330*
307	親苦、子楽、孫乞食	*331*

308	老いては子に従え	332
309	運・根・鈍	333
310	大器晩成	334
311	心のねじれ現象	335
312	思いやりと気配り	336
313	仏千人　神千人	337
314	才能は努力を継続する力	338
315	無気力	339
316	継続は力なり	340
317	辛抱の人	341
318	人間は不完全	342
319	恩と仇	343
320	楽は苦の種、苦は楽の種	344
321	忍耐と辛抱	345
322	向上心	346
323	泣き人生	347
324	三つの年齢	348
325	盲亀の浮木	349
326	ため息3に不幸が3	350
327	孔子も時に遇わず	351
328	千載一遇	352
329	指切り拳万針千本	353
330	人生に無駄なし	354
331	桃李不言下自成蹊	355
332	怒りと叱り	356
333	親馬鹿子馬鹿	357
334	親の口出し	358
335	人間の悩みは努力して初めて解決	359
336	夫婦の絆は愛情と思いやりと信頼感	360
337	千畳敷に寝ても畳1枚	361
338	寸善尺魔	362

339	親の心 子知らず	*363*
340	人生は一日にしてつくれず	*364*
341	大器小用	*365*
342	果報は寝て待て	*366*
343	駑馬に鞭打つ	*367*
344	捕らぬ狸の皮算用	*368*
345	勝者と敗者の差	*369*
346	人間の生きるコツ	*370*
347	若者よ大志を抱け	*371*
348	粒々辛苦	*372*
349	無気力な子供に向かう親の熱意	*373*
350	目で語りかける無言の会話	*374*
351	精励恪勤	*375*
352	老馬の智	*376*
353	心の豊かさ、物の豊かさ	*377*
354	生きている 幸せ喜び	*378*
355	身から出た錆	*379*
356	全身全霊	*380*
357	玉磨かざれば器を成さず	*381*
358	夫婦は合わせ物　離れ物	*382*
359	教育現場、正義の無罪	*383*
360	無理な個性、自然の個性	*384*
361	仁者は憂えず、知者は惑わず、勇者は恐れず	*385*
362	信用心と猜疑心	*386*
363	子供と環境と植物	*387*
364	一日の一生と一生の一日	*388*
365	人生計画は生きるうえで大切な基本	*389*
	あとがき	*390*

生きる力 | 知恵の力

1 自分に残された今日という日は最初の日

　今日という日は私にとっていつも最高の日である。何があろうとも何が起きようとも今日の日は私にとっての最初の日であり、最高の日なのだ。昨日の日は過去の日だ。悔いも未練も残さず、昨日は過去となって過ぎ去っていく。それを追っても無駄になるだけだ。

　今日という日はこれからの最初の日である。明日はどんな夢が見られるだろうか、明日はどんな出会いに恵まれ、喜びや楽しみがあるだろうか。そんな未来に続く、すべての最初の日が今日だ。過去の悔しさもいらない。戻ろうとしてもできないが、今日の行いは明日への反省になり、経験になる。今日の教訓を生かして明日が来る。めそめそしても昨日には戻れないが明日には進める。何があろうと今日の最高の人間修行の場である社会を生き抜いた幸せ。「笑えただけでも幸せ。動けるだけでも幸せ。生きているだけでも幸せ」と思えることの幸せ。今日という日に行動しなければ、すぐ今日の一日は終わる。今日という日は未来に向かって開かれた最初の日、うれしいね。

　「晴れても曇っても、泣いても笑っても、一日は一日。まず精一杯生きることから」

　今日という一日が始まる最初の日に幸せと感じて生きているなら、明日は努力して出会いの縁と運勢をつかもう。そう考えなくては良い方向には進まない。

　未来へとつながる人生の最初の日が、今日である。

2 社会では無言の闘争心と競争心が大切

　久しぶりに強い相手に巡り会えた。私より10歳も若い59歳の人に闘争心が掻き立てられた。歳の差は仕方がないが、出だしから相手の連続バーディには参った。その差がついたままで終わってもいいが、負けてなるものかとファイトが湧くのが人間。遊びだからどうでもいいやと諦める人も多いだろう。たかがゴルフだからそれも一つの考え方。でも私の性格か、競争心が湧いてしまう。それだけ自分には自信があるという驕りかもしれないが、勝つためにはそんな驕りも役立つのではないだろうか。自信があるから好スコアーを出し、好スコアーが自信につながる。

　必ず相手もどこかでミスが出るものだと信じて、じっとチャンスをうかがいながら自分のペースを保って耐えられるかどうかが勝負の分かれ目になる。スポーツでも社会でも、これは必ず当てはまるものだと思う。初めから歳の差があるから負けたとか、相手の体格がすぐれていたから負けるとか、勝負をしないうちからのマイナス思考は、あまり褒められたものではない。

　今の子供たちや若者たちは、競争心も闘争心もなく、汗をかくこともせず、弱気なうえに諦めも早く我慢も努力もせず育っている。そんなことでは社会に出ても簡単に負けてしまうのではないだろうか。勝敗は時の運にもよるが、80％は実力だ。

　久しぶりに強い相手とプレーができとてもうれしかった。言葉に出さずとも心の中では「やったー」と自分を褒めたい。

3 良き習慣を身につけよ

　日常の習慣には、皆それぞれ目的と目標があり、やむなくやらねばならない習慣もあろう。どれにしても人々はこの社会の中でいろいろな習慣に縛られて生きている。

　昔は「成人病」といわれ、今では「生活習慣病」という言葉に変わったが、この病気も習慣が生み出したものといえる。病名は変わっても、習慣がもたらす人の身体的な変化や病状は昔と少しも変わらない。

　地球上の伝染病の菌が抵抗力を増してまた新たな病が世界中で猛威を振るっている。エボラ出血熱などは世界人類を滅亡させる病のようだ。新薬も開発され、エボラウイルスの撲滅まではいかないにしても、感染した人が回復するなど、効果は証明されている。人間の能力は凄いものだ。

　仕事や家庭、学校の良い習慣だったらまだしも、病に倒れて薬漬けになるような習慣だけはつけたくないものだ。どうせこの世に生きているなら、良い習慣だけ身につけて、悪い習慣は止めるようにしたい。

　今問題になっている危険ドラッグも、見えない所で広がっているようだが、危険ドラッグを習慣にすると人間を滅ぼす。悪い習慣は人生に失敗をもたらすだけ。

　悪い習慣を止めて良い習慣に変えるには、コツコツと努力を積み重ね、それを習慣にする心構えが大切だ。

4 実践に強い不立文字(ふりゅうもんじ)

　言葉や文字では表せないものがあり、それを禅宗では不立文字という語で示した。

　よく世間では、経験者でなければ真実を語れない、文字や言葉だけでは言い表せない、だから心から心へ伝えるしかない、といわれる。いくら言葉で解説や説明をされても1回でも経験した方がよくわかり、自分自身が1回も体験していないことは、本当には語れないという意味で、「百聞は一見に如かず」といわれるが、それに近いものがある。仏教の修行を積んで初めて語れる言葉、それが不立文字の意味かもしれない。

　私も長年生きてきて、これまでの体験や経験は、魚が池で泳ぐような強さや楽しさで語れるものだ。そこは自信があるから真実の経験を語ることができ、聞く側も迫力と感動を与えられるから皆さん納得していただけるのだろう。

　世の中には専門の解説者も偉い研究者もいるが、東日本大震災の際には、原発事故の対応で現場の吉田所長の方が、いわゆる専門家よりも的確な状況判断をしていたのを思い出す。原子力安全神話がいとも簡単に崩れ、それが机上の空論だったことがわかった。真実は言葉だけでは表すことができないのだから、言葉に惑わされたりとらわれたりしてはならないということを教える災害だった。人間関係も同じで、言葉で伝わらない「真心」や「感謝」の気持ちをいかに伝え、いかに相手の真心を受け入れるかは、各自の考える力と人間力によるのかもしれない。

5 人生の螺旋階段

　この世のありとあらゆる物事の仕組みは、十如是によって回っている。その十とは、相―性―体―力―作―因―縁―果―報―本末究竟等のこと。如是とは「是の如し」で、そのとおりになるという意味だそうだが、なかなかこの十のようにはいかない。善い結果を作る要因は善い螺旋回転、悪い結果を作る原因は悪い螺旋回転にある。過去から現在、そして未来へとぐるぐる螺旋回転を繰り返し、また相に戻ってくる。人生の悪い回転を善き回転に変えるには、努力することだ。自分の生活態度や健康管理、対人関係によって、大きく変わってくる。自分の何気ない行動や言葉が周りに影響を及ぼし、十のそれぞれの要素に影響していくのだ。

　もしあなたが不幸なら、それはあなたが不幸に向かって歩んだわけで、幸せなら幸せに向かって歩んできたからである。皆が幸せに向かって歩めば平和な社会になり、己も幸せになるものだと思う。たとえ不幸でも自分が一つひとつを弁えて十是如を善い方向へ転換する努力が必要だ。

　先祖代々の環境や条件もあるだろう。しかし今を生きている自分の行動や対人関係で頑張ることに意味がある。今という時は、未来の子供に伝わる螺旋階段の始まり。諦めずに幸せの道へ向かうように意識し、自ら改革して進めば、必ず幸せになれる。螺旋階段は、焦ることなく一歩一歩ゆっくりと、幸せを願って上ってゆけば、必ず叶えられるものだと信じている。

6 なりたい自分になれる

　自分が好きですかと問われたら、自分が好きですと言えなくてはならない。自分自身が嫌いであるなら、好きな自分自身にはなれないのではないだろうか。せっかく「なりたい自分になれる」と目標を置いても、自分が嫌いなら無理だろう。自分のことが好きであればこそ、なりたい自分になれるし、未来へ向かうこともできる。

　世の中の抵抗もあるだろうが、いちばんは余計なものを取り払うことだ。地位も名誉も見栄もプライドもすべて捨て去り、無心になって悟りの境地に向かう。それに対して誰かが何かを言うだろうか。

　行動するごとに他人のやっかみは起きる。そんなときは少し休むことだ。ゆっくりお風呂に入り「幸せだなー」と一息入れ、本を読んで静かに眠ることも幸せの一つ。周りに惑わされて世間体だけ考えるよりも、心を静めて幸せ感をもつことだ。社会の雑音に惑わされず、軽挙妄動せず沈思黙考して、「なりたい自分になれる」ような人生の哲学を作ってみてはいかがだろう。

　長所もあるが、短所も欠点もたくさんある自分の特徴を変えられると思えば、楽しくもあり幸せにもなれると思う。自分づくりを諦めず、努力していますか？　自分が嫌いなら自分を変えることだ。自分が変われば周りも変わる。周りが変われば世の中も変わる。世の中が変われば宿命まで変わり幸福な未来が開けるだろう。

7 人は常に平常心の心構えを

　平常心とは「普段どおりの平静な心を保つ」こと。人間生きていると、これがなかなかできない。難問に突き当たったとき、これから難題に挑戦しようというとき、不仲な夫婦が離婚調停のための行動を起こすとき、受験生たちの試験当日……など、平静どころか、緊張感で体調を崩すこともあるだろう。

　人間は常にありのままでいたいもの。平常心を失えばふだんの実力の半分も発揮できない。平常心になるためには、ある程度、何事にも自信をもつことが大切だ。入試や試合、あるいは発表会を前にしても、自信があれば平常心をもてる。

　ふだんの努力が不安を上回っていれば、怖さもなくなる。不安やマイナス思考に自分がとらわれてしまったら、いくら努力しても頑張ってもうまくいかないだろう。日々、平常心を心がけ、何事にも動じない強い心をつくる訓練を積み重ねることだ。

　ありのままに挑戦していくには平常心が必要だ。緊張感も大切だが、度を越えてしまうと金縛り状態になってしまう。私などそのいい例だろう。若いとき、自信のなさから、人前で話すときには手足が震えたものだった。

　今では人生の経験を積み、訓練も重ねてきたから、長所も短所も自分の特徴として、自信をもって実践に臨むことができる。常に平常心でいることができる。今通っている夜間高校の試験も、ふだんから予習復習を怠らずに続けているから、不安もなく平常心で臨むことができている。

8 常識と非常識を知らない生徒たち

　夜間高校の入学式のときから、常識のない生徒たちが目についていた。常識の範囲を心得ている生徒は、おそらく家庭教育か周りの社会人から学んでいる。特に祖父母のいる家庭環境で育った生徒たちは、それなりに人生経験の長いおじいちゃん、おばあちゃんから厳しく言われているに違いない。

　子供が成長していく過程で身につけねばいけない常識は、確かに学校でも学ぶが、大半は家庭で教えられるものだろう。私が学ぶクラスでのこと。遅刻して教室に入ってきても、先生の前を悪びれることなく挨拶もせず通る生徒や、先生から答案用紙を返却されるとき、先生の顔も見ないで片手でバッと取る生徒がいる。注意されても素直に聞く態度であれば良いが、反省の余地もないのはどうかしている。先生に対して敬う心がまったくない。こんなことで、就職して社会人になっても生きていけるのだろうか。そのままでは、会社の中で仲間もできない。

　家庭で教わる生活の常識、学校で教師から学ぶ常識、社会に出て対応できる常識は、学生時代から身につけていなければ、いざというときに常識的な対処ができず、自分が困るだけだ。今は小学校から英語の学習が始まっているが、その分、道徳や倫理を学ぶ時間が少なくなり、どんどん常識から遠くなってしまう。学校で道徳を教える教科も教師も減れば、常識のない悲しい生徒がどんどん増えてしまう。生徒たちは、いつどこで社会の大切な常識を学ぶ機会をもてるのだろうか。

9 人生の根は深く広く強く

「なるほど」という言い方をよく聞く。漢字では「成る程」と書くが、自然に合点がいったとき、または相手の話に相槌を打つときに発する言葉。ある意味で謙虚さでもある。なるほどー、そうかー、などと、いつも平和主義のように日常生活でよく使う言葉なので、いい感じだと思っている。私はこの言葉を何度言ったことだろう。

私の知り合いにこの言葉をよく使う人がいる。大変苦労して波瀾万丈の人生を生き抜いてきた人間。妻を亡くし、会社は倒産、自殺未遂までしたが命だけは助かった。今生きていることが信じられないという。この苦労人の凄まじい話に、とっても自分ではできるものではないと、私は自分の弱さを感じた。その人の苦難を思うと、今の人々の苦しみや苦痛はたいしたことのないようにさえ思えてしまう。針のムシロどころではなく、地獄を歩いてきたような人生の語りに納得するより他なかった。それからしたら私の苦労など苦労なんていえたものではない。

今は人々のため、自分のため、世のために貢献し、悟りを開いたのだろうか。そのためには自分の命の根っこは広く深く地中に伸び、台風にも水害にも干ばつにもびくともしない。人生を振り返って気がつくと、太い根っこに成長していて感動したという。人には人の生まれた環境があり、育った家庭の条件もある。職場にも夫婦にもさまざまな人生の障害があるが、上には上の苦しみがあるものだと思った。

10 父親の存在感は子供に未来をもたらす

　両親が離婚した男の子の「お父さんに会いたい」という発言には、その子の寂しさとやりきれなさの気持ちが深く刻まれていた。小学校高学年にもなると、自分の考えをしっかりもっているようだ。親の理由で離婚すれば、子供の成長にも何らかの影響は出てくるものだ。理由はどうであれ、別れた夫婦はそれぞれ自分を正当化してしまう。

　昔の教育かもしれないが、時代が変わっても夫婦の絆はいつの世も通用するものだと思う。努力も忍耐もせず、思いやりに欠け愛情も冷め、辛抱強さを忘れ、簡単に楽な生き方を選んでしまうような夫婦が増えたような気がしてならない。

　離婚で犠牲になるのは子供たちであることをわかっているだろうか。お互い考えて努力し、協力し合い気配りしながら支え合う夫婦に戻れないものだろうか。

　今の世の中は男女平等といいながら、会社の収入も地位も平等なのか。戦後、女性と靴下は強くなったと、かつて言われていたのを思い出す。父親の力不足も認めなければならない社会、就職もままならない厳しい社会、共稼ぎ夫婦の多い社会で、生活費を切り詰めなければならないこともあるだろうが、子供の成長に父親の存在感がなくてはならないときもあると思う。中学、高校ともなれば、考え方も一人前になる。立派な考え方ができる子供を見るのはうれしいものだ。

叱ってくれる父親、相談できる父親、行動も一緒にできる父親、これは子供たちの願い。母親をダメとはいわないが、どうしても子供たちはなめてかかっている。母親をバカにして見下すことは、よくある話だと思う。子供たちは、両親がそろった夕食、夢のハイキングに家族そろって行き楽しい笑い声に包まれること……それを望むのは子供たちなのに、大人の理由で夫婦が常識からかけ離れていってしまう。日本の常識から夫婦円満の言葉は消えてしまったのだろうか。子供たちが犠牲になるのは親の責任。家庭教育の崩壊、学校教育にも影響を及ぼす学級崩壊、それを引きずり対応できないでいると、いずれ社会崩壊してしまいかねない。

　父親の存在感の大切さは、この前の子供の相談からつくづく感じた。誰だって望むのが幸せな家族。相談で聞いた子供たちの心境を考えると、両親はどちらが欠けてもあまりいいものではない。

　でもなかには女手一つで立派に育てている人もいる。お父さん一人で子供を立派に育て上げたという例もある。それはたまたま子供たちの性格、考え方がしっかりしていたということもあるだろう。ひねくれず、曲がらず、落ち込まずに育った子供たち自身を褒めてあげたい。

人生に大切な人脈力

　私は人生をこの老齢まで歩んできた。経験と実践を積んだお陰で、能力以上の仕事をしてきたと思っているが、人間関係の大切さを嫌というほど知らされて生きてきた。何十回何百回何千回も人々とつながることによって今の私がここに生きている。それに対する感謝の言葉と気持ちを常に忘れないことが重要だと感じる。

　あの人に会ってあのとき助けられた、この人がいたから、今の会社経営の土台ができた……等々、さまざまな人間関係が自分という人間を創り上げてきたのだと歳を重ねるにつけ思い出す。今までに人とつないできた手の長さを合計すると、いったい地球を何周していることだろう。特に仕事関係や社会生活、趣味にしても遊びにしても縁結びにしても、どれほど人様に助けられたことか。仕事関係も運勢も、この世は皆、人脈によって成り立っているかと思うと、感謝感謝。人間一人では到底生きることはできない。もしできたとしても、寂しい人生ではないだろうか。人々が周りにいるからこそ励まし合えるし支え合える。その関係は素晴らしい幸福感をもたらしてくれる。夫婦になって子孫が増えて先祖代々つないでいくことが家族の人脈力。私の息子たち夫婦、その子供たちや孫まで入れると、すでに10人もの子孫につながっている。他人との縁も出会いや運勢も、人と人とのつながりから生まれる。行動によってその人脈を活用できれば素晴らしい。この人脈力を永遠に継がせたい。

12 自ら生き甲斐の創出を

　人間にとって、その日の予定がないくらい、退屈なことはない。定年退職者や病気で体力が弱っている人間は、朝起きた瞬間からやる気も起きず、ただただ無気力になってしまうらしい。することもなく、行く所も目的もなく、行動力もないから最初の一歩が踏み出せないそうだ。

　朝目覚めてから寝るまでの間に16時間はある。仕事もなく趣味もなく一日ごろごろの単調な生活の毎日では気が抜けてしまうだけ。新しいことにチャレンジすれば精神は若さを取り戻すと思う。趣味でも仕事でも目的あることが朝の目覚めも良く日中の行動にも活気が湧いてくるものだと。カルチャーセンターなどへ足を運んで学ぼうという精神面の行動力が必要だ。

　私の知り合いに、幸か不幸か80歳になって会社の立て直しのために働かなければならなくなった人がいる。借金返済のために今一所懸命働いているが、仕事があるから毎日の予定が組め、健康づくりにもなっている。もしお金に困らず借金もなかったら今の社長の元気さはなかったと思う。お金がなくても今が幸せかもしれない。何歳になっても現役で働いて趣味を生かし、人生を続けたいものだと思う。やりがいも生き甲斐も自分から積極的に行動してつかむもので、他人から与えられるものではない。生き甲斐は自ら創りだすもので、待っていては一生かかっても近寄ってはこない。歳老いた現実をワクワクして生きること、これが初老の青春だ。

13 言い訳だけでは進歩せず

　何事にも「言い訳」ばかりする人がいる。環境が変わると不利な状況に追い込まれることがある。切羽詰まると、現実を素直に認められず、自分を正当化してしまう。それが言い訳になる。我が社でも、仕事上のちょっとしたことで注意をしても、何だかんだと言い訳をする社員はいる。

　余計なプライドがあるためか、自分の不備や失敗を素直に認めない。おそらく本人も気がついてはいるのだろうが、こういうタイプの人間は嫌われる。相手がその人を思いやって心構えを諭し注意しているにもかかわらず、その心を読めないような人物は、人生で大きな損をすると思う。人様の心のこもった指導には、地位もプライドも捨てて耳を傾け、社長だって校長だって部長だって、部下の進言は素直に聞き入る気持ちが欲しいものだ。

　不登校の子供たち、引きこもりの若者たちには、必ず原因の期間があったはず。だから言い訳してくる彼らの気持ちもしっかりと受け取めなければならない。彼らの言い訳は、こちらを信頼して言ってくるのだから、聞いてあげたうえで理解し、説得すれば彼らの進歩にもつながるだろう。

　言い訳は、失敗の原因を他に転換をしたがる人間の心の逃げだと思う。自分の置かれた状況をしっかり見つめ直して、天井見るより足元から腐っている自分に気がつくことだ。すべてをありのままに受け入れられる人間は進歩する。

14 謙虚な人間には周りから集まってくる

　あなたは自分を謙虚な人間だと思いますか、思いませんか。今の自分の状況を見ればよくわかるでしょう。過去の年月、周囲の方々にどのようなことをしたか、その結果が「今」なので、周りを見渡せばよくわかるはず。

　人間生きていくには謙虚な心が大切で、これも社会学の一つ。謙虚の反対に、傲慢でわがままな人間がたまにいる。驕り高ぶってプライドだけは強く、人様を侮り見下して馬鹿にする。こんな礼儀を欠いた人間には謙虚さの大切さを学ばせたいものだと常に思っている。謙虚な人間は控え目で素直な人間性が現れるものだが、偉い人が地位や名誉を表に出しながら話の中で自分を謙虚な人間であるかのようにいう馬鹿な人間もこの世にはいる。地位が高く名誉職で高学歴であろうとも、それを表に出さず良い仕事をしている人々はこの世にたくさんいる。

　人の話を素直に受け入れ、人の悪口も言わず侮ることもなく、人にやさしく周りに常に気配り目配りを忘れず、いつも低姿勢の人には周りから寄ってくるものだ。会社が倒産したときによくわかる。それまでの社会での行動が周りの人々を自然に呼んでくる。

　正解であっても鬼の首を取ったように傲慢になるのは、己に勝って世間に負けるということ。気がつけばいつしか孤独になっている後悔続く人生にはなりたくないものだ。謙虚な心には必ず良好な人間関係が生まれてくるものと信じよう。

15 自分に自信をもつことの心の強さ

　人間は生まれて何年目くらいに自信の心をもつようになるのだろうか。もしかして生後半年ほどで、「自信」が芽生えるのかもしれない。赤ん坊が泣き声で空腹を母親に伝える行為は、自信の表れのようにも見える。母親が微笑めば、言葉もわからない幼子でも微笑みを返す。これは自信が生まれている証拠。成長とともに、わがままを発揮して自分の思うとおりにしようとするのは、自信の心が強くなっているからだ。

　こうした自信は子供にとっては大切で、大人が褒めることで、その自信の心は育っていく。誰でも褒められればうれしいもので、その繰り返しが子供に自信をつけ、成長させる。大人になっても、何事にも自信をもって行動する人間は強い。ただしその自信は、努力と忍耐と情熱があるから出てくるのであって、この三つの要素が成功への道を開いてくれる。

　私の後輩に、田舎の貧困家庭に生まれ、高校時代から就職し、高校大学は夜間で学び、努力の末、大学教授を経て副学長にまで出世した人物がいる。彼が夢を叶えることができたのは、自信を失うことなく努力を続けてきたからだろう。自信をもって人生を切り開いてきた人だから成功したのだと思う。

　人の考え方は十人十色。成功者が失敗すると、最初は「あの人は素晴らしい」と絶賛しておきながら、手のひらを返したように罵詈雑言（ばりぞうごん）を浴びせる人もいる。そんな世間の厳しさに耐えることもいずれは大きな「自信」になるだろう。

16 苦難に立ち向かう喜びを

　私たち戦後のどさくさに生まれ育った団塊の世代は、今考えると苦難はあったが喜びもあった。人生の苦難も、それを乗り越えることに喜びを感じたものだった。皆団結力の強さがあったし、社会も学校も先生方も、皆熱意があったと思う。

　貧しくて良かったと思う。今のようなぜいたく三昧(ざんまい)の生き方であったら、私もほかの人々も、その後、ゆとりある生活を手にできなかったような気がしてならない。近代文明発展の陰で壊れる人間関係、心だけでなく身体まで弱ってきている感じだ。忍耐力も根性も気力も貧弱になり、努力しようとする気持ちまで萎(な)えてしまっている。

　何事も平等精神が大切といい、そのために競争心も闘争心も失い、汗と涙に逃げてしまう現代人。苦しいことには耐えられず、損得計算だけの挑戦力の薄れた社会になってはいないか。苦難に立ち向かうことを嫌う前に、一度でも挑戦してみれば、結果が出るはず。成功も失敗もこの世の定め、ダメで元々と向かっていく精神力が大切なような気がする。

　成功者の話だけ聞いて、自分は無理だと決めつけてはいけない。熱意をもって立ち向かっていけば活力が生まれる。苦難を乗り越えることの喜びを経験者はよく知っているはず。苦難を恐れてはいけない。その努力と挑戦が人間にとって大切なことは、時代が変わってもどんな時代であっても変わらない。

17 子を思う親の気持ち

　生んだ我が子を、一生思い続ける親の気持ちは死ぬまで続くものだ。特に不憫(ふびん)な子供には親の愛情は大きくなる。この世は平等の世界でありながらも貧困の差もあり、育て方から能力、体力まで皆違いがあるのは仕方がない。

　日本国憲法では教育も生活も男女平等になっているが、子供たちの家庭環境はさまざまに異なっている。どんな子供でも親の心配は尽きない。幼いときだけではない、十代になっても、成人してからも、還暦を過ぎても、親は子供に思いを募らせるものだ。子を思う親心は一生消えない。私も息子たちの元気な姿をいつも祈っていることを息子たちは知らないだろう。でもいつかは歳老いて人生のゆとりが出たとき、息子たちにもそんな親心がきっとわかると思う。

　　旅人の宿りせむ野に霜降らば我が子羽ぐくめ天の鶴群
「旅人が仮寝をする野に霜がおりたら、我が子を羽で包んでやっておくれ。空を飛ぶ鶴の群よ」という、親が子を思う気持ちを詠った歌が万葉集にある。遣唐使として唐に旅立つ息子への母親の思いには涙が出る。今、親への憎しみから起こる暴力事件が多発しているが、原因はどこにあるのだろう。憲法では親殺しは重罪になる。事件を起こした後に反省しても「後悔先に立たず」だ。こういう事件では、必ずといっていいほど被疑者が無職なのは注目に値する。親は誰だって子の幸福を願っているものだが、子にはその心が伝わっていないのだろうか。

18 人間は信頼の中で絆が生まれる

　今、地球上には約70億人の人が生きているが、それぞれの人が暮らす実社会でお互いにどれほどの信頼に基づいた人間関係をもっているのだろうか。普通の付き合いのなかで一所懸命に信頼関係を守る人もいるが、平気で他人を裏切る人もいる。この世の中で本当に信頼できる人は、身の回りで何人いるだろうか。

　頼み事にも真剣に相談に乗ってくれる人、他人の紹介でも一所懸命に協力して努力を重ねてくれる人……こういう人が周りにいるだろうか。あなたは信頼されているだろうか。

　他人を信頼するより、まず自分が他の人々から信頼されて初めて世のため人のために何事も為すことができるのがこの世。そこに絆が生まれる。悪い噂の宣伝マンになってしまったら、何年たっても信頼はされないものだ。信頼されない人々は、原因が自分自身にあるが、そのことに気づいていない。だからそれなりの生き方になっていくほかない。

　人間は、一人からでも、10人からでも、100人からでも信頼されるが、一人でも自分のことを信頼してくれる人がいることに感謝しなくてはならない。

　しかし社会生活において、会社の中で信頼されることは、出世や成功のためにはとても大事なことだ。人間一人では世の中を渡っていくことはできない。信頼を得ることは他人の力を得ることでもある。

19 能力より知識と知恵の やりくり人生

　今日出会った若者はニート歴10年くらいになるという。両親はとても心配していた。名誉ある職場に勤める両親は子供の教育に熱心で、その子は中学から私立に行き高校でも優秀な成績を収め、有名大学を卒業した。

　しかし人間関係がうまくいかず対人恐怖症とまでいわないまでも、仕事もせず、働く気力もなくぼんやりと家で暮らしていた。両親は心配でならない。後悔先に立たずだが、スポーツとか学生アルバイトなどさせていればもっと変わっていたのではないかと両親は言う。でも、それも息子次第。高学歴で優秀な能力を使い高級官僚に昇りつめる人もいれば、高卒でも100人の社員を使う中堅企業の社長になった人もいる。皆それぞれの気力、努力、根性を生かす人と生かせない人の差だと思う。

　出世したとか成功したといっても、死んでお棺のふたが閉まるまで人間の真価はわからないものだ。死ぬ気で頑張る人は成功する。そんな人々をニートの若者には参考にしてもらいたい。

　世の中は厳しい。たとえ学歴があってもそれだけで世間は渡れない。知識を蓄え知恵を深めることの大切さをどこかで学んで経験していれば、人生は変わってくる。

　人間関係に慣れ、社会常識やルールを守っていけば、世間にも受け入れられるようになるだろう。30歳過ぎてまで家に閉じこもっていても進展はない。子供の育て方に問題があったと見受けられるが、親の考え方の甘さが原因かもしれない。

20 人生希望どおりに進まなくても、プラス思考が希望を招く

　人生や物事は希望どおり予定どおりに進むものではない。まあそれでいいのかもしれない。人間、完璧に物事を成功させたり、強引に頂点に登りつめたら、いつかは疲れて破裂してしまうような気がする。人間が壊れる話もよく聞く。あれだけ強運だった人間が、小さなトゲが刺さった瞬間、一気に弱さが現れ鬱に陥って自殺してしまうということもある。

　私などは、歳とともに世の中のからくりがよく見えてくるようになった。人間には限界があり、物事には限度があることも知っていなくてはならない。

　会社で出世コースを驀進して、昇り詰めたときには足の下には１本の棒しかなく、その頂点で一人孤独にふらつきながら立っている。地位だ名誉だプライドだと、無理やり見栄を張って生きてきた自分に気がつかないのだろうか。落ちても支える人もなく、手を貸してくれる人もいない。結局独り寂しく鬱になり自殺へという話もよく聞く。

　考えれば、普通であれば平凡であって良しとしなくてはならない。大金持ちでも相続争いに何年も戦い、兄弟親子の見苦しい哀れな財産闘争では意味がない。ある程度のお金と夫婦子供、孫たちと笑って暮らせる平凡な生活が最高かもしれない。そう考えれば、物事が希望どおりに進まなくても、焦ることはない。きっと今に希望の光が必ず生まれる。人間の心の中では、いつでもプラス思考の考え方が作れるものだ。

良い習慣は継続にあり

　社会生活をしていれば人とのつながりや対人関係においていろいろなことがあるもので、多くの人のお世話になりながら生きている。お歳暮という習慣も、そんな方々への感謝の気持ちからである。毎年の学校の行事も子供たちの習慣になっている。

　知り合いに、先祖の墓参りも欠かさず、昔お世話になった人たちの命日にも必ず足を運んでいる方がいるが感心してしまう。時が過ぎれば人間忘れるのが常。忙しいから面倒だとか自分なりに理屈を並べて次第に遠ざかる。世を去った人より今付き合いのある人々が大切だという気持ちもよくわかる。

　私は故郷の秋田から今の所に墓を移築したが、年５回ぐらいはお線香を上げに行くのを習慣にしている。先祖代々の方々とこの世の社交場が墓地であると思う。損得にはなんの関わりもないが、何か先祖に守られているような気がしてならない。知り合いのなかには、お墓参りに行くどころか、行かないことを習慣にしている人もいるようだ。

　行く行かないで人生の幸福論は語れないが、習慣は良いものと考えたい。墓参りをすれば愚痴も言えて心が落ち着くし決断もできる。あくまでも心の問題だが、先祖代々続けられてきた習慣は良いものと思うべきだろう。

　「習慣は第二の天性なり」と言われるが、そのとおりかもしれない。習慣は身を助け、生き方にも大きく影響してくる。良い習慣は人間の身体と心と魂に幸福をもたらすに違いない。

22 向上心を磨く元は他人の心から

　人間何歳になっても驕ることなく生きていかなければならない。私はこの歳になって建築不動産業から大きな転換を図ったが、いろいろなことに挑戦できて、とても楽しい。他人様からチャンスをいただいて私の人生が創られていることに感謝の言葉以外見当たらない。

　先日も大学に招かれて、2年から4年生までの学生に現代社会と企業について講演した。学生たちは厳しい社会の現状を経験者たちから直に聞くことがないため、私の言葉が胸に突き刺さったようだ。学生たちは率直に感想を書いてくるので自分もさらに勉強しなくてはならないと刺激される。その感想文を読み返しながら、私も学生たちといっしょに向上心を磨かねばならないと思った。

　今の企業は経営哲学も大事でもあるが、トップの資質も重要だ。経営者の基本は、度胸と判断力があり即決できる人、人間関係で気配りができ、情に篤く信頼されていることではないだろうか。会社も人も単独では世の中うまくは渡れない。周りの協力があって成り立つもの。家族も同じで、内助の功や縁の下の力持ちに支えられて、初めて子供たちもよく育つ。

　家族の絆は、愛情と思いやりと信頼の上に成り立っているのではないだろうか。一家の主人の役目は、家族の幸せのために今以上に向上心をもって努力を続けることだと思う。

合縁奇縁が今日、感謝されて

　5年ほど前の寒い季節のころ、秋田に講演に行った帰りの新幹線で、偶然、隣席になったご婦人がいた。何か落ち込んでいる様子で悲しそうに窓の外の夕暮れを見ていた。人には話せないような悩みを抱えている表情に見えた。昔から「旅は道連れ世は情け」ということもあり、失礼のないように私から声を掛けてみた。

　私は商売柄、人の心を即読みとる癖が身についている。悪い癖かもしれないが、時にはいい面もある。小さな話のきっかけから安心してくれたようで、お話をしてくれた。半年前にご主人を亡くされて将来真暗闇のなか、東京に嫁いだ娘さんの所へ出掛ける途上とのこと。苦しい日々を一人で悩み、おそらく夢も希望もなくしてしまったのだろうか、新幹線の中、その心中を涙ながら語ってくれた。娘さんを東京に嫁がせ、幸福な田舎暮らしをしていたご夫婦に不幸が襲った。愛するご主人を亡くされた寂しさに生きる望みも失った時の、私との出会いだった。

　そのご婦人から今日、電話をいただき、5年前の記憶が蘇った。ご婦人は私の話がとっても心に沁みて勇気が湧いたと告白してくれた。命の恩人です、とも。私は普通にお話ししたつもりだったが、どん底だった気持ちに私の言葉が光を差し込んだようだった。今はとても元気に暮らしておりますとのこと。苦しいときに新幹線での一瞬の出会いが合縁奇縁となった。寒い雨の日に温かい電話の声。私もうれしい日になった。

24 内憂外患は人間社会につきものだ

「四苦」が生老病死とあるように、生まれたときから人間の苦しみはある。これを当たり前と受け止める強い心を、ほとんどの人はもっていない。

「内憂外患」とは、自分の内部にある悩みと外部から受ける心配事の悩み。内部に悩みがなくても外部に問題があることもあればまたその逆もあり、悩みは尽きないものだといつも思う。

無風状態で幸福に見えていた会社の経営者がいる。借金もなく安定した会社経営だが、社長の歳を考えて後見問題に真剣に悩んでいる。ある会社は税金が払えないと嘆き、会社が大きく豊かになればなったで税金が増えたと嘆く。またある会社では良かれと思って損害賠償をしたところ、賠償額で訴えられてしまった。経営者は永久に悩む。

真面目だから、正直な生き方だから、人間ができているから、性格が良いから……などといっても、他人から不幸を押しつけられることもあるから油断はできない。お人好しだけでは世の中渡って行けないものだとつくづく思う。人間社会は非情なものだ。他人の見方と本人の内心は別問題だと思う。人間普通に生活できることが最高であって、他人の裕福を仰ぎ見ることもない。自分の考え方と生き方次第で幸せは決まるような気がする。確かに人生には最盛期があり、長くは続かないその時期に引退するのが一番かもしれない。が、見栄やプライドという悪魔の囁きがそれを阻み、内憂外患に苦しむことになるのだろう。

25 お客様の要望、叶えて実現

　社会生活のなかで、他人からの依頼や要望はいろいろとあるが、失敗したくないとか面倒くさいからといって、できない理由を考えるよりも、まずどうしたら願いを受け入れて叶えてやれるかを考えることが先決だろう。

　私たち不動産業者のなかには、お客様の依頼に応えられない場合、あれこれ細かい断りの理由を考える業者がいる。つまり金にならないような依頼は面倒くさいから逃げてしまうのだが、それでは信用を失うだけだろう。お客様と業者は信頼で結ばれるものだ。

　私が結婚した25歳のとき、家内と一戸建ての物件を買いたくて不動産屋に行ったことがあった。不動産は高根の花だった時代背景もあったが、「頭金をそろえて持ってきたら売ってやる」という言葉を浴びせられた。確かに金もないときで、話をまともに聞いてくれもせず門前払いされた。このときの体験を、今不動産会社を経営している私は決して忘れない。「お客様は神様です」という私の信念は、こんな体験から生まれたといえる。

　どんな条件でもお客様の要望に沿えるよう、私は自分で歩いて物件を探し、良い物件の評価をつけてお客様に提供することにしている。そんなわけで今日も中古住宅が成立完了し、引き続き私のリフォーム会社に改築の依頼が入った次第。お客様の外見や資産内容を見ただけで判断を下すようなやり方では、遅かれ早かれ失敗するような気がしてならない。

26 高低差を変えれば人の見方も変わる

　私はカメラが趣味のせいか、レンズを通して見る風景が高低差によって全然変わるのがわかる。色合いはもちろん、感動や優しさまでが変わってくる。同じカメラでの露出でも、カメラの高低差によって夕陽の赤の色合いも輝きも変化する。北海道などの道路で、地面から撮るのと目の高さから撮るのでは、道路の奥行きも北海道の雄大さもかなり違ってくる。

　これは私たちの社会生活でもあてはまる。人は他人をいろいろな角度で判断したり、批評したりする。正面の目の高さだけで見ると、自分の判断よりもその人の話に流されてしまう。もしその人を下から見たとしたら、とても繊細で涙もろく情に篤いかもしれず、一方上から見れば、強がりでワンマンな性格に見えるかもしれない。

　プライド高く弱さを見せないようにすることを社会では努力というのだろうか。弱みを見せたくない人間性。常に真正面だけ見ていると、欠点もなく強さに常に輝いているかとも思えるが、そんな姿勢の裏側には本人しか知らない弱点を抱え込んでいるものだ。「なぜあの幸せな人が自殺したの」「あんなに優しい人がなぜ子供を…」――事件が起きて初めて見え隠れの本性が浮かび上がるのが常だ。人間は驕ると自分を見失い、他人の話もろくに聞かない。こんなときに冷静に注意してくれる仲間たちが何人いるだろう。高低差を注意深く観察してくれる仲間を常に身の回りに置くことも大切だと感じる。

27 現実の予想と想像と空想は紙一重

　人はどうしても自分に都合の良いように考えてしまいがちだ。誰も悪い結果を最初から予想しない。もし悪い方向で考えたら物事は前進しないからだ。誰だって底なし沼に足を踏み入れようとは思わない。不幸を見ながらの前進はない。予想とは、ああなりたい、こうなりたいと良い方向に考える心。

　想像とは、実際に経験もしていないことを思い描くこと。現実にありえないと思いながらも、現実化するようにいろいろと思い巡らすことが空想だと思う。予想と想像と空想は、微妙に違う。

　でも人間は夢を見続ける。夢が現実になるとは限らないが、夢を見たいという気持ちは皆同じで、その思いが、予想であったり想像であり空想であったりする。

　現実にできないと知りつつ想像することはとても良いこと。空想に耽ることで、人間の心は偉大な夢を見られるものだ。人間は目的をもって生きてこそ、行動して元気が貰えて楽しさを経験できる。夢を追えば、現実化しないかもしれないが、できることを予想して頑張れるというものだ。

　実際に経験しなくても、想像を逞(たくま)しくすれば人生をもっと楽しむことができる。

　苦は楽の種、楽は苦の種、人生の風車。

　今の苦しみは、幸せに続く道への修行かもしれない。

28 歳老いた脳が、十代に戻るとき

　人間の脳の働きには限界がない。だから能力の発揮は、「できるか、できないか」ではなく、「やるか、やらないか」の気力の違いだけである。馬鹿でも努力次第で脳の働きを活発にできる。学校の勉強が大嫌いで、53年間縁を絶ってきた学校教育だったが、今、夜間高校での勉強が楽しいと思えるのは、自分でも不思議。

　今さら学歴身につけても何の役にも立たないでしょう、もう遅すぎだよ、とよく言われる。確かに遅いかもしれないが、それが俺の人生なんだと自負している。中学校をさぼって15歳で大工になったから今の自分があり幸せがある。勉強ができて少し頭が良くて成績も良ければ、家庭の条件が悪くても高校へと行っていただろう。そしてどこかの会社に入って一生終わっていたかもしれない、それを思うと今のほうが幸せだ。

　私は社会の修羅場をくぐってきた。学歴がない分、勘と度胸と要領の良さで、ずる賢く世の中渡ってきたような気がする。馬鹿は馬鹿なりの生き方をしてきたこの69年間は楽しく生きられたと思う。苦しいことは全部捨ててきたし、嫌なことはすぐ忘れるようにしている。ストレスも後悔もない毎日の生き方は馬鹿だからできたのだと思う。生きるためには、プライドも見栄も必要なく、地位も名誉も何もいらないと思う。名誉で金は稼げない。汗と涙で一所懸命働いたことが財産となって残るものだ、努力は裕福と幸福を残す。

29 心の落ち込み、他人の栄養剤補給

　人間誰しも落ち込むときがあるものだ。生きていれば必ず一度や二度はある。いやもっとあるだろうか。ただこの落ち込みも浅かったり、深かったりそれぞれの程度があり、深みにはまる前に這い上がることが最も大切だと思う。

　浅瀬にはまって落ち込んでいても、人によっては深く感じ、最悪に考えて最悪の行動を起こして後悔もする人もいるかもしれないが、他人が知らせてくれることもある。「なぜそんな浅瀬なのにおぼれているの？」——こんな声に立ち上がってみれば、なーんだと、簡単に立ち上がれるものだ。アドバイスでも激励でも、人様から言葉をいただきプラス思考にできたら、それは自分のための栄養剤となるだろう。

　人生にはさまざまな出会いがあるが、その出会いを大切にするか嫌うかで、人の縁が生まれもすれば死にもする。

　人の性格にもよるが、常にプラス思考で生きる人は運勢を引きつけるから成功するものだ。どんな困難も乗り越えられる人間になるには、他人の心を受け入れられる修行をしていなくてはならず、人間性は急に変えられるものではない。慈愛の心、感謝の心、敬う心、許す心、謝る心が整っていなくては、他人がくれる栄養剤はなかなか受け取れないものだ。プライドや見栄、地位や名誉を鼻に掛けていては、誰も栄養剤を運んできてくれない。人の愛情、人の優しさ、人の恩には感謝の気持ちをもちたい。他人の栄養剤を貰えれば、人間創りになる。

30 夢と目標を追う者、追われる者

　夢もなく途方に暮れたように生きている若者たちが、年々増えている。大学生に聞いても、夢はこれから考えるという。いったい何を目標に大学に入り、何を学んでいるのだろうか。将来の計画もなくただただ歩いているような夢遊病者のようだ。何の目標もなく、楽しい学生時代をただ送っているだけでいいのか。そういう学生ほどアルバイトもせず親からの援助でのうのうと暮らしている。少し腹立たしい。20歳も過ぎて自分の夢がなく目的もないのは、小学校の子供以下。

　昔の話をすれば今の若者たちは笑うが、昭和二十年代、多くの若者は中卒で就職し、少し恵まれた家庭の子は高校に進学したが、それでも18歳の卒業とともに社会に飛び込み皆一所懸命働き、希望を胸に夢を追ったものだった。車を手に入れ、結婚し、そしてマイホームの購入と、勤勉に頑張って夢を実現させた。その根性と努力はどこへ行ってしまったのだろう。

　大学を出て目標と夢を追う人間には強さがある。少しぐらいでは挫折もしないし人の何倍も努力する。しかし目標もなくただダラダラ生きている人間は、夢を追うどころか、いつかは社会から追われてしまうし、夢を追いかける人間に追いこされてしまう。人生に大きく差がついてしまいかねない。

　若者たちに言いたいのは、人生の設計図を書くべきだということ。結婚をして子孫を残していくのは親孝行にもなる。夢を作り努力する根性が欲しいものだ。

人間の心の中には
マイナス思考の嘆きが宿るのか

　太平洋戦争中、雪国の貧しい農家に生まれた一人の男の子が、中学を出て町工場に就職した。15歳にしてすでに精神はたくましく、その後、東京に出て就職。よく話をする少し先輩の社長さんのことである。昭和34年、集団就職列車に揺られ夢を膨らませて上京、勤勉に働き、そして独立して会社の社長にのし上がった。会社は小さくても、仕事仲間たちと日本経済や世界の情勢についてよく激論を交わした。「働けど働けど楽にならずじっと手を見る」という気持ちだったかもしれない。

　昭和の終わりごろの六十年代からバブルはじけたあと、平成元年から平成10年頃は、利益の創出に苦しみ、他の会社の倒産の煽りも受けながら四苦八苦のやりくり経営にいつも嘆いていた。お金持ちになりたい一心。コツコツ貯めて、故郷から出てきた夢の実現に目標を追いかけ汗と涙の努力。

　今はもう目的も達したように見えるが、それでもまだ欲があるのか、その上の目標を追ってまだ嘆きを語る。夢が叶った六十代後半になって、高所得者になったがゆえの税金で悩みが始まった。挙げ句は相続税対策で頭が痛いという。人間の幸せは何だろう。裸で生まれて裸で死んでいくならそれでいいと思う。

　「あなたが生まれたときには、あなたは泣いて、周りが喜んだものだ」

　「あなたは笑って死んでいくが、周りは哀しんで泣いていた」
こんな人生が好きだ。

32 怒りと叱りと慰め

　先日、我がクラスの授業でちょっとした騒ぎがあった。授業中に一人が携帯をいじくり始めたため、先生が近寄っていって携帯を取り上げようとした。その場はいったん収まったが、その後また後ろを向いて話が始まった。私もいつものことと思ってはいたが、先生も気になってちらちら見てはいた。しかしいっこうに話が終わらず教室のみんなも大変迷惑だったと思っているうち、ついに私も頭に来て、その生徒を怒鳴りつけた。「何やってんだ、うるせーぞ、皆が一所懸命勉強しているのに話をするなら廊下に出ろ！」

　生徒をこのまま甘やかしては皆のためにも、その生徒のためにもならない。悪いことはしっかり叱るべきだ。何かあったら自分の職も失いかけない問題に発展してはとなかなか言えない先生の事情もわかるが、生徒もそんな先生たちをなめているようにも見える。私から怒鳴られた生徒は、顔色変えて私をにらみながら勉強していたペーパー用紙を丸めて床にたたきつけて廊下に飛び出していった。教室は一瞬嫌な雰囲気になったが、先生も生徒も冷静に授業を進めて終わった。

　心配になった私は、今度は冷静に、廊下にいた生徒に話しかけた。なぜ私が怒ったか、あれでは自分自身の損になること、将来社会人になったときにはわがままでは生きられないことなどを諭した。学校には規則、社会には道徳倫理がある。背いては生きられないことを教えたいものだ。

時間の活用は小間切れに

　よく「時間がないからできません」「時間がないから行きません」と言われることがある。しかし時間のやりくりや活用方法をしっかり身につけ、時間を細かく分割して動けば、何事にも対応が可能になると思う。そうしないと、いざというときに損をすることになるだろう。

　私の仕事である不動産・建築業は、お客様の期待に沿うことが大事でもあるゆえ、時間の有効な使い方は習慣づいている。

　どんな急用でも時間をやりくりして対応して期待に応えなければ、信用にかかわるからだ。明日とか後でとか、時間を見計らってなどという甘い考えでは営業にもならない。我々の商売は時間との戦いで、時間厳守は当たり前。時間の無駄を最小限にすること、時間を有効活用することは、長い年月のうちに大きな損得につながってくる。時間に正確であれば大きな信用にもなるし、とても大切なことでもある。

　子供も学校時代に世の中の規則を守り、社会道徳や学校の規則も守らねば大人になってもすぐには直せないもので、家庭教育から教え込むことが大事であろう。そうすれば成長して社会人となっても、周りから信頼される人間になる。

　時間にいい加減であることは、人生を壊す原因にもなりかねず、このことは若者たちにも教え込まなくてはならない。時間は使いようによっては、何倍にも増やせると思う。時間の使い方名人になりたいものだ。

34 マイナス思考からの脱出

　弱り目に祟り目の場面で必ず出てくるマイナス言葉――「参ったな」「まずいな」「迷うな」の三つの「ま（魔）」で、人は魔物になっていく。それが習慣となれば「マイナス思考」という自滅の始まりとなるだろう。

　人間は何かと人のせいにして責任逃れをする。確かに誰かのせいにしたほうが自分の心の負担は軽減される。あのときあの場面で、ああしていれば良かったのに……あの人の勧めで一緒に手伝っただけなのに……と。

　物事に失敗して落ち込んでも必ず立ち上がる気力が「きっと」の言葉。「きっと」幸せに、「きっと」良いことがあるだろう。この言葉はプラス思考言葉だといえよう。「今さら」「どうせ」は初めから諦め言葉、マイナス思考言葉だと思う。「きっと」「今から」の攻め言葉は、前進へのプラス思考になれる。

　世間に「俺は運が悪い、人生についていない男だ」と嘆く男がたまにいる。運が悪いのではなく人生に突き放されているわけでもない。全部マイナス思考で生き続けているから、そのように自分勝手に考えてしまうのだと思う。対人関係が苦手、上司や同僚と合わない、国の対応が悪いなどと自分勝手なマイナス思考ばかりで、本人が人生の敗北方向へと進んでいることに気づいていない。嘆いている間に自分を原点に戻せば、必ず「きっと」「今から」人生が大きく変わり、幸福と成功の道へと走り出すだろう。

35 体験と経験に万を知って一を語れる迫力

　私は他人の話を聞くことが大好きだ。七転び八起きの波瀾万丈の人生、どん底の乞食から這い上がった社長の話は今も記憶に残っている。経験は強い。特に本人の話だと内容ばかりでなく声量にもメリハリがあり、ぐいぐい心を引きつけられる。それに比べて評論家は自分の経験ではなく情報と憶測だけでものを言うから、話に飽きもくる。一を知って十を語るのは論外として、十を知って一しか語れないのも物足りない。やはり聴く側の心に響く話し方、また聴きたくなるような魅力ある話がほしいものだとつくづく思った。

　そのためにも万を知って一を語る迫力ある語り手の説得力ある話には納得がつきものだと思う。その根底にはやはり経験の蓄積と重みがある。

　社会で年月を重ねる間には、現実に生きる体験が最も大切なものだと感じている。それが自分のための心の肥やしになる。トマト栽培も野菜作りも経験なくして語れるものではない。経験を積むからこそ満足のいく野菜や植物を作ることができる。そうした努力を自信をもって語れる人の話だからこそ、納得ができるというものだ。毎日の生き方の積み重ねや貯蓄を将来、人々に語り継げる人間になりたいものだ。

　いずれ自分の得意な語りができるように、今からでも心に刻んで経験を積んでいけば、きっと迫力ある語りができるだろう。チャレンジを続けて自分の魅力をつくっていこう。

36 共感力を養う
喜笑哀楽(きしょうあいらく)

「喜怒哀楽(きどあいらく)」は人間の感情の基本で、人と人が絡み合って生きる日常生活で出合わないことはない。この四字は人間の感情から切り離せるものではないと思う。でもこの中で「怒」だけはあまり好ましくはない。人間の一生が「喜笑哀楽」という言葉に変えて生きられたらどんなに楽しい人生になるだろう。笑いながら腹を立てることは人間には不可能だ。でも笑いながら悲しい涙が出ることもあるから不思議ではある。

人は自分のことより、他人との生活のなかで共感したり反感を抱いたりして感情が発せられるものだ。一人で怒ったり一人で笑ったりするということはあまりない。たとえば野球で相手がエラーをしたら、「ざまあ見ろ」「へたくそ」という感情が表れる。

他人のことを「大丈夫か、痛いだろー」とともに共感できる心の優しさと、物事に対しての共感力を養っている人は、きっと相手を思いやる気持ちも備わっている。そんな人間の周りには、「喜笑哀楽」をともに共感してくれる仲間たち、知り合いや友人、夫婦、兄弟、子供たち、あらゆる人々が集まるだろう。喜びも笑いも、哀しいことも楽しさも皆で共感できる人間になれることを目指して心を養えば、人生は最高。

誰もが相手を思いやる心をもてば、間違いなく社会は住みやすくなり、自分も幸福を感じられるようになると思う。

37 人生の第六感をフル活動

　私たちは日常生活の中で一日にどれだけの感覚を使うだろう。人間の五感とは、身体で接することができるものに対して反応する。視覚、聴覚、嗅覚、触覚、味覚をいかに使いこなして生活をしていることか。目に見えず、実際そこにないものを人間は想像できる。それを直感や霊感ということもあり、物事の本当の姿を鋭く感じ取る心の働きを「第六感」ともいう。

　第六感は当たることもあれば外れることもある。たとえば営業の相手を素早く見抜く感覚。態度や動作、身なりや人相などを総合して素早く鋭く相手の本質を読み取ることも第六感。商売上の取引で、なんとなく危ない感じや信用ならない人間性が見えることもある。特にうまい話ほど相手の態度が怪しげに見えるものだ。感覚を磨いていなければ、最悪の商売取引にもなりかねないが、歳とともに第六感が敏感になってくるためか、相手の心が読めてくる。

　人間には不運や不幸がつきものだ。最悪状態も、それは世の中のせいではなく、自分の落ち度や周りとの付き合い方、相手の人間性を見抜けなかったことが原因かもしれない。不幸とわかりながらも、ズルズルと引きこまれる自分自身が悪いのだ。

　それを見抜くには、第六感を使うことが大切。私は今まで地球何周分も第六感を使ってきた。仕事に生活に、決断と決意にどれほどの第六感を使ってきたことか。余り外れることがないのは、訓練の積み重ねが生きているからだろうか。

生きる力　知恵の力

38 本心と真心を伝えるには向かい合って話すこと

　昭和45年、大阪万博の会場で、秋田の田舎へ無線電話をかけた思い出がある。一升瓶ぐらいの大きな電話だった。あれから45年で今の携帯電話まで進化した。技術の進歩はいいが、急激すぎてついていくのもやっと、という感じだ。

　便利なのは確かにありがたいが、電話では話の内容は伝えられても、人間の温かさ、優しさ、思いやりの感情表現は難しい。込み入った話や真剣な話ほど、機器に頼らず会うことが一番で、向き合うことで心が伝わると私は思う。「ごめんなさい」という謝罪の仕方は特に難しく、電話ではなかなか伝わりにくい。

　電話では、ごめんなさいと言いながら笑って舌を出しても相手には見えない。真剣なときこそ向かい合って、相手の動作や顔の表情を見れば本心が見えてくる。向かい合って真剣に話せば、本心と真心が伝わるものだ。

　電話だと、アクセントや音程、音声で判断するため、誤解を招く恐れもあるだろう。「ばかだなー」と、激励の気持ちを込めて温かく言ったつもりでも、表情が見えず電話からの声だけだと、真意が伝わらない。下手をすれば侮辱されたと勘違いされ、取り返しのつかない恨みを買われたら大変なことになる。大切な仕事はもちろん、夫婦や友達との会話では、便利な携帯もいいが、大切な話の場合は、直接会って話すのが最も効果的だと思う。向かい合えば誤解も少ない。真心と本心、心の温かみ、思いやり、気配りがよく見えるものだ。

聞くは一時の恥
聞かぬは一生の恥

　私は、恥を恥とも思わないタイプだ。歳も歳だから今さら知ったかぶりをしても始まらない。世の中いくつ歳を重ねても、知らないことできないことはいっぱいあるものだとつくづく思う。自分の能力のなさや考え方の尺度はよく知っているから、底辺で生きる術もよくわかる。「聞くは一時の恥　聞かぬは一生の恥」はいつも私の心の中にあった。

　会社には私より頭の良い人間もいるので、彼らを社会に立ち向かえるよう育て上げてきた。その苦労はあまり感じなかった。会社経営では、身の回りにどれだけ自分の戦力になれる人材をうまく配置してコントロールするかが重要でもあった。大卒の人間でも得意不得意があるので、それをうまく見極めて才能を伸ばしてあげることだ。経営はなんといっても利益が優先だから、世間のため人のため社員のためなどと言っていたら、3年で会社は破産してしまう。利益が会社運営の基本の基本。

　頭でっかちの偉さと経営学は違う。成功者の考えをよく聞いてそれを学んできたから今の私がある。「聞くは一時の恥　聞かぬは一生の恥」である。

　昨日学校で物理の問題がわからず、担当の教師に職員室で教わった。物理も化学も数学も、先生方に恥を捨てて聞いて歩いた結果、よく教えてくれて理解できた。中学時代、教科書を広げるのも嫌だったが、数学の方程式がわかればとっても楽しいものだと今頃になって思っている。

40 できるのにやらない人、できないからやらない人

　できるのにやらない人、面倒くさい、疲れる、目立ちたくない、自分の利益にならないから……といって動かない人は、自分の生活に不満で誰かに八つ当たりしたり不貞腐れているだけで何の得もない。

　できないからやらないのは仕方がないが、そんな人は努力をしてみることも必要だと思う。何事もできないからやらないでは、人生そこで終わってしまう。苦しいことはしない、辛いから行動しない、負けるから挑戦しない、あの人嫌いだから一緒にやらない……などは、犬の遠吠えに聞こえる。

　今私の学んでいる高校では、体育で1500ｍ走をやっている。いつも体育の時間には寝そべったりして不真面目な生徒がいて少し問題児だが、私はよく声を掛けて真面目にやれと激励をして応援している。昨日、その生徒が走ったところ、7分台か8分台が多い中、なんと6分台で完走し、額に汗をかいて笑顔であった。人間やればできる。できるのにやらないのは人間としてずるいことだと言ってやった。苦笑いしていたが、本人は満足そうな顔をしていた。家庭の事情にもよるが、私のようなわからないからできないというタイプと違い、できる生徒だと確信した。もったいない、そんなことでは社会に通用しないぞと話したら真剣に聞いてくれた。未来の若者たちは、私のようにできないからやらないではいけない。学校の勉強に真剣に取り組んだら、将来きっと役立つことも多くあるだろう。

41 常に冷静、日々冷静

　人には、何事にも立ち向かう勇気が必要だ。嫌なものは避けて好きなものだけを選ぶのはわがままというものだろう。しかし一心不乱に立ち向かっていくといっても、人間だから動揺することもあろう。誰もが良い方向へ幸せの道へと願うものだが、そのためには常に冷静であることも大切だ。

　私は人から相談を受けた場合、その方の話も大切だが、話の中に出てくる相手方の話の内容はもっと大切だと思っているので、そのへんは常に冷静に対応して判断している。誰もが自分の可愛さに、話すときは自分を保身するものだ。

　嘆きや恨み憎しみなどの「怨憎会苦(おんぞうえく)」は、人間生まれたときからもっている八苦の中の一つだが、そんな感情をすべて私が心の中に閉じ込めてしまったら、私自身が心のストレスにかかり、いつかは爆発してしまうだろう。だから常に冷静、日々冷静であることを心掛けている。

　夫婦間の問題も友達同士の問題も、会社の内部の不満も、話を聞くときはその都度、臨機応変な態度で、冷静に忍耐強く対応しなければならない。人の心の上には鋭い危険な刃物が載っていることを知っておくべきだろう。人間の感情を抑えるために大切なのは、自己重要感を高めていることだと思う。

　常に自分に自信があれば「常に冷静、日々冷静」になれるものだと確信している。世渡り上手になろうと思うのなら、冷静さを失ってはならない。

42 物事を多角的に判断することの大切さ

　世間には、あの人は悪い人だとか個性が強すぎるとか意地悪だとか一方的に決めつけることで、まず自己保身を図ろうとする人が多いように思う。もし自分が言われるほうの立場ならどうだろう。人々に迷惑かけまいと一所懸命努力して他人に甘えない生き方が、冷たいとか優しさがないなどと見られてしまうこともよくある。不良というレッテルを貼られ冷たい目で見られている少年も、世に逆らったような態度で強気に意地を張っているだけかもしれない。

　私の知っている少年も一見不良に見えるが、私はそうは見ない。話す言葉に真心を感じるからだ。今日、少年のアルバイト先で、店員として真面目な態度で働く姿を目にした。目が輝いていた。おそらくそれが少年の真の姿であろうと思う。何かの事情で不良少年のレッテルが貼られたのかもしれないが、指導によって軌道修正できるに違いない。

　私たち大人も、人間の出会いと縁次第で良くも悪くもなる。職場でも思い違いから怨憎会苦が生まれてしまうものだ。物事は一方向からだけでなく反対の立場から見る訓練も大切だと思う。少年に対する他人の批判を鵜呑みにしてはならない。思い込みや先入観だけでなく、別の角度から見てやれば、周囲の皆さんの温かさや思いやりで少年が立派に成長することもできると思う。視野を広げて人々を見るなら、家庭も学校も職場も社会全体が大きく変わるだろう。

義理人情は人の恩へのお返し

　いつの時代でも義理と人情はかけがえのないほど大切なものだ。義理と人情の世界は、いかに時代が変わってもなくなることはないだろうし、変えてもいけない。私たちの生活の中でも小さな義理や人情は常に動いている。

　それに対する感謝の気持ちは「恩」であり、恩返しは特に大切。先日ある人の紹介で男女が会うことになり、仲介した私もたいそう御馳走になってしまった。今日お礼かたがた魚一箱を持ってご挨拶に伺ったら「義理堅いなー」というお言葉をいただいた。人間何事にも、心のふれあいと絆の大切さは壊したくないものだと思う。

　家族にしても仲間にしても夫婦であっても、人間としての心配りと気遣いはありがとうの言葉から生まれる。気配りと恩返しは今後のお付き合いには欠かせないと思う。今の若者たちにはありがとうの言葉が足りないように見える。これは学校ではなく家庭教育の中で親が教えるもので、教えなければ子供は大きくなってもありがとうの言葉を言わない。これは社会に出たときには大きなマイナスになるし、社会で損をすることになる。

　他人へのありがとうの気配りはもっともっと必要ではないだろうか。社会で成功するには「ありがとう」の真心が必要だ。義理人情の世界は明治時代で終わったわけではない。今日も明日もずっと必要な心構えだと思う。義理人情に恩を返すことを忘れてはならない。そこが現代社会に最も欠けているところだ。

44 人は何かに挑戦して夢を見る

　人は自分自身のことであれば常に情熱を燃やして行動する。自分にできる範囲のことは、何事にも恐れずに挑戦していく人々もいる。働いて楽しんで、喜んで幸せを感じれば、どんな苦労も報われるものだ。面倒臭いとかおっくうだとか、意味がないから行動しないという人は仕方がない。その人には何も言うことはない。「人は人なり、我は我なり」。

　私の人生、オギャアと生まれて82歳まで生きるとすれば約3万日。今まで経過してきた2万5620日の過去を振り向きはしないが、残りの4380日をいかに悔いのないよう満足に生きていけるのかは、一日一日を精一杯生きること、まずそれからだと常に考えて行動している。

　そのために目的を作り目標を置いて夢を追いかけている。先日あるところから母への手紙を書くことを勧められ、今挑戦している。文字数は800字。一心不乱に母を思い浮かべて書いたら1000字を超え、減らすのに苦労した。いつ何が起きるかわからないから、締め切りに間に合えばいいと考えていてはダメ。取りかかったら「今でしょう」の言葉どおり、私はできるときにやるし、やれるときに行動していく心構えでいる。

　他人からの誘いで応募しようと決めたときには熱意がみなぎり今こそチャンスだと思った。歳とともに気持ちの盛り上がりに鈍さが見えてきたかもしれないが、行動にチャンスありで何事にも好奇心が湧くうちは挑戦を続けたい。

45 魅力ある人間には愛がある

　私はいろいろな人に会うが、話しているうちに感じるのは、魅力のある人間には愛があるということだ。会社の先頭に立つ社長が社員たちに愛を感じて経営方針を立てれば、そこに社長への尊敬と信頼が生まれるようにも感じられる。社員の面倒も見ずこき使うような会社なら、おそらく社員たちの働く意欲も薄れてしまうのではないだろうか。

　学校でも教師が生徒に愛をもたなければ、生徒も反感を抱いて教室が大混乱にもなるだろうし、生徒にも好かれる魅力ある教師なら教室もきっとうまくいくだろう。社員たち、生徒たち、子供たちにつべこべ言う前に、やるべきことをやる責任ある態度を示すことが先決ではないだろうか。結果を示して初めて、社員からも生徒からも子供たちからも尊敬される。魅力のない指導者や先頭に立つ人間には誰もついてはこないだろう。周りに誰もいないのに犬の遠吠えのように叫んでみても、誰も集まってはこない。学歴をかざして偉ぶっても、お金をちらつかせる豪邸の富豪であっても、人間としての魅力がなければ人々は近寄らないだろう。

　平凡に生きていても、魅力ある生き方をする人には、他人を愛することができる人のみがもつオーラが見えるようだ。愛の心を忘れずに日常生活を送っていれば魅力は自然に出てくるもの。そのための心を磨くことは、人間なら誰にでもできることだと思う。

生きる力 / 知恵の力

46 道ばたにこんなに幸福が落ちていた

　雨であればお客様訪問後に、北小金のあじさい寺へ写真を撮りにと思ったが、晴れたため中止にした。狙いたいのは雨に濡れた紫陽花だった。仕方なく散歩がてらカメラを持って歩いたら、なんと道ばたに幸せがいっぱい落ちていた。「行動にチャンスあり　不動にチャンスなし」で、まさに行動から幸せが貰えた。キジがいたのだ。江戸川の水嵩（みずかさ）が増してグラウンドも水の中。キジたちも土手に来て遊んでいたようだ。

　小さな花も、最盛期を過ぎた花も、それぞれの姿に、まだまだ美しさが残って頑張って生きていた。枯れても花は花。来年に備えて種をしっかりと膨らませ、花としての使命感に燃えているのか。踏んでしまいそうな小さな花でも一所懸命咲いていて、その美しさに私までが微笑んだ幸せな時間だった。人は足元（もと）よりも、遠くの美人を見たがるものらしい。灯台下暗しとはよく言ったものだ。遠くだけを照らして、自分の足元は照らさない。結婚にしても男女の出会いの縁も、案外身近にいる人に気づかず、遠くだけ見つめて人生を終わる人もいるかもしれない。今日のように、ふだん歩く道ばたに幸せがいっぱい落ちていた。落ちているものを貰う。良くても悪くても一日は一日、私は今日、幸せだった。

　小さな幸せを見つめることが、きっと大きな幸せも見つめることになる。そんな感覚を養うことだ。一日の中で、自分自身を幸せだなーと思う自分を作ることが大切だと思う。

人生で長い道のりを歩いてきた人々に

　天気の良い日も雨の日も、重い自分の中身が詰まった袋をヅルヅルヅルと引きずって死ぬまで歩いている人を見る。それ自身良いか悪いかはその本人の自覚次第だ。現役時代も終わり、歳とともに衰えているから人様がそこまで外から見ていてくださるとも思えない。自分だけの過去の誇りかもしれないが、他人はとうに忘れ去っているのが当然だ。かつては校長として地元では名の知れた人物でもあった人が、職業からいったん離れるとタダの人となる。

　一般市民が地域に貢献して自分の才能をそこで生かすことが、第二の人生の始まり。しかしながら、自分は偉いという思いが今でも心の中にはうごめいているらしく、他人からの指図をいちばん嫌う。名誉職にあったらしく、子供のころから勉学に夢中になって出世の道を歩んできた方なのだろう。自分の才能にほれ込むタイプで、どうも一般市民になじめず家から出ない。ましてや同級生などに会い、一般人の生活環境の中で困惑していると、「教育者のくせに馬鹿か」。こんな言葉が幼馴染みから投げつけられ、プライドが傷ついてしまう。だから外出を嫌う。私のように馬鹿になれないことがいちばん苦しいような、臨機応変がどうにもできない人物。

　そんなことで私に「どう生きたら白川のように楽しく生きられるのか」と、私の市民講演を聴いたあと、尋ねてきた。簡単な話だ。「地位も名誉もプライドも過去の物語、今は爺さんで

生きる、タダの人」だと、ひとこと言った。自問自答して自分を追い込んで苦しむなら、自分を捨てることだ。そうすれば性格も変わる。奥さんだって明るいご主人の顔が見たいだろう、苦虫をかみつぶしたような顔で俺は教育者だとじじぃになってまで言っていては、頑固者だと笑われるだけ。平凡になれる人間、馬鹿になれる人間ほど楽な生き方はない、私などはいつも楽を選んでいる。

　学校でも、英語の先生にローマ字も読めません書けませんと伝えている。見栄を張ることもない、知ったかぶりを続けてもいつかは辛くなるのはわかっている。生徒たちも皆、私は頭が悪いから今頃勉強に来ているのだと知っている。隠し事も地位も名誉もプライドも全部捨てて学校に勉強に来た。何も恥ずかしいことはない。

　人間馬鹿になれるほど楽な生き方はないと思う。それには地位も名誉もプライドも見栄も、すべて捨てることだ。重い人生の袋に、余計な荷物を詰めて引きずって歩いても、思うほど他人は見ていない。尊敬もしていないと思う。生きることは重さではない。徳川家康に「人の一生は、重荷を負うて遠き道をゆくがごとし。急ぐべからず」という名言があるが、軽くすればいいだけのことだ。苦しいとか辛いとかも本人の考え方次第で、楽しいうれしいに変えられるなら、人生の重い荷物も軽くて済む。そうした生き方も知っていなくては、苦難は超えられない。

48 昔の経験から謙虚に学ぶ

　私がまだ独立する前、ある会社に勤めていた22歳のころ、お客様の住まいを工事中の現場で働いていたら、突然、社長がお客様の前で、鴨居をノコギリで切ってしまったのだ。何か頭に来たことがあったのだろう。社長のお客様に対する挑発的な態度と行動はいまだに忘れない。とても嫌なものだった。

　お客様に対しては、どんな事情があろうとも絶対やってはいけない失礼な行為。私が独立したら、こんなことは絶対やらないと心に誓ったものだった。

　景気も良くなってきた時代で、その社長は毎晩、夜の街へ酒と女の世界に繰り出していった。私たち住み込みの社員は何も言えなかった。社員の身で思ったのは、そんなに夜遊びの金があるなら、酒は飲んでもいいが、社員に作業服を買ってくれるとかたまには食事に誘うとか、もう少し気配りをしてくれたらいいのにということだった。

　お客様にも酒の勢いで調子のいいことばかりを並べて約束しても、次の日はケロッと無視して約束破る社長。将来、私ならそんなことはしない、私だったら社員を大切にするぞ、酒も飲まんと誓った。

　酒に人生を破滅させられた社長方を多く見てきた。貧乏から苦労してお金を貯めたのに、それを大金持ちと勘違いして狂う社長は世の中にいっぱいいた。高級車ベンツに乗っていた社長が、今では仕事もなく公園のベンチに座っているという光景も

見る。酒の怖さはよく知っている。楽しい酒飲みになることがいちばんなのに、人生を破滅に落とすような悪い酒はやめよと言いたい。

　それを何十年もの間経営哲学に取り入れてきたことは、私は良かったと思うし成功の道でもあったと思う。人様に対しても、お客様に対しても、社員に対しても、謙虚な気持ちは大切なことだと実践から学んだ。上司から部下への指導も、後輩から先輩に対する行動も、お互い同士の信頼がなければできない。それを大切にしてきたことは自信をもって言える。

　私が勤めていた会社は、その後倒産した。その成り行きを見てきた私は、「人のふり見てわがふり直せ」と、自分を強く戒めてきた。そして、社会での実践と経験は机上の空論より強いと感じている。

　家族や夫婦も謙虚さがあってうまくいくもので、ましてや他人への謙虚さを忘れてはいけない。そういう心構えが人物を大きくさせるような気がする。自分から宣伝しなくても他人は見ているものだ。

言葉は自分自身の心の声

　日常生活のなかで、自分の発する言葉に注意しながら常に謙虚さをもって話しているだろうか。相手を敬い愛し感謝して冷静に言葉を発しているだろうか。「口は禍の元」。言ってしまってから「しまった！」と思っても取り返しがつかない。言葉は使い方によっては、相手を傷つけ、不愉快にさせ、落ち込ませる。考えると怖い話だ。

　言葉の暴力は人を精神的に追い込んでしまう。その危険性は痛い経験をした人にはよくわかる。痛い思いをしたことのない人ほど、相手に平気で侮辱的な言葉を投げつけて心に傷を負わせる。謙虚さがなく感謝の気持ちもない無神経でわがまま本位な言葉遣いは嫌われるだけだ。

　自分の言葉に責任をもって話すと同時に、相手の心を汲み取れる人間にならなければいけないと思う。くどい話や自慢話がいかに周囲に迷惑をかけているか、話す本人が気づいていないことが多い。それでは他人から嫌われてしまい、人間関係がぎくしゃくしてしまう。

　人々への気配りは、謙虚さ、感謝の気持ち、ありがとうの精神がなくてはできない。イライラした気分でいれば、話す言葉にもムラが出てくる。人には気分爽快な日もあれば不機嫌なときもあるだろうが、言葉は平常心で使うことが必要。相手の顔を見ながらはっきりとした声、きれいな言葉で誤解のない話し方を心がければ、自分の幸福にも心の平和にもなると思う。

言葉に化粧をしてきれいに見せたい心は誰にもある。時には自分の偉さを自慢したい人もいるだろう。しかしそれは謙虚さが足りないのだと思う。心のお洒落もいいが、それを自覚し、人様にも気を配ることを忘れてはならない。

　長い年月、付き合ってきた友人知人同士であっても、言葉の危険はいつもつきまとっている。人は少しぐらいは耐えて聞くが、聞く側の忍耐の心の上には刃物があり、いつ刃物が心の上で暴れ出すかわからない。注意しよう。

　「口は禍(わざわい)の元」とはよく言ったものだと今も嚙みしめている。

　言葉は心の声でもある。誰に対しても心配りを忘れない美しい言葉遣いの確認と習慣を心がけて生きていこう。

50 見方を常に変える思いやりを

　私の育ての母が亡くなって何年にもなるが、今も思うのは、自分は本当に母の考え方を理解してやっていたのだろうか、ということだ。当時は一所懸命見ていたつもりではあったが、母はどう思って亡くなったのだろうかと、仏壇の写真を見るといつも思ってしまう。

　母が70歳のとき、協力会社の旅行に便乗して母を南紀白浜まで連れていったが、母が空港で行方不明になってしまったことがあった。社員たちも一緒に一所懸命捜したが見つからず、団体旅行のためバスの時間もあり、みんなには先に行ってもらった。その後１時間ぐらい空港内を捜してようやく母を発見したが、そのとき私は母に「もう旅行には絶対連れてこないから」と怒鳴ってしまった。

　空港内で声を荒らげた私に、何も言わずしょんぼりしていた母の姿が、今も忘れられない。せっかくここまで育ててくれた母に、何ということを言ってしまったのかと、斎場で母を見送るときに謝罪した。その飛行場での騒動から２年後に母は脳梗塞で倒れたが、病院での２年間は家内や息子たち、嫁さんたち孫たちまで、みんな一所懸命介護をし、そのことには満足しているが……。

　母は、空港内ではきっと皆に遅れまいと、皆が向かう出口に一直線に進んだのだと思う。大勢の仲間たちに逸(はぐ)れまいと急いで歩いてかえって離れてしまったのだろう。そのときの母の歳

を考えたら、今の私も同じようになってしまうかもしれない。そんなことも考えずに怒鳴ってしまった母には申し訳ない思いでいっぱいだ。何年たっても心の中で手を合わせている。

　なぜ相手のことを考えてやれなかったのだろうか。人間はある立場にいると、そのときの自分の考え方だけを正しいと思い込んでしまいがちだ。

　見方を常に変えて、思いやりをもっていたら、母を悲しませることもなかったと思う。私の4人の母の中で、最後のその母がいちばん私との暮らしが長かった。秋田から埼玉に呼んだ育ての父も母も、孫たちと皆で暮らしてくれたことには本当に感謝している。

　親孝行は誰にも負けないくらい家内としたが、こんな昔の騒動もたまに思い出して懐かしんでいる。

　私たちは自分の身の回りの人に対し、相手を思いやる心、慈愛の心、感謝の心、敬う心をもって接することができるように、いつも冷静な気持ちを忘れてはならないと思う。

51 日本の社会事情は自分の自立心の心得

　今、日本の少子化は坂を下る勢いで急激に進行している。今は人口の10人に1人が高齢者を支えているが、いずれ5人に1人、4人に1人と、どんどん支える側の若年層が減少し、50年後には日本経済は破産状態に陥るともいわれている。税収は上がらず、働くことを忘れた若い独身族が、生活保護に群がる時代も来るような悲惨な日本の姿は見たくないものだ。

　その上、老人たちの認知症の上昇という現実もひしひしと迫っていて、現在、認知症の方は440万人にも上るといわれている。私の母もそうであったが、家族の皆の協力で苦労しながらも面倒を見ることができた。子供たちが介護に疲れ果て、親族中で親をたらい回しにするという話もよく聞く。学校の道徳では、親を尊敬すること、感謝すること、親孝行の大切さを教えることも少ないという。

　今の親たちを見ていると、自分の祖父母を大切にしないことが目につく。それを孫たちが見ているわけだから、彼らが将来親の面倒を見なくなるのも当たり前かもしれない。自分たちが親の介護をしていないのに、子に介護を要求しても無理だろう。生きた体験教育が不足している。

　認知症の老人が行方不明になる事例は、毎年、1万人を超えている。老人の踏切事故で、子供や家族が賠償責任で訴えられるという事例まで出てきた。ならば自分自身で防衛策を講じるしかないと、地域も行政もようやく対策に乗り出してきている。

寿命日本一になった長野県は、男女共に昔は脳卒中日本一だったが、今は地域密着型医療を進めてきた成果が出て、減塩による健康管理では先進県となっている。長野県は標高300ｍの土地にあるため、空気の薄さが肺の細胞を刺激して免疫を活発化して身体能力を向上させるようで、このことと長野県人の「真面目さと勤勉さ」が加わって、寿命を延ばしているようだ。

　また、長野県は病院の治療費は日本でいちばん少ないという。羨ましい限りで、日本のために私たちも見習わなくてはならないと思う。短命の最下位は、秋田県と並んで男女ともに青森県が第一位となっている。長野県を見習うことだ。

　沖縄県はもともと長寿の歴史があったが、なぜ長野県が努力して長寿日本一となれたのか。我が故郷秋田県も塩分の摂り過ぎはわかっている。山間部の多い地形ゆえ、保存食に塩分をたっぷり使わねばならないという事情があったのもしかたのない事実。全国学力テストは日本一なのに、気の弱さと真面目さとが遠因でもあるのか、自殺率も日本トップ。気が小さく悩み事を独りで抱えてしまうのも良くないだろう。

　どうあれ、これからは老後に向けて自己防衛の対策を、個々人も行政もしっかりとっていく必要がある。いずれにしろ、生きていくのが難しい時代に突入した。

52 時の刻みは人生の刻み

　時間の活用法によっては、人生の充実感も大きく変わり幸福感も増すだろう。「時の刻みは人生の刻み」。一日の時の刻み方を忘れるようでは、人生の過ごし方も忘れてしまいかねない。自分自身の１秒１秒を考えて有効に使えるなら、一日がとても楽しくうれしくなり、満足度も100％だ。

　朝起きたとき朝焼けの赤々とした太陽を拝める人生はどんなにうれしいことかと、私は幸福感に浸っている。あんなにきれいな朝の空を知らず寝ている人もいるだろうが、それも人生かもしれない。そんな人々に朝焼けを語って聞かせても何の感動もないだろう。しかし感動と感銘を受けた人々は、その光景を脳裏に焼きつけ、もう一度見て感動したいと思うに違いない。早朝のほんの短い時刻に現れる一瞬の朝焼けは、10分が限度というところか。見る人は「朝起きは三文の徳」になるが、見ない人はたとえ何百年生きても見ないだろう。

　地球の宝物である自然の恵みを自分自身で楽しめるということは、地球からの無料の贈り物かもしれない。見ることによって早朝のご褒美を受け取れば、一日の喜びが夜の床に入り眠るまで続くので、時間がとても有効に活用できるはず。

　「行動にチャンスあり　不動にチャンスなし」の言葉どおり、自分の心構えと身体の動きが常に一致していなければ、そうした喜びに結びつく行動もできなくなる。幸せを欲しくない人間はいないはず。天からの授かりものを素直にいただこう。

53 人生の生き方。「人は城、人は石垣、人は堀、情けは味方、仇は敵」

　人間は生まれた瞬間から人々にお世話になり、周りの方々の協力を得ながら成長していく。幼児期から小、中、高校を経て大学まで行くのも、自分一人の力でできることではないだろう。親だけでなく親戚や周りの人々に助けられて生きてこられたのだと思う。まずそのことに感謝の気持ちをもてる人間にならなければならない。

　生まれてきた以上、生老病死の四苦とは一生のお付き合いでもある、逃げてはいけない。これを克服して初めて人間の喜びやうれしさ、幸せという人生のご褒美をもらえるのだ。世の中で自分の置かれた環境や立場に反発して、国に怨みつらみを抱いても何の解決にもならない。悪循環の環境でも、自分で生活の軌道修正をすればいい。

　武田信玄の歌として伝えられる「人は城、人は石垣、人は堀、情けは味方、仇は敵」は、企業経営にも当てはまる人脈の大切さを表している。これは私の会社も学校も家庭も同じで、人をつくることがどんなに社会生活を送るうえで大切かということだ。会社も外見ばかりで派手に見栄を張っても、中の人々の調和と団結心がなければ会社は強くはならない。家庭も同じだろう。

　武田信玄は、家臣や領民を信頼し、彼らから尊敬されることで強固な組織をつくり上げ、戦国最強の武将となった。現代の人々も見習うべき大切なことだとつくづく思う。

人生の割合は その時々にて変化する

　人生にも自然の四季折々と同様に、人それぞれの春夏秋冬がある。私の個人的な考え方だが、生まれたときから25歳頃までの学びの時期が春の季節。就職して社会に飛び込み働いて汗をかき、結婚して一所懸命の城造り、子孫繁栄に努力して人生の働き盛りを経て退職までが夏の季節。その努力が実る人生の刈り入れ時が秋の季節で、家庭も安定し、子供たちは社会へ巣立ち一安心、退職後の夫婦にも人生のゆとりが出る75歳くらいまで。そして「生きる悩み、歳老いていく苦しみ、病の苦しみ、死の苦しみ」の四苦に立ち向かいながら生きていくのが冬の季節ではないだろうか。

　この割合は自分でつくるものだ。早く訪れる季節もあろう、遅い季節もあろう。だから一日一日の組み立て方次第で、その早い遅いが決まってくる。私の場合、今の割合は、遊びが40％、仕事が20％、学校が40％というところ。10年前までは仕事が80％で、無我夢中で働き会社経営に力を注いでいた。残りの20％は遊びにつぎ込み、人生に学問は必要なかった。実社会という生きた教材から、私なりの社会学を学んだ。

　昨日の学校の作文で「なぜ学校に来たのか」を書いた。孫の入学を機に、学力0の自分をなんとかしようという熱意が湧いてきたのがきっかけ。棺に片足を入れたような歳での勉強は遅すぎるかもしれないが、悔いのない人生の一頁を残すには今が挑戦の時と見た。私の人生の割合は急に変更となった。

55 日々の遭遇を素直に受け入れることが大切

　人間万事、日々の出来事が順風満帆とはいかない。人生はままならないものだ。人間万事塞翁が馬の故事のごとし。私が経営者として45年間を送った中でも最盛期はせいぜい10年がいいところで、他社も同じようなものだった。ましてや建築、不動産業の金額の張る仕事は、子や孫まで三代続けるのはなかなか難しい。自分一代限りで、という決心は正解だったと思う。子供たちの生き方を尊重し、それぞれ好きな道に進めたのは本人のためにもなっているようだ。

　真面目に努力して生活していても、豊かさや幸せがつかめない人生もあるだろう。でも諦めずに耐えることも大切ではないだろうか。人間には運不運がある。運が目の前を通り過ぎてしまう人もいれば、とっさに幸運をつかむ人もあろう。人間万事塞翁が馬、良い日もあれば悪い日もある。人生はこの繰り返しだと思えば気が楽だ。

　素直にそのときの出来事、その日の出来具合、偶然の遭遇を受け入れればストレスも溜まらない。自分を憎んで、周りに嘆いて愚痴をこぼしても、何の得にもならない。自分が惨めになるだけだ。

　出来事に嘆かない、愚痴らない、ひねくれない。そうすれば心も平和で爽やか。笑顔の人生を送れるはず。遭遇を素直に受け止めよう。今日の出来事は自分に与えられた修行の場になると信じて。

人間社会の規則と学校の規則。「道徳倫理」

　実社会で、約束事や物事のルールに一切関係なく勝手に生きることはありえない。世界平和も、日本の経済も社会も教育もあらゆることにルールがある。家庭でも同じで、夫婦でも親子でも、学ばずとも自然に経験の中から秩序が生まれてくる。これを道徳倫理という。

　今、私が在籍している高校（夜学部）では、生徒たちはみな頑張って勉強に励んでいる。当初私は、道徳も乱れてもっと荒れた教室を想像していたが、とんでもない。家庭の事情もあったり、中学時代に悩み事を抱えてしまったり、人間関係が下手でうまく学校生活を送れなかったり、生徒一人ひとりはそれぞれ秘めた事情があるなかで、一所懸命学んでいる。その前向きの姿勢や勉強に向かう態度は、想像以上に素晴らしい。

　大人の私が学んだことがある。初めは４年間学ぶ予定だったが、頑張れば３年で卒業できることが見えてきた。ならば歳と健康を考え、短縮して３年卒業に挑戦しようと担任に相談した。しかしながら学校の規則では、一人だけの変更は認められないということだった。私たちの暮らしの中でも規則があるように、学校には学校の規則がある。

　何とかなるだろうと思っていた私の中の常識は、非常識だったことがわかった。大人のずるさか、人生の慣れか、積極性と行動力で強引にトライしてしまった。今私は学校の生徒でもあるから規則は守らねばならない。初老の甘さに反省。

57 桜も見る角度を変えれば美感も変わる

　人間は、相手を見る角度によってその印象も大きく違ってくる。事件後の小保方研究員の記者会見に対して、評論家たちの敵意むき出しの批評合戦。事件前、脚光を浴びていたときの批評と事件後の批評では態度がまるで違う。原発の絶対安全説を唱えていた方々が、原発事故後、まるで消えてしまったように。原子炉に亀裂が起こるとは誰も想像していなかった。東京電力や政府の右往左往の対応で、原発の安全神話も崩壊してしまった。地球上には絶対安全、絶対平和と言い切れるものはない。STAP論文騒動がマスコミによって大きく報道されたが、理研も論文の発表前にもっと念入りに調査をしていたらこんな問題にならなかったと思う。

　写真に撮る1本の枝垂れ桜。撮る角度やアングルによっては素晴らしくもなり、平凡にもなる。

　結婚前、相手が社会的には最高だったが、時が過ぎゆくとともに期待外れだったことに気づくこともある。桜の木も見る位置と角度によって大きく違ってくるのと同じことだろう。

　社会生活の中で、親友の見方、子供の見方、ましてや夫婦の見方も見る位置を少しずらしてみると、きっと別の面が見えて良さもわかるだろう。枝垂れ桜の1本から人間の煩悩を取り去ってみることの大切さを学んだような気がした。人間には意見の食い違いがよく起きる。だから物事は、常に相手と同じ場所から眺めれば平和と幸福に続くような気がする。

人の育て方は、70%褒めて30%叱り、怒りは0%で

　若者たちの育て方、社員の育て方、特に孫たちの育て方は人それぞれだが、その育て方は社会にも大きく影響する。褒める、叱る、怒るは、時と場合によって優先順位を変えることも必要だ。私の経験からいえば、褒めて育てることが、本人の特長を伸ばし大きくのびのびと育つような気がする。あまり褒めすぎるのも自信過剰を生むのでほどほどに。

　かといって怒ってばかりでは、学ぶどころか人間萎縮してしまいかねない。下手をすると恐怖心や反感が生まれ、そのうちに憎しみや怨みの気持ちまで生まれる可能性もあるから注意をしなくてはならない。

　子育てや教育には、叱りは絶対といっていいほど重要なポイントになる。叱りと怒りは全然内容が違うので、親も教育者もその区別は必要だろう。叱りは、物事の重要性をきつく教え込み、反省することをわかりやすく教えることだと思うが、怒りは、意味なく感情だけが先行して暴力に発展することもあり、教育にも指導にもならない。孫や社員が失敗したときは、反省を求める叱りの指導が良いと思う。

　対人関係において、感情をむき出しにした、けなし合いの対立は、人の心を傷つけ良心も壊れ、いずれ人から嫌われ孤独に陥り、将来の幸福から遠ざかることになる。自分だけの世の中ではないことに気づき、他の人々を幸福にして平和主義者に育てようとするなら、褒め称えることが大切だと思う。

59 約束が守れないのは身勝手な考え方の人

　世の中には、平然と約束事を破る人がいる。人間性でしょうか、悪意があろうがなかろうが、身勝手極まりない行動だと思う。そうかと思えば、自分にプラスのことは絶対約束を守るのも人間。

　良い悪いの判断は、自分で自覚して確実に調整しなくては他人に嫌われる原因にもなりかねない。約束を破られた相手の身になってみることだ。約束事に厳しい性格の人は、約束を破られたり裏切られたときには、自分の欠点を棚に上げて相手を怒鳴り怒り狂うことがよくある。己を知らぬ存ぜぬは卑怯な性格でもあるが、こういう人物に対して他人は当たらず触らず、自然に遠ざかっていく。

　そんなことで損することはわかってはいるでしょうが、性格が個性となって現れるからどうしようもない。世の中は人と人とがつながり支え合って生きていくところなのに、わがまま身勝手でいては世の中なかなか通らない。相手の立場に立ったら人の心がわかり優しさがわかるはず。気配りと気遣いのなさが、約束を破ることにつながっていくのでしょう。相手の立場をもっと理解したら約束は破れないものだと気がつくはず。約束は守りましょう。時間厳守は社会生活全般で大切なことです。

　老後の人生、周りに仲間がいなかったら、そのときこそ「あのときの約束事を無視したからだ」ということに気づくでしょう。

尊敬される人には、それだけの因果の実績がある

　今日、校長、教育委員会委員を経て、今も全国の教育指導に駆け回っているT先生に会えた。久しぶりの会話に元気が湧いた。もう70歳くらいになるのに若々しく、言葉の一言一言に教師人生の重みがどっしりと感じ取れる。私もご縁をいただいて10年ものお付き合いになるが、初めての出会いから少しも老いを感じさせないエネルギーは何でしょうか。教育指導で昨夜は愛知県から帰ってきたばかりなのに、私のために時間を割いて夫婦で迎えてくださった。

　教師の指導において、子供や生徒たちから尊敬される教師づくりは並大抵なものではないと思う。頼りない新人の先生たちは大学の教育学部を卒業しても、１＋１＝２だけしかわからない。子供たちの心を読み取り、生徒一人ひとりの性格を知ることもできない頼りがいのない教師たち。T先生はそんな若い教師たちとは正反対、学問の解とともに人間の心と魂を教え込む評判の教師指導者でもある。

　そのため、先生は昔の教え子たちの同窓会には数知れないクラスから招待を受けている。現役の教師時代、親の死にショックを受け、精神的に動揺していた生徒の相談に乗り、授業の勉強はもちろん、受験勉強まで熱心に面倒を見た。その生徒からの信頼が今も続いているのは、そのときの対応が尊敬されてのことでしょう。

　教え子が出世して会社の社長になって先生に報告に来るので、

それが教師の誇りとなって今語れるわけである。結婚式にも招待され、同級会にも誘われる。ほかの先生は、あまりこういうこともないようだ。それだけ生徒のために一所懸命尽くすことができたということで、勉強の指導だけでなく、愛情や思いやりや信頼を受けた生徒たちからの恩返しだと思う。

　尊敬される先生、周りにおりますか、結婚式に呼ぶ先生いますか、クラス会に喜んで迎えたい先生や恩師はいますか。生徒同士の喧嘩に、叩かれても中に入って止める先生がいますか。見て見ぬ振りでしょう。貧乏な家庭の生徒をかわいそうに思い、遠足でお菓子や飲み物を買って与えてくれる先生がいますか。

　T先生はそれを実行してきたからこそ、尊敬されて今も招待されるのだが、先生は「教師ならそれが当たり前のこと」と言っていた。なかなかできないことのようにも思える。

　教師だけではなく、家庭の亭主も奥さんも、それなりに子供たちや友人から尊敬される人間性をもっているでしょうか。できればそれなりに過去の実績と社会経験の積み重ねの結果、尊敬されるような人間になってほしいと思う。

　尊敬を受ける受けないは自分で決めるものではない、他人が決めるのだ。

性格は変えられる、それに気づくことだ

　人間は自分を信じてこの世の中を渡っていく。しかし一度失敗すれば反省もする。反省すれば自分の考え方の中にある欠点も見えてくる。そしてその欠点を直すことで自分も変わる。そうすれば周りも変わり、世の中も変わってくる。つまり人生まで変わるということになる。

　努力してその結果失敗しても、苦しみの中からまた立ち上がればいい。底力のある人間は立ち上がりも早く、他人の手を借りずに自分自身で前進するものだ。人生に甘え、常に他人におんぶされて、苦労もなく努力もしない人間は、立ち上がることはできない。

　罵声(ばせい)を浴びせられて震えてしまうような人間は、幼いころから厳しく怒られた経験がないのだろう。だから社会に入って一発ガツンとやられると、驚きのあまり恐怖心まで起こしてしまう。我慢と忍耐の精神が必要だ。

　人間の心は弱いもの。きっとその軟弱な心と身体は一致するものでしょう。社会人になる前の子供の時代、家庭や学校で鍛えられた経験があれば、社会生活にも自信をもって入っていける。幼いときに転んで泣いて、自分でどう立ち上がれるか考えた子供たちは、大人になっても立ち上がる。

　小さいころ、罵声を浴びて怒られた経験が、その後の人生でどんなに役に立ったことだろうと、私は今、とても感謝している。転んだまんま、他人の慰めや手が差し伸べられるまで、地

べたに寝転んで泣いていては、性格は変えられない。

　自分の性格の悪さを棚に上げてその性格を自慢しても、人から軽蔑の眼差しを向けられるだけだろう。悪いことを認めて性格を変えることは誰にでもできるはず、できないはずはない。特別完成された人間になれとはいわないが、常に直す努力をしていれば、人生に失敗はないと思う。その心構えさえあれば、尊敬される人間になれると思うがどうでしょうか。

　確かに真面目に清く正しく美しく生きたからといって、人生の幸福と成功が手に入るとは限らない。正義感の強い立派な人間が、やくざに刺されて死んだという例も知っている。要は人生の運勢をつかみ引きつけることだと思う。真面目だけでは幸福をつかむことはできない。

　対人関係がうまければそこそこ出世もでき、能力と行動力があれば幸福も手に入るでしょうが、大きな人生の結果につながっているのは、人間の性格のような気がしてならない。

　悪い性格は早めに直すことだ、それに気がつくことがいちばん大切だと思う。過去の自分自身にとらわれず、積極的に直そうと思う心が大切であることに気がついてもらいたいものだ。

62 人生浮世は回り持ち

　私くらいの年齢になると、もう人生の4分の3あたりまで来たかなという感じがしている。残りの4分の1は、何を考え何を目標に夢の続きを見ていこうか。

　「周りに起こったすべてのことは、自分の使命の道標(みちしるべ)」

　過去の人生の道のりには足跡がくっきりと残されているので、消すことはできないし後戻りは不可能でしょう。戻れるなら戻りたいという心境の人も多いかもしれない。しかし人間の老いてゆく苦しみは人間の四苦八苦の中の一つなのだ。

　今日もそんな話になった団塊世代同士の会話に、人生の浮き沈みは宿命としか思えない。成人してからの社会人生活50年近い人生を見ても、春夏秋冬の一年のように人には一度、きれいな花を咲かせる最盛期があるようだ。一年中咲いている花はないのと同じように。

　私の会社経営も全盛期の時代があったが、一般社会でも同じでしょう。あのとき子供が生まれて親子ともども幸せで喜びに沸いていた時代もあったなあと思い出す人もいるでしょう。運勢に左右されたり、他人に不幸を押しつけられたり、自業自得の壊滅状態でもがき続けている人もいるでしょう。それが浮世の世界。人の幸不幸、世の栄枯盛衰などは絶えず変動するものだと、つくづく思う。

　私の最盛期はとっくに終わったと思う。今は人生の付録、神様から与えられたご褒美という心境でもある。

63 家庭円満は生活の家宝

　先日の雪の日に夫が帰ってこなかったと、妻の怒りが爆発。「連絡なくて頭にきた」とのことだった。雪の日の会社からの帰り道に、仲間と居酒屋に寄り、そのまま温泉サウナに泊まってしまったそうだ。遅くに連絡を入れたが、妻も子供も寝てしまったのか、電話に出なかった。それぞれの言い分はあるが、確かにあの雪では電車も車も都内の交通は麻痺状態だった。

　昼にはどうにか自宅に戻ったそうだが、待っていたのは夫婦喧嘩。当然想像できるが、おそらく口も利かずに夕食も食べずに寝たのでしょう。次の朝、会社出勤に当然無言の食卓だったでしょうが、奥さんが偉いのはいちばん先に口を開いて「気をつけて行ってらっしゃい」。いつもの習慣でもある言葉が、知らず知らずに言えたそうだが、頑固なる夫は無言の出勤。

　後で聞いたところ、「あのときの妻の言葉に感謝」という言葉が返ってきた。言えなかった返事のことを、夫はずっと一日考えていたらしい。反省の気持ちから帰宅は「ただいま」と元気よく玄関を開けた。妻の先手必勝が夫婦円満のコツでした。

　そのとき娘さんまで落ち込み、嫌な気持ちで学校へ行ったそうだが、夫婦が仲直りして娘さんも明るくなったそうだ。

　社会生活を営むうえでの人間の基本は、慈愛の心、感謝の心、敬う心、詫びる心、許す心。この心構えを身につけたら絶対夫婦喧嘩もしないはず。夫婦円満は家庭の円満にも親子の円満にもなるでしょう。

気を配って見渡せば
幸福にも出会える

　私たちは、動物、植物、食材など、幸運や感動や喜びをもたらすさまざまなものに囲まれている。そんなものに出会うとうれしくなって微笑んでしまう。物事に興味をもって行動し、周囲に気を配ればいろいろなものが見えてくる。手の感触もあれば舌の味覚もあり、目で見る視覚、耳で聴く聴覚もある。歩く足の幅50cmあまりの間隔の中でも、花があったり虫がいたり雑草もある。そんな中で人々は生きている。

　先日、テレビを見たら栃木県の「節分草」がちらっと映っていた。一瞬だったので、興味をそそられさっそくパソコンで検索した。場所もわかったのでそこに行ってみたが、お目当ての節分草は見当たらず、福寿草だけが雪と一緒に春を告げるように咲いていた。

　しかし注意してよく探してみると見つかった。小さくて真っ白な花びらが黄色い蜜腺の雄しべを囲んでいる。5cmくらいしかないので見つけるのが大変で、気を配って見なければ素通りしていたでしょう。初めて見る節分草に感動し、うれしくてシャッターを切り続けた。

　人は生きている以上、一日を楽しく生き、人生が満足に進むよういろいろな工夫が必要だ。それをやめたら人から笑顔は消えるでしょう。節分草のように目立たぬ小さな花でも、褒めてやることで写真がきれいに撮れたように思う。一日のうち、夫婦や子供に、知人や会社の中でも気配りはしていますか。

65 花は桜木、人は武士、人生の無常感

　人の世は無常なものだ。誰もがいつかは無常と遭遇する。動物でも植物でも、この世のあらゆる生物に死が訪れるように。昨日、山口県の老舗白木屋グランドホテルの倒産が伝えられた。創業以来150年続いたが、観光客の減少がたたったようだ。昭和の経済成長期には団体客でごった返した老舗のホテルが幕を閉じることになったのも、バブル崩壊以降、個人客対応への改善が遅れたからだろう。経営者には見切りの判断と限界を知ることが求められる。5代目6代目と代々続けてきたものの、無理な経営で気がついたときには遅すぎた。何とかなるだろうという甘い考えが命取りになり、22億円あまりもの負債額を抱え込んだようだ。もし遡って4代目あたりの景気の良い時代に、経営改善をしていたらどうだったか。

　創業者は死に物狂いで働いて努力を身体に染み込ませながら経営に尽力し、周りの人々を大切にして宿を守ってきたのでしょう。時代が変わり後継者も変わるごとに横柄になり、お客様や社員、身の回りの気配りも忘れてただただ帳簿とにらめっこという利益主義に走って創業者の原点を忘れたのかもしれない。経営哲学を忘れた商売は3代続くものではない。「花は桜木、人は武士」花は桜が最も美しくきれいだ、人は桜の散り際に似て死に際の潔い武士がいちばんだという。人間には必ず最盛期、満開の年月があるものだが、それも10年が限界。それを考えたら自分の寿命を知って引き際を知った方が良いのではないか。

66 大功を成し者は衆に謀らず

　経営者には一般に人の意見などあまり聞かない人物が多い。特に大成している社長さんなどは自信があるのか、自分の息子にも意見を押しつけてしまう。先日、ある経営者のご子息が相談に見えた。後継者問題での父である社長と考えが衝突し結論が出ないらしい。確かに立派な社長さんで、地方から上京して大成功を収めたが、後継者の息子との経営の考え方の違いは大きい。親は何歳になっても息子を子供として見ているようだ。思うように経営哲学を２代目に叩き込みたいらしいが、息子は生まれたときから会社を継ぐ宿命を背負わされたことに悩みが尽きない。

　経営者はだいたい個性が強いかもしれない。人の意見を聞いているような姿勢を取りながらも、結論は絶対に変えない独裁者のような性格が多いような気がする。確かにその芯の強さがなくては経営が成り立たない面もあるだろう。大事業を成し遂げる人は大勢の人々の意見を聴いたり相談したりせず、自分独自の考えを断行するものだ。

　その性格が後継者へ席を譲る際に障害となる。甘やかされて育った２代目に親のような強さはない。実際の経営ではその甘さが欠点として現れるものだ。大成した経営者には誰も何も言えないが、陰で泣く人、困って苦しむ人、犠牲者もあるのではないでしょうか。人の人生は、自分のいる会社の経営者次第というところもある。

67 現在の自己管理ができない人は、将来の管理もできない

　文明がいくら発達しても、自己管理は自分自身がやるしかない。家庭の幸福も仕事も健康も、さらには部屋の後片付けも洗濯も台所仕事も、あらゆることの管理を行うのは自分自身。ロボット技術の進歩で将来は洗濯も掃除もすべて機械がやってくれるかもしれないが、人間にしかできないこともある。愛情も思いやりも気配りも信頼も、生きている人間の温かさから出てくるものだ。

　医療技術は発展しても、自分自身の体調や病気の予感は自分にしかわからない。自分で異常に気づいてから医療のお世話になるが、生身の自分の管理がしっかりできていないと手遅れになるだけだろう。退職した男性が、サラリーマン時代には自己管理していたものの、退職後に暇と身を持て余す人間になってしまい、健康のバランスを崩して生活が狂ってしまうという話もよく聞く。趣味もなく読書もせずテレビと昼寝ばかり。無趣味で外へ散歩にも出ない。精神的な管理ができていないから心も病んでくる。これでは奥さんもストレスが溜まり爆発してしまうでしょう。

　反対に自分をちゃんと管理しているなら、奥様や家族のこともしっかり管理して将来も心配はない。もし今、生活全般で自分自身の管理ができなかったら、家族の教育にも支障をきたしてしまうだろう。そんな姿を子供や孫に見せたくなかったら、今から自分自身の管理をきっちり行うことだ。

妥協のできる人生はうまい生き方

　世の中「折り合い」は大切なことだと思う、何事も対立して平行線をたどっていたら、戦争も内戦も社会の混乱も収まらない。小さな接点を見出すことから始めねばならない。特に夫婦、親子、嫁と姑などはちょっとしたことで気まずい感情になったまま何年も続くことがある。そんなときは第三者に仲立ちをしてもらい妥協点を見つけることが大切でしょう。

　特に夫婦の場合、お互いの意地や見栄やプライドが大きな障害になる。他人から見たら夫婦の間に勝ち負けもないと思うが、過去の問題も引っ張り出してきて最悪の状態になる場合もある。本人たちもどっかで妥協点を考えてはいるものの、自分からは言い出したくないという意地が邪魔をする。

　第三者の言葉に簡単に仲直りする夫婦にあっけにとられることもある。しかし危険なのは、その仲直りの瞬間から、今度は仲裁した人に非難が向けられることもあるから要注意。なぜ妥協できないのかといえば、それは夫婦だからでしょうね。結婚前の交際時代は恋は盲目で多少のことにも目をつむれたが、夫婦になれば妥協の入り口もなく無言の背中合わせが続いてしまう。ところが夫婦の慣れあいが何十年も続けば、お互い歳も取り争う体力も気力もなくなってくる。要するに諦めの時代が来るが、ある意味でそれが老後の夫婦の姿だろう。それを考えたら諦めも正解かもしれない。

69 人は生まれたときの条件を工夫して生きる

　5日間、八重山諸島の石垣島などを巡って気づいたことがある。なぜ南の人々はのんびりできるのでしょうか。性格や生活条件の違いでしょうか、環境でしょうか。皆陽に焼けて健康そのもののようだ。私から見ると競争社会から抜け出しているようにも見える。無欲なのか目標がどうのというこだわりもない。

　私たち団塊世代は地方から集団就職で上京し、生活の豊かさを求めて一所懸命働いて車を買い家庭をもって大金持ちになってという願望を果たすため激動の競争社会を生きてきた。

　ところが南の島では車がゆっくり走り、慌てない人間たち。住宅のデザインも大きさもだいたい似ていてあまり差がない。だから誰が金持ちなのか貧困なのか一目ではわからない。海岸の堤防で働き盛りの若者や成人が裸で寝ている光景には不思議さを感じる。地元の人の話では、どの村も団結力があり皆助け合って生活しているので、離婚した子連れ女性でも子育てには心配がないそうだ。両親も兄弟も親戚も皆で協力して育て上げる。だから何人子供がいても大丈夫、別れるのも早いがまた結ばれるのも早いという。我が故郷の秋田では離婚して実家に戻ったら白い目で見られるというのに。

　高級車に乗るとかきれいな衣装で歩く必要の全くない石垣島の人々は、見栄も名誉もいらないのでしょう。自殺率が日本でいちばん低いのもよくわかる。泡盛飲んで陽気に歌い、焦らず騒がず我が人生を生きる南国の人たちは、皆幸せそうに見えた。

70 「自分を大切に、人を大切に、時間を大切に」生きる

　人は生まれた環境に影響されて生きていく。本人の努力もあるが、両親や周りの人々の影響を受けて性格や個性が出来上がっていくものだ。運や宿命もあるかもしれないが、今を大切に生きぬくことが、与えられた命を大切にすることだろう。そのためには、時間を大切に無駄なく効率的に使うことだ。

　この世は独りでは生きられない。人は人の輪が欲しいものだ。そのためにも周りの人々を大切にすることが重要でしょう。

　あなたは他人から尊敬されていますか。人のために貢献していますか。他人がいてくれるから自分もあるということに気がつかなければ、世の中はうまく歩けない。人間関係は助け合いの精神から始まって、助け合いの情愛で人生の終止符を迎えるのだから。

　「自分を大切に、人を大切に、時間を大切に」生きていれば、周りに人々は集まってくる。自分を粗末にして身体を壊してしまっては終わりだ。時間の使い方がでたらめでは、人から嫌われて信頼を失う。大金持ちであっても、自分を大切にしないで酒におぼれて女に狂った金の亡者は、時間まで狂わせて人生を破滅させる。

　健康あっての幸せ。元気で人々を、家族を、時間を大切にすることによって、自分を大切にできる環境が整うことになるのではないでしょうか。

　自分を大切にしましょう。

71 酸いも甘いも噛み分ける経営哲学

　何年ぶりかに旧知の社長に会った。5年前に大病を患い、体力も弱りゴルフもしていないという。お互い独立した昭和45年頃は、その後のオイルショックもあって日本経済も混乱のさなか。現場では建築資材や大工道具の盗難で困ったものだった。日本の経済成長は続き、昭和63年頃のバブル期には土地は値上がりして株価も最高の3万円を記録した。金余りの銀行は、金を使え使えの後押しで日本はバブル景気に酔いしれた。

　平成3年頃から日本経済の衰退傾向が見え始めていたが、それを見抜くことができない経営者はまだ貪欲に夢を追い続けていた。バブルが崩壊すると、倒産が増えたり夜逃げの行方不明者が目立ち、自殺者も多くなった。団塊世代は天国と地獄を経験した。景気に踊らされて高級ベンツを乗り回した人間が公園のベンチに寝る浮浪者に変わった時代だった。

　社長も景気の波に乗り、波瀾万丈ながら倒産の危機を何度も乗り越えてきた。銀行の引き締めにも遭った。こうして「酸いも甘いも噛み分ける」経験を積み上げ、人間を磨いてきた。そして今、己の過去を振り返っている。

　人間は夢を見るものだが、我を忘れて身の丈の尺度で測れなくなったときは危険極まりない。経済も政治も流れを知り、世間の空気を読み取ることは大切である。酸いも甘いも知り尽くした経験者だから語れることでもあると高らかに笑って帰っていかれた。

72 社会の規則順守は人間の基本

　今の世の中、他人のことなど無視して自分本位の考え方を押し通す人間が目立つ。詐欺、無差別殺人、妬み恨みの妄想から起きるような事件が多くなったように思う。

　昭和の時代は皆真面目に勤勉に一所懸命働いていた。日本経済も上昇気流に乗っていたから仕事もあった。暇な人間は少なく、フリーターという言葉もなかった。

　それが今は、事件を起こした容疑者が無職であることが多い。人々に迷惑をかけてしまう事件を起こして初めて気がつくようではいけない。

　一昔前は、会社員であればその規則や行動指針は厳しいものだった。その厳しさに耐えたことが、子供の教育、家庭の規則、世間のルール、ひいては法律や道徳を順守することにつながったのだと思う。

　高校でも大学でも、英才教育だけでは今の厳しい社会を生き抜いてはいけない。現実の厳しさをもっと学校教育で教えなければ、学生たちは社会の道徳倫理を身につけることができず、卒業して就職しても混乱してしまうのだ。

　社会の厳しさは家庭教育で教えるべきだが、父親も母親も生活に追われてゆっくり子供と対話する時間ももてない。団塊世代の両親は、貧困体験の反動か、子供たちを甘やかせわがままな自己主義を自然に教えてしまったように思う。その子供たちが成長して、今、親になった。今の教育の問題はそこにある。

73 夕陽と雲と雑草だけでも感じられたら幸せなんだよ

　三連休も、物凄い交通渋滞にはまって予定変更。水海道の白鳥と夕陽を撮ろうと現場に行ったら、もう白鳥が寝ぐらに帰った後だった。誰もいない沼に一人きり。真っ赤な夕陽がスクリーンのように目の前に広がっていた。想像や空想の世界が及びもつかないような現実のパノラマ画面に感動した。

　初冬の風に指は冷たかったが、圧倒される夕陽の赤に我を忘れるほど夢中でシャッターを切った。こんな幸せはない。自然の風景が作り出す光景に出会えた幸せ。一年中の夕陽の条件で、絶対に二度同じ光景には出会えないものだ。昨日の夕陽は過去のもの、今日の夕陽はこの一瞬だけのもの。また明日は明日の夕景色が見られるでしょう。

　動物も植物もこちらに声をかけてはこないが、語りかければ幸福感は受け止められる。無言の花に心から感謝の言葉をかけてみる。「きれいに咲いた花さん、ありがとう」。きっと花も「ありがとう」と言っている。

　無言に語りあえる会話が自分を幸せにしてくれる。温かな心と思いやりが愛情を呼んでくれ、とっても幸せな心になれる。今日の夕陽に主役はいらない。雲の流れが夕陽を讃える。幸せそうに揺れる雑草もきっとうれしかったと思う。今日の夕陽に感謝して「ありがとうの出会いの夕陽」。とても幸せを感じた一時でもあった。白鳥は見られなかったが、こんなに赤々とした夕陽の風景に気がつくことができて幸せだった。

心の奥に秘めた闘志と競争心

　昔は生活の中で学ぶことが多かった、子供のころは貧乏で村全体が裕福ではなかった昭和30年代、子供たちは何事もハングリー精神で学んだ。学校の運動会も一等はノート、二等は鉛筆、三等は消しゴムで、頑張った子供にはそれなりの賞品を渡したものだ。だから貧乏でも勝負の世界の厳しさを子供は身体で覚えた。中学校のテスト結果も、成績順に廊下に名前が貼り出される。そのため生徒たちは目の色を変えて勉強に努力した。

　今みたいに何事もプライバシー重視で男女平等の世界は、昭和の終わり頃から始まった。その影響だろうか、闘志や競争心の不足が今の若者たち学生たちに感じられる。道徳倫理を学ぶ時間もなく、事件が起きて初めて青ざめる識者や法律家たち。生ぬるい平等の世界は、忍耐も根性も努力も忘れさせてしまうような気がしてならない。

　学生時代をのんびり過保護に育てられた結果、冷暖房なしでは耐えられず屋外の熱さに倒れ、せっかく就職しても上司に怒られただけで人間恐怖症になり、対人関係もままならず辞めて引きこもってしまう。大学は出たけれどアルバイトにフリーターの生活では、自信もつかず結婚も考えられない。

　どんな仕事でも生きられる人間の強さが欲しい。人は競争することで初めて努力するものだ。努力して強くなる。ハングリー精神があれば、闘志も競争心も湧いてくるだろう。その闘いを通して人は成長していくのだ。

75 今置かれた環境を素直に受け入れよ

　人が今置かれている環境を、嫌だからといって急に変えようとすると無理が生ずる。今の状態は過去からの続きで存在している。昨日今日で急に出来上がったものでもないでしょう。確かに現実に対する不満も嫌気もあるかもしれないが、それは自分自身が今までに作り上げてきたことの結果でもあるのだから人生は難しいものだ。

　他人の幸福を羨ましく思い見栄やプライドから敵対心を感じたとき、憎しみや怨みが心の中で渦巻いて怒りが湧き起こってくるその醜さ。こうした嫉妬心を静める強い心をもたねば、いつまで経っても無用な対抗心は収まらずに自滅が始まる。

　「他人は他人、自分は自分」。今置かれた自分自身の環境を素直に受け入れられたら、穏やかさ優しさが生まれ、人の愛情も喜びも楽しさも素直に受け入れられるものだと思う。

　夫婦生活も長年一緒に暮らすなかで夫婦の身の丈を知り、夫に対して尊敬の言葉を忘れてはならない。妻への思いやりと気配りが優しさを生み、愛情の中の情の深さが重なり合って夫婦の絆も強くなる。現実を素直に受け入れれば、喧嘩もなく仲良く歴史を刻めると思う。金婚式の50年の節目を迎え、「人生はお互い我慢が必要、相手に思いやりの心をもって見て見ぬ振りの気配りも大切」という老夫婦の言葉であった。人生には喧嘩も災難も苦労もあったけど、今の環境を受け入れることで不満も苦言も消えてしまう。老夫婦の人生の哲学でもある。

76 長者の万灯より貧者の一灯

「長者の万灯より貧者の一灯」。私はこの言葉が好きだ。それは金持ちに越したことはないでしょうが、長者はそれなりに身の回りが忙しすぎる。仕事と私生活を公私混同してまで走り回って、万の提灯を点けて風のためあちらが消えてこちらが消えて、提灯に手が回らないくらい消えた火をつけ歩く忙しさは嫌だ。

人間、裸で生まれ裸で死ぬならば、金も財産もあの世まで持っては行けない。ならば一つの提灯の灯りを大切に見つめて混乱を避け、軽挙妄動を慎み静かに温める一灯の大切さが人生には適している、というのが私の人生観。

確かに私にも欲望があった。でもあるとき、自分自身の身の丈で良いと悟ったところから楽な生き方に向かったのも本当である。今さら大きな熊手で金を集めたり欲しい物を集めることはしない。私はあと何年の命かわからないが、ありのままにすべてを愛して楽に生きたい。これが最高。

人間の四季にたとえれば、私は今、秋である。春は一所懸命ではなかったが勉強の日々、夏は仕事に汗をかき努力して子供を育てた、そして今、実りの秋である。人生の積み重ねに幸せと満足感の秋。

人生の付録が冬になるだろう。家内と健康管理をして孫の成長を見て楽しむ。ありのままに冬眠に入る。そのときこそ「長者の万灯より貧者の一灯」が私には適していると考える。

77 未知への挑戦は人生の自信にも

　子供のころや学生時代は、見るもの聞くものに好奇心が湧いものだ。周りの環境に刺激されて大人の世界に一歩一歩進んだあのころの未知への挑戦は、大人になった今も経験となって生きているし自信にもなっている。あのとき引っ込み思案だったら、もし勇気がなくて一つも挑戦しなかったら、今の自分があっただろうか。進学にしても就職にしても不安が先走り、未知の世界に飛び込む勇気をもつのは難しかった。

　初めて秋田の貧乏村から上京したとき、上野の街の人間の多さとネオンの明るさには驚いたものだった。村の夜は時々間違って田んぼに落ちるほど真っ暗で、星空と月明かりは故郷の特権だと思った。

　東京は悪い人が多い、都会人は冷たく、騙す人も多い、取られるな、貸してはならない、人の顔見たら泥棒と思え、夜の女には気をつけろ等々の話が伝わったものだった。そんな話の数々に田舎暮らしの私は、好奇心と警戒心をもった。

　不安でもあったが、挑戦の気持ちから未知の世界だった東京に飛び出した私は、仕事に行き詰まり落ち込んだこともあった。夜のネオン街、大人の世界にのめり込んで馬鹿をしたことも。しかし己の殻を破って未知への挑戦を続けた。怖がっていては一歩も進まない。未体験であっても一度は挑戦することで道は開ける。仕事でも趣味でも何事にも挑戦していけば、未知なる自分と未来に出会うことができるはず。

78 一日の始まりは豊かな目的から

　目的のない朝は朝の起きる気力が湧かないものだ。子供でも大人でも老人でも同じはず。ワクワクして朝を迎えることができていますか。目的をもたない人はきっと嫌な気分でイヤイヤ起きるのではないでしょうか。

　お天道様が昇る朝に、人生の未来への目標が欲しいものだ。その心構えが夢を叶えるものだと私は信じている。人間の頭の回転は朝がいちばん。朝に発想、昼に実行、夜に反省。この繰り返しが大きな自信になってくる。

　波瀾万丈の人生を潜り抜けた人の話には感動がある。それは実体験が伴っているからだ。小説のような話をしても、机上の空論に過ぎない話には感銘は受けない。自分の歴史をこの世に残そうとするなら、常に豊かな目的を作りそれを実行していくしかないだろう。

　「過去の因を知りたければ現在の果を見ることだ。未来の果を知りたければ現在の因を見ることだ」

　自分は今、何をしなくてはならないか。自分のためか家族のためか、それとも友達のためか会社のためか。それも考えず目的のない朝はどんな虚しいものでしょう。若いから目覚めが良いとは限らない。老人であっても、目的をもっている老人の起きる気力と速さはなにものにも負けない。

　「行動にチャンスあり　不動にチャンスなし」は朝の目覚めの瞬間から始まっている。

79 規則正しい原則

　夕方、車を走らせていたら、大空に鳥の大編隊。何百羽でしょうか、渡り鳥なのか白鳥なのか、北から南へと大飛行隊。規律正しく混乱のない姿に驚き、車を路肩へ停めてカメラでしばらく撮りまくった。凄いものだ。誰が指揮官でしょうか、誰が先頭を決めての飛行か。

　もうシベリアあたりから飛んで来たのでしょうか、白鳥ぐらいの大きな鳥に見えた。鳥には鳥同士で規則正しい原則があるのだとつくづく見上げた青い空。誰も我先と列を乱す者もなく先頭からV字型にきれいに並んで飛んでいる。言葉もなくてどうして伝達するのか、どうやって訓練したのだろうか。きれいに列をつくって飛ぶ鳥たちに感心した。

　人間にも社会のルールがある。学校で習う道徳教育も今は少ない時間になってしまったが、大人が生活のなかで子供たちに教えることが、大切な道徳教育でもある。人の踏み行うべき道が道徳心、社会の中で善悪を判断する基準が常識。先生たちもわかっているでしょうが、今は実践の場がない。犯罪が起きてから騒ぐのではなく、起こる前に起こさないような道徳教育をしなくてはならない。それが生きて行くための規則正しい生活の原則である。紙に書いた法律のような外から強制力を伴うものでなく、個人の内面にあるのが道徳心だと思う。人間も社会も物質も規則正しさが大事。鳥は鳥の世界で、人は人の世界で規則正しく生きることに悪いものはない。

80 人生の無常感、儚(はかな)いもの

　奈良薬師寺のまほろば塾に参加したが、電車で行く途中に気分が悪くなり、電車から降りてベンチで少し休んだ。まほろば塾ではお坊さんの講演と説法があった。お坊さんが「人生は無常」だと言っていたが、確かに私は常に死に向かって生きているといえる。人生は無常で儚いかもしれない。具合が悪化していたら駅のベンチで死んでいたかもしれないのだ。

　みんな無常の世に生きている。孤独なものだ。この世の一切は常に「生生流転」して永遠不変はありえない。先祖代々から養われてきたものでも人は死に木は腐り、物は焼け災害で消滅する。世の中は常に変化し、人間も誕生して成長する。常に変化している世界を事実として受け止めて、それにとらわれない人生を創ること。

　日本の四季折々を楽しく元気に喜んで暮らせるなら、私は無常を受け入れる。受け入れることが楽な生き方かもしれないと感じた。この場の条件を素直に受け入れられる修行をすれば悟りの境地になれるかもしれない。だが人間素直に受けられるものでしょうか。心の奥にひしめく欲望や黒い心は消え去るのか。

　たまには仏教の勉強もいいものだ。自分の命がいつかは果てる覚悟で生き続けること。この世を自分なりに見渡せる無常観も受け入れて。

　「無常の風は時を選ばず」。人の命は儚く、予期せず咲く花も風に飛ばされる時を選ばず。

81 子供の性格は家庭環境、特に親の存在が大きい

　我が子の誕生に、親たちは歓びにあふれ天使のごとく迎えられる子の命。子供は成長とともに能力を伸ばし知恵を身につけていくでしょう。「こうしたらダメ、ああやればうまくいく」と幼児の脳は新幹線並みのスピードで発達する。ところが次第にわがままで自己中心的な考え方をするようになり、八つ当たりも。大切なのは、この時期の親の躾で、以降の性格形成に大きく影響を及ぼすことになる。

　先日、フリーターの若者をある会社に紹介し就職することになったが、3か月目に問題が起きた。私は会社に飛んでいき社長に事情を聴いたところ、その若者は仕事を覚える気力もなく、技術習得の努力や熱意、研究心も一切見られないので、ついに社長も怒って爆発したのだという。すると若者の親から「うちの息子は、親の自分が手を上げたことも怒ったこともない。会社を辞めさせていただきます」という電話があったらしい。

　いきなりの親からの苦情には呆れ返った。離婚家庭で家庭教育もままならない事情はわかるが、都合の悪いときだけの苦情はいただけない。子供の教育において、我慢、努力、熱意の大切さを親が教えないで誰が教えるのか。

　子供の性格は家庭環境が作るのだ。親の責任は重い。今時、親の背中を見て育つ子供はどのくらいいるのでしょうか。愛情、優しさ、厳しさを教え込むのは親の役割であり、それが子供の将来の幸せにもつながることに気づいてほしいものだ。

転ばぬ先の杖、用心すれば失敗なし

　今になって過去の失敗を思い出し、あのとき注意していたら……と、後悔の念が湧いてきませんか。終わってみれば失敗も損も頭が痛い。過去の過ちは終わってわかるもの。昔の人はよく言ったものだ。「転ばぬ先の杖」。なるほど、用心に用心を重ねなさいという話だ。「石橋を叩いて渡る」も同じだろう。

　私たちの故郷会は毎年、秋田阿仁町出身者約200人が集まって行われる。毎年5月に開催し、27年継続してきた。生まれ故郷の大好きな仲間たちの集い。継続は力なりとはいうものの、繰越金の減額に収入の落ち込み、バランスの悪さに危機感を抱いている。転んでからは遅い。会の解散をするかどうか、決断と実行は早い方が身のためでもある。団体の継続は難しいものだが収支決算はもっと大切だということだ。運営は役員の責任にもかぶさってくる。良くて当たり前、悪ければ何を言われるかわからない。転ぶ前に杖をつくことだ、転んでからは怪我の元にも大病にもなりかねない。

　今日の台風の雨と同じ、夕方には晴れる予報でも傘は離せない。天候はくるくる変わる。用心に越したことはない、石橋を叩いて渡る、石の橋なら腐りはしないでしょうが、ヒビは入る。ヒビがあれば叩いたとき音が違う。

　世の中、私生活も社会生活も、ある程度、石橋を叩いて渡る心構えと用心は大切な人生哲学でもあろう。失敗してから気づいても遅い。

83 人生もゴルフも心技身動

　人生もゴルフも心技身動で、今日のゴルフは、どれが欠けていたのかが成績でわかるものだ。身体の動きが今一でコースの狭さに不安なときは、ドライバーとアイアンの技の切れが悪い。好スコアーのときは、心の不安もなく技も切れて体も軽い。

　会社の営業にしても、相手との交渉に不安を抱えていては信用されない。技術の面においても、精密な製品を完成できる力がなければお客様から喜びもいただけないでしょう。

　そして健康管理にせっかくチャンスを貰っていながら、病気になったり調子が悪いといって遅刻しては、営業マン失格である。家庭内でも同じだと思う。心の安定は、夫婦はもちろん子供たちにとっても大切。ご主人が不規則な生活で身体を壊しては破滅に陥る。一家の大黒柱はいつも常に健康状態でいてほしい。元気に働いた収入は家族の幸せにもつながることだ。たとえば家族の一人でも病に臥せっていたら家庭が暗くなる。

　社会は「行動にチャンスあり　不動にチャンスなし」。動けば幸せがつかめる。動くことで身体の調子とバランスと健康管理も保てるように、心技身動が揃ったところに幸福があるのではないでしょうか。どの一つが欠けても崩れても壊れても、人生もゴルフも社会も会社も学校も、その全体にいろいろな苦痛や不幸が生じてくるのが現実だ。

　この言葉は私の造語であるが、経験から、現実社会は実際にそういうものであるということがわかる。

84 信念を貫く心がけ

　人間生きている限りいろいろなことに興味をもち、目標を立て、夢に向かっていきたいものだ。その夢を実現するにはまず実行が大切ではないでしょうか。目標が達成できないとか、もう駄目だと嘆いて行動しなければ、成功どころか何一つできない。達成できない原因は自分自身の意志の弱さにある。

　信念を貫くのは心がけ次第だと人に言われて気がつくようでは遅い。自ら進んでいく気持ちがなければ、信念は一生生まれないでしょう。失敗しても途中で挫折してもまた挑戦していく気力が欲しいものだ。努力も根性も忍耐も皆大切。想いを叶えるには実行しかない。当たって砕けても良いのではないでしょうか。失敗は成功のもと。

　それでも叶える自信がないなら、何かに大きく目標を書くことだ。大学合格でも就職でもいい。そして大きな声でその目標を言ってみる。そしてみんなに誓うことだ。本気の宣言は嘘をつけない。「書く」「言う」「誓う」。信念をもってこれを実行すれば、もしかしたらその執念が実ってチャンスが訪れるかもしれない。諦めずに続ければ何事も必ず実現されるものだと自分に言い聞かせて自己重要感を常に高めていかなくては、社会の世渡り上手にはなれないと思う。

　若者たちも今の会社の中で信念を貫いていけば、いずれ出世するでしょう。平社員のときの我慢と努力、そして諦めずに信念を貫くことが、幸せにつながるのである。

85 思いどおりにいかないのが人生

　一生のうち、思いどおりに進むことと、進まないことが半々でしょうか、それとも思いどおりに進むのは、3分の1にもならないでしょうか。とかく世の中はままならないものです。

　今日、10年に一度の大型台風が東海から関東地方を直撃した。秋の連休で体育の日も無事、好天にて恵まれた矢先の台風、明日の200人の大きなゴルフコンペも中止となった。「思いどおりにいかないのが人生」。皆さんもこんな経験あることでしょうね。これは遊びだから笑っていられるが、もしこれが人生の分かれ目で、災難や被害や病気など、予想外の事態に襲われたら笑ってなどいられないでしょう。

　「人生なんて周りに起こったすべてのことは自分の使命の道標（みちしるべ）」。どんな困難が起きても通り過ぎてしまうと過去の出来事に過ぎなくなる、人生そんなものでしょうね。そんなに世の中やすやすと簡単に物事が思うとおりにはいかないことは知っておくべきだ。

　生きていれば難関もあるのが当たり前。今日のように台風に遭遇した人々は、イベントも計画もはばまれ残念だったが、反対に天候の悪化がチャンスとなった人々もいるかもしれない。恋人同士が出会うきっかけとなった雨かもしれない。思いどおりに生きているのか、生きられないかはその場の条件と周りの環境にも天候にも左右される。人生とはこんなもので、それが一生続いていくのでしょうね。

86 性格は変えられる 180度の転回

　自分の性格は変えられない、持って生まれた宿命だ、俺の性質は他人には変えられない、俺の運命もどうせこんなものだ、だからいくらもがいても運勢も性格も変えるのは無理無理。

　これらは要するに、さも人生は決まっているかのように、自分に暗示をかけて、人生から逃げているのだ。

　私は常に思う、絶対に変えられるものだと。現に私が今までも何回となく性格も個性も変えたように、実際変えられるものだ。性質も、子供のころは臆病で人前では口数も少なく、まして学校などでも答えがわかっていても手を挙げる勇気も度胸もなかった。中学でも成績はクラスの下の下であり、勉強嫌いが何事にも一歩下がる性格にした。身体も弱く障害があったから馬鹿にされていじめも当たり前のように受けた。反抗などできるわけもなかった。だから自然に引っ込み思案になり、人との関わりも避けて生きるようになっていた。

　大工の修業に入っても、弟子のときは兄弟子たちが厳しくて怖くて無口の毎日。自信などなく、仕事は辛いだけだったが、大工の仕事が好きだったので、ただ一人前になることだけを夢見たものだった。

　20歳で上京し、毎朝、葛飾水元にあった親方の家から、亀戸や千葉の市川の現場まで自転車で通った。朝6時に出て夜の9時に帰り、夕飯を食べて寝て、また6時に出かけるという毎日の生活。孤独感を嫌というほど味わったものだ。

それが23歳のとき、田舎へ帰った日に祭りがあり、その日に同級生や村の若者たちが我が家に集まってきた。東京にいたことの自慢と、久しぶりの旧友たちとの対面もあり本当にうれしくてうれしくて調子に乗って、皆を笑わすことを覚えた。俺の話で皆が笑う。これは本当かと驚いたものだった。この経験が、私の性格を180度変えたきっかけとなった。積極的に人を楽しませるようになった私の性格の180度の転回はここから始まった。

　その後、青年会の会長になったり、積極的に人の上に立ったりするようになった。孤独で寂しかった人生が、積極的に人間関係をもつようになった。人の情にも乗せられて、「お前は変わったお前は変わった」と言われた。

　仕事にも自信がつき、23歳で故郷の親に大きな新築の家を立てたことも、周りからの信用となり私を見る目も変わった。私の人生の180度の転回だった。だから誰だってチャンスをつかみタイミングが合えば性格も宿命も変えることができるのだ。皆さんも簡単に変えられるはず。自分の考え方次第だと思う。おだてられて浮かぶのもいいが、仕事でも何でも周りに起こるすべてのことに努力することだ。我慢も必要。人には考える能力がある。活動できる体力もある。

　不可能を可能にするのは自分。そこにポイントがあるのではないでしょうか。

87 艪櫂の立たぬ海もなし

　どんなに難しいことでも、努力すれば何とかなるものだ。能力は20％、熱意と努力が40％、残りの40％は考え方で、どんな災難もどんな被害も、落ち込まない心構えは考え方次第。それに熱意と努力が伴えばなおいい。いくら学校秀才でも、実践に役立つのは能力よりも経験だと思う。私の場合、裸一貫で努力してきたことが社会に認められて信用につながった。

　世の中には天才もいるでしょう、学歴を肩に出世する人もいるでしょう。どんな偉い人でも地位があっても名誉の肩書をもっていたとしても、社会で尊敬される幸福感は全然違う。億万長者だからといって、家庭内の不和、夫の暴力と酒乱、子育ての失敗がなくなるわけではない。裕福のうちに成長して結婚しても子育てを放棄して子供を死なせてしまう人もいる。母親としての自覚と責任をもたずに子育てをすれば、お金も地位も名誉も関係なく、子供は親とは全然違う生き方になってしまう。会社経営に当たって、2代目や3代目の社長交代の難しさが現実の大きな問題にもなっている。

　努力すれば何とかなる。苦労して我慢して決意を貫けば成功が見えるはずだ。どんな広い海でも艪や櫂があればこいで渡ることができる、それは自分次第である。ゆっくりこいでも助けを借りて二人でこいでも、あるいは大勢の力を借りて舟を進めても艪と櫂があれば何とか進んでいつかは目標に達する。その夢を捨ててはならない。

88 合縁良縁は時の縁

　人と人との出会いは、ちょっとした縁で実を結ぶこともよくある話だ。相性の良い人、相性の合わない嫌いな人々にも合縁奇縁はある。不思議な縁で友達になったり夫婦になったりするが、良い縁と思い一緒になっても、人間の心の底に住み着いている悪い心がいつ暴れ出すかわからない。我慢して忍耐強く合縁奇縁を大切にして乗り越えてこそ幸福な良縁になることだってある。どんなことがあっても諦めずに努力しなくては夫婦の幸福は続かないでしょう。

　性格丸出しで相手を傷つけ、自分を正当化して欲望に走るようではいけない。わがままを言っていては相手を理解する気持ちが消えてしまう。愛情の見せ掛けよりも、相手の思いやりを理解しようと思う心と気配りが大切なことになぜ気づかないのでしょうか。

　職場内の相性もあるでしょうが、全員の性格が合うというのは不可能だ。対人関係は、5～10％ぐらいが良ければいいのかもしれない。人は100人と縁があっても、「合縁奇縁」で良縁を結べた真の親友など、心を分かちあえて信頼できる人はほんの数人に過ぎないものだ。周りの縁を大切にして今がある。あのとき、あの場所に、あの人がいたから、あの人この人の一言が……思い返せば皆縁につながっていたと私は思う。つかむ運、引き込む運、貰う運、運は周りにいっぱい浮いていると思う。その運を縁に結びつけた人が合縁良縁になると信じよう。

89 父の背中は今も瞼に

　27回忌の法要も終わった。私にとっては偉大な父でもあった。父は炭坑に勤め体格も小柄で力もあるような人間ではなかった。名誉も地位もない。無口でただ黙々と家族のために働いて、いつも汗臭い父だった。一労働者として現場で汗をかく親父の姿が今も忘れられない。育ての父として、私が勉強できなくても怒ることなく、勉強しろとは一言も言わなかった。私は中学では朝のヤクルト配達、昼は新聞配達、魚屋のリヤカー配送などに明け暮れた。

　中学時代も何も言わずに見守ってくれていた父。私は小学校のころから大工になる夢があったからか、父は高校に行けとは言わず、大工への夢を陰から応援してくれた。

　着るものも、昭和36年頃は、父の新しい洋服など見たこともなかったが、いつもにこにこしていた芯の強い父だった。勤めの帰り道には、山菜やキノコなど取り、それを祖母が背負いながら街に売りに行っていた。

　貧乏な家庭が家族一丸となって生き続けてきた歴史が、私にとっては今もなお最高の教科書である。家庭は生きた教室だった。お金のありがたさ、物の大切さ、人の優しさ、助け合い、思いやり、気配りは全部父の背中から学んだ。雨漏りのするおんぼろの我が家は風呂もなかったので、人の家に行ってドラム缶のお風呂に入れていただいた。夏はタライで体を洗っていた。食べるものもよくおすそ分けしていただいた。貧乏な私の家族

は近所の皆さんに助けられたものだった。今も感謝の気持ちでいっぱい。だから故郷は好きだ。

　身体と心に染み着いた私の学びの原点は、父の背中にあると断言できる。ありがたいことだ、私を、自分の子でなくても養子として育ててくれた白川家一族は日本一だと思う。一度死んだ身を生かしてくれた。私は生かされて生きてきた。

　子供のころ、父の足の爪は分厚かったので、いつもペンチで切ってあげた。裕福でなかったのが幸いしたのか、学校の成績も悪かったのでもらった通信簿はすぐ焼いて親には見せなかったにもかかわらず、先生から叱られることはなかった。

　今の私があるのは、障害があったから、嫌ないじめがあったからだ。それに負けなかったから強くなれたのだと思う。

　無言でも先頭に立って働き、人様からは信頼されて人望の厚かった父のことは、今でも自慢できる。

　父の歳になっても、いまだに父の背中を目標に生きている自分がまだ弱いのかと涙する。

90 自分自身の身を守る心がけ

　市の商工会の研修視察会で、東京スカイツリーや東京防災センターなどへの見学ツアーがあった。ツアーバスの中で「人生で大切なことは」という質問をされ、一瞬考えて「自分自身の身を守る心がけ」と答えた自分がおかしかった。

　お金、健康、人間関係……みんな大切だが、なぜそんな言葉が出たのでしょうか。言葉は人に幸福を与えるが、人を殺しもするということをよく知っているせいかもしれない。言葉にはたった一言で人を傷つける怖さがある。人を笑わせ喜ばすのも言葉の力。だから一言に責任をもたねばならない。言葉を発する前に、その言葉が与える影響を考えねばならない。

　たとえば将棋では三手も五手も先を読む頭の回転が大切なように、常に自分の立場を守るように発言することも大切でしょう。人様へ強く注意したため刺される事件もあるし、日常生活でも仕事でも、一つの言動がどう結果するかを考えて行動したいもの。「自分自身の身を守る心がけ」を忘れると、不注意や言葉の撤回では済まされない事態が生じ、一瞬にして人生が破滅に追い込まれることもある。万引きで名誉職を失う人間、正義感からした喧嘩の相手が暴力団だったり。その一瞬で人を見抜く人相学と、自分を守るための先読みは大切なこと。

　健康あっての元気、元気があっての喜び、喜びがあっての幸せは、常に自分を守り通してからのこと。日頃から「自分自身の身の守る心がけ」を忘れずに。

91 即決即断する判断力

　生きていれば突然の事に、即決即断を迫られる場面が何べんもある。病気の危機では、即決は時間をかけた判断よりも先行しなくてはならない。しかし決断には常に迷いと不信と不安がつきまとい、判断力を弱めることもある。

　離婚にしても喧嘩のときには頭に血が上り過ぎて、罵声と雑言のうちに即印鑑を押して離婚成立では単純にすぎる。お互いどちらかが冷静に判断して収めるべきだ。判断は真偽、善悪、美醜などを考えたうえでするものだが、即刻、瞬間の決断は難しいものだと思う。

　考えてみると、学校でも家庭でも会社でもあらゆる所で即決即断の返事が重要であることに気づく。結婚もそうだ。プロポーズが先か、付き合っているなかで愛情が深まるのを見定めてそれから結婚を考えるか。結婚の決断は、男性と女性の考えが一致したときこそ幸せの道が開けるタイミングだから、その瞬間を逃してはならない。プロポーズの判断が鈍く、1か月や半年遅れの判断が不幸を呼ぶこともある。

　チャンスとタイミングを見定めることは、人生にはいちばん大切なのだと思う。世の中には即決決断が必要なときがたまにあるものだ。その場で決めなければならないこと、条件、出会い……その時々の判断力で決めていかなければならない。生きている限り、これは続いていく。

92 自分の存在意義

　自分の過去、生い立ちにどれだけの意味があるのだろうか。どのくらい他人から自分が必要とされてきたのだろうか。自分の存在感は、自分よりも他人の評価のほうが当てになるかもしれない。夫婦でも家族から信頼されず、誰からも認められないのなら、寂しく悲しいことでしょう。

　会社でも、人の存在感は、使命感をもって働いて活躍し会社に貢献するなかから生まれてくるものだ。仕事を頑張った結果の給料か、給料を貰っているから仕事をやっているかでは、全然経営側への感謝の度合いが違ってくる。仕事への感謝のしるしとしての報酬には真心がこもる。仕事に意味を見出せなければ、使命感ももてず会社では存在感のない社員になってしまう。上司が見ている見ていないではない、会社にいかに貢献して皆さんから信頼され期待されているかが大切なのだ。

　あなたがいなくても会社は大丈夫などとは言われたくないものだ。会社や組織で自分の存在感を高めるには、自分自身に与えられた仕事をテキパキとこなし、自分が与えられた場所で責任感をもって努力していくことが必要だと思う。そのためには自分自身を高めようという熱意と考え方が重要だと思うが、皆さんどうしておりますか。会社からも家族や子供たちからも存在意義が問われているのではないでしょうか。

　他人に好感を与える笑顔と優しさ、思いやりも大切な人生のポイント。自分の存在意義を高めよ。

93 会者定離(えしゃじょうり)

　初めて出会ってから40年になる長い付き合いの人が亡くなった。今日の御通夜、祭壇に飾られた写真には懐かしい微笑みがそのままに映しだされていた。人間、出会いがあればいつかは別れが訪れるのが宿命でもある。運命の非情さが八苦の中の愛別離苦(あいべつりく)の一つでもあろう。

　この世の無常を説いた仏教語、「会者定離」。定離とは必ず別れ別れになる意味の悲しい語。会うは別れの始まり、などと言われるが、愛し合うことに迷いや不安や恐怖を抱いては、出会いなど一生できない。どうせ人生なんて思うとおりにいかないものだという覚悟も大切なものの考え方だろう。世の中、下り坂もあれば登り坂もあり、まさかの連続だ。平坦な道のりだって難関があるかもしれない。あって当たり前、それが今日のお別れの御通夜、お坊さんのお経の後の短い法話にあった。

　「三界流伝中」。三界とは、欲界、色界、無色界。「色」とは性の方ではなく物質のこと。三界すべて揃って三有りともいうそうだ。人は生死を繰り返しながら輪廻転生する世界を三つに分けた。過去、現在、未来。いずれも人が必ず通る道でもある。

　この世で私たちは生き続けていながら、なかなか人のため世のために恩返しができなかったことを、浄土の世界にて恩返しができるようにと願って伝えることが大切だと、お坊さんが言っていた。お坊さんの言葉、今の自分に少しでも近づけることができるなら自分を褒めたいものだ。

94 死ねば死に損、生きれば生き得

　命の尊さを忘れる瞬間に死を選ぶ人。苦しさに耐えられず精神的にも弱り果ててこの世を去る人。近代病の一面か。10年前に自殺未遂をした若者が、今では結婚して良きパパとして家族を守る一家の主になっている。「生きれば生き得」。

　一方、仕事に追い詰められて精神衰弱になり、何度も夫婦で訪ねて来られた方がいた。ところがいつからか来れない理由を自分で作るようになり、私の前に姿を見せなくなった。そして１か月後、自殺の知らせが届きがっくりした。財産もあり、会社もまだ残っていたから、精算をして人生の整理をしていたら、まだまだ生き残るチャンスがあったのに、と思う。

　「死ねば死に損」とはよく言う言葉。破産しても元気に生きていく勇気が必要、管財人も殺すまでは責めはしないのに、神経が参るのでしょうか、地位も名誉もプライドも捨てたらいいのにと思う。

　人間の見栄でしょうか。自分が楽になりたい気持ちはよくわかる。地獄から這いだせない人間の苦しみは他人でも痛いほどよくわかるものだ。生きていればこそ、いつかは良いことに巡り合えるのに。生き得といえるのに、死んでしまえばそれまで、死に損となってしまう。死ねば妻や子供や孫や仲間たちに逢えなくなることも迷惑をかけることも忘れてはならない。

　どうせ人間いつかは寿命が来てお迎えが来る。そのときまでゆっくり人生の残りを楽しめば良いのではないでしょうか。

95 事後の熱さは夫婦も経営も

　今、残っている会社の大半は、昭和の時代を乗り切って、平成期前半のバブル期も乗り越えてきた。その原点は、製造後のメンテナンス、大切なサービス精神にあり、それが信用を保つ元となっている。売っておしまいの会社ではダメで、大切なことは事後の熱さにある。

　世の中、似たことはよくある。特に夫婦問題は、人生設計で大きな狂いが生ずる原因になることもある。結婚前は良いこと尽くめ、嘘まで並べて笑顔たっぷり、両親親族紹介には満面の笑顔で株を上げる。しかし一度自分の手の中に入れたとたん、冷たい非情の連続に地獄の始まりを見る。要点は結婚後、いかに二人が家庭を作る努力をするかにある。

　弊社40年の健全経営は、「事後」の徹底したサービスにあったと思う。たったの7人の、セールスマンのいない会社の信頼は、「事後」のお客様訪問が作った。盆正月には1000本のカレンダーをお客様宅で直に手渡し言葉を交わした。「御元気ですか」「元気そうね、お茶でも飲んで」。こんな会話が40年も続けた実践と行動で「小さな経営　大きな安定」を今に築いた。

　会社を大きくしても家族と食事ができず、孫の顔も見ないで全国を走り回る経営者よりも、家族と一緒にいられる時間を大切にする経営者であることを、私は40代で選択した。人間の幸せに気づき、欲望を捨てた。今は愛弟子に子会社を作り、全面的にお客様を引き継いだ。健全経営方針は今も変わらない。

96 自分を守り続ける

　学校の黒板教育では、1＋1は確かに2になるが、社会生活では皮肉にも5になったり、7になったり、時にはマイナス3になることもある。人生にはうまくいかないことも多いということだ。ならば一番大切なのは何より自分を守り続けることだ。

　勉強の力重視の人も労働力重視の人も、会社でも家族でも地域でも、常にどこかに目標を定めることで自分を守る。よく神様、仏様、キリスト様のように、善良で甘い考えの人が、他人様のために、自分を守ることを忘れて連帯保証人になり自己破産に陥る。甘さの人生。自殺や妻との離婚に追い込まれ、子供や家族までその不幸に巻き込まれる。慎重さと警戒心が足りないのだ。

　自分を守り続けた結果、家族や友人を悲しませず後悔をさせないようにする人生を送るべきだ。会社代表も個人も、守り続けることが一番大切で、朝、気持ちの良い気分で起きること、家族の挨拶、特に妻に明るく「おはよう」と言うこと、妻は玄関先まで夫を見送り「行ってらっしゃい」と言うこと。こんな単純なことだが、守り続けられますか。

　感謝のありがとう、謝罪のすみません、慈愛の心と敬う心、これが自分を守り続ける。こんなやり取りの生活をしていれば、そこが「自分を守り続ける」基本となる。

　「自分を守り続けて」初めて世の中のためにも周りの人々のためにも家族のためにも貢献できるものだ。

97 良心、邪心の迷い道

　人には一瞬の迷いが生じることがある。言って良いこと悪いことなどは、一瞬迷う。失敗は先に見えないから、言い終わった後で後悔することもある。

　社会や職場での失敗と成功は紙一重。成功する前提で物事を進め、その結果成功すれば皆さん拍手喝采。だが、もし失敗すれば非難囂囂で、誰一人としてかばうものはいない。

　人間には良心があるが邪心もある。邪心はよこしまな心、不正な心。世の中、この二つは裏表でしょうか。

　先日家内を乗せて車で走っていて交差点で停止したとき、男性が連れていた犬2匹が糞をする場面を見た。歩道の糞の始末もしないで男性は立ち去ったが、何歩か歩いたとき私たちが見ているのに気がついたのか、男性は何秒か立ち止まり、戻ってきて糞の始末を始めた。天使と悪魔のささやきに本人は心の中で格闘していたのでしょうか、良心が痛むのか邪心が騒ぐのか、その直後に私たちと目が合い、苦笑いして立ち去った。良心が勝ったのでしょう、私たちも良かったな――と車内で笑った。

　人には人の性格があるものだ。「清く正しく美しく」など正論を並べてみても、常に罪悪心と良心は紙一重の世界ではないでしょうか。私の人生も過去においては良いこと半分、悪いこと半分だったかもしれない。神仏には近づくことはできないでしょうが、良いこと55％、悪いこと45％ぐらいで、少しでも良いことが多くなるのを望みたいものだ。

98 人生の汗と質

　今の時代、暑いといってはすぐ空調設備で体調を楽にすることばかり考える。私たち子供のころは、家庭にはクーラーなどなく、家の中でもましてや外のお天道様の下では、汗が出るのは当たり前で育った。子供たちは田植時には学校を休んで手伝いに汗をかき、秋には冬支度のストーブの薪割りや山に行って杉の葉を集めて汗をかき、教室の勉強も家庭の手伝いも常に汗が出るのが当たり前の時代だった。汗腺は活発に作動しているから身体の忍耐強さは田舎で鍛え上げられ、ありがたい頑健な体質となった。

　クーラーや暖房器具が揃っているこの時代に使うなとはいわないが、忍耐とか我慢を学ぶには生きる教材は周りに腐るほどある。人間あまりにも過保護に育てられると、大人の社会についていけず堕落する。大学でも親のすねをかじり、社会人となっても精神的に弱い。汗をかくからスポーツは嫌だ、きついことは子供にやらせない、暑い寒いを避けて大人になっては忍耐も我慢も根性も熱意も育たない。汗をかくことで汗腺が活発になり体内のミネラルをうまく調整できる身体づくりは「質」にある。汗から逃げてばかりの子育ては弱い人間をつくるだけ。強くするには何事にも汗をかかせる訓練が必要だ。汗をかくべきときには汗をかかせるのが親の愛情。人として当たり前の生理現象は仕事でもスポーツでも良い汗の質にある。快い汗に、満足な汗、努力の汗は経験から学ばせるべきだろう。

99 杞憂(きゆう)

「杞憂」とはあまり聞き慣れない言葉かもしれない。皆さんもふだんの生活ではなかなか言わないだろうし、聞くこともないでしょうが、生きていくには大切な言葉です。

杞憂とは、早い話が取り越し苦労のことだが、人は現実よりも先のことを読みすぎたり考えすぎたりして、時には余計なことまで心配してしまう。うまく結婚して幸せがつかめるだろうか、子供を産んでも将来、地球環境が悪化して人類は絶滅するのではないだろうか……などなど考えたら切りがない。

そんなことを考えるなら、もっと大切なことに思いを致すべきでしょう。今生きているこの現実を実感し、自分で周りをよく見て、人々と連帯して生きていこう、と。

「生きてこそ今」である。今を精一杯生きて幸せでいられることに感謝しなくてはならない。それが人間の生きる道ならば、そんなに先々までも考えなくてもいいのではないだろうか。

焦って考えすぎなくてもいい。自分から底なし沼に飛び込んでいくようにストレスを溜めて精神の病に取り憑かれることはない。そんな無駄な考えに惑わされない強い自分を創ることが大切だ。そうすれば杞憂を抱くこともないだろう。

100 八方塞がり

　どんな人も、生活の中でどうしようもない苦しい局面にぶち当たり、打開の方法が見つからず、もう手のほどこしようもないという場面に遭遇したことが、何回かはあったことでしょう。これを世間では「八方塞がり」という。

　八方とは、東、西、南、北、東南、南西、西北、北東の八つの方向で、このどこの方向に向いても一歩も進めず、行き止まりの状態になる。

　赤字経営に陥り、開発も販売も悪化、不渡り手形をつかまされて行き場なし、占い師や祈禱師に見てもらっても願いがかなわない、妻が病気で夫が交通事故、親友が倒れる、自宅が火災、不運不幸は重なるもので、もしこんなに悪運に取り憑かれたとしたら、これがまさに八方塞がりというものだ。幸福への出口はどこにあるのだろう。

　自分から不幸を招かなくても、不幸が押し寄せてくることもあるので、気をつけねばならない。そうなる前に自分自身常に「心と体と魂」を磨いて、他人に左右されない強い人間にしておくことが大事だ。そうすれば不運や不幸もあまり近寄ってこないのではないかと思う。

　八方塞がりは自分でつくるもの。欲望に負けてしまう意志の弱さが人間を駄目にする。

101 過去と現在、読める人なし

　家内が笑いながら写真を差し出した。現社長の41年前の写真が、古いアルバムから出てきたのだ。16歳のあどけなさの残る写真から、現在の社長の姿を予想できる人はいないだろう。

　人の生活環境は、さまざまな人との出会いや運勢によって変わる。社長は、中学1年のとき、父親が運悪くハチに刺されてこの世を去った。彼は母を助け、高校へは進学せずに大工の道へと進み、私が会社を設立すると同時に入社してきた。努力と汗と血で20歳で中古住宅を持ち、25歳で新築住宅を建てて、母親を呼び寄せた。親孝行のがんばり屋である。

　16歳の少年には夢があった。秋田の貧困生活を抜け出し、幸福になること。そのため、小さい身体ながら、人の2倍も3倍もの闘志と根性と熱意をもっていた。修業時代、怒られてもいじめられても立ち上がる身体と精神の強さをもっていた。

　今では、優良会社の社長である。もし、父親が元気でいたら高校や大学へ進学したかもしれないし、役場に就職したかもしれない。今以上の生活を送れたかもしれないが、未来というものは測りかねる。今、会社経営者として満足し、今を幸せと感じているなら、過去の出会いと運勢とが成功へと導いたといえるのではないか。もし大工の修業に耐え切れず、田舎へ引っ込んでいたら、今の奥さんに出会うこともなかったのだ。

　家内が見つけた古い写真に、社長は大笑い。隣に座っていた奥様も、娘さんも笑っていた。

102 「言葉の誤解」がん患者には、きつい言葉

　私たちが発する言葉は、受け取り方によって大きな誤差が生まれる。発する側は、自分の言っていることをそのまま理解してもらえると思って話すが、言葉というものは、人を生かすことも殺すこともある、恐ろしいものでもあるのだ。とくに社会の論争がそうだ。論争が激化して喧嘩状態になり、心に傷がつき、中傷、恨み、憎しみ、そして裁判沙汰になることもある。

　最近の風潮では、顔を合わせずに文面だけのやり取りをすることが多いが、これは危険を伴う。お互いが顔を見ながらであれば、友の中傷の言葉も、笑っているその表情を見れば、受け取る側も冗談だとわかるし、「バカだなあ」と軽くあしらって笑顔で流すこともできる。顔の見えない会話は傷つきやすい。

　知り合いにがん患者さんがいて、こんな話を聞いた。

　手術の前日の夕飯時、看護婦さんからショックな言葉を告げられた。「これが最後の食事になるかもしれないので、ゆっくり味わって食べてください」。患者さんは「最後の食事」の言葉を聴いて頭が真っ白になり、食事がのどを通らなかった。

　おそらく看護婦さんは、「明日がいよいよ手術ですから、食事をゆっくり味わってください」と言ったつもりであろう。そして「治ったら、いっぱい食べられますよ、がんばってね」こう付け加えたら患者にショックを与えることはなかっただろう。この方は術後、3か月を過ぎ、回復に向かっている。今は笑って話せるが、そのときの心境は最悪だったと話してくれた。

103 大阪の中学生を救ってやれなかった他人社会

　まだ幼い中学生の命が失われた事件は、誠に悲しい。周りの大人たちが声をかけていながら、そのままに他人事のように見過ごしてしまった結果の事件。

　確かに今の子供たちは親の言うことも無視して行動するが、真夜中の時間に商店街やコンビニなどで戯れていたり、今回のようにまだ幼い男女がうろうろしていたなら、注意して保護者に連絡とか警察に連絡して補導してもらうべきだろう。

　私も経験があるが、真夜中に男の小学生が一人で歩いていたので、心配で声をかけたら、後ろから親が酔っぱらって来て「俺の子供に注意などするな」と言われたことがあった。飲み屋に子供を一緒に連れていき、子供が一人で先に帰るところだったようだ。他人の子供にも余計な心配するほど馬鹿馬鹿しい世の中。だから他人は見ていて注意して良いのか警察へ通報が良いのか迷ってしまう。

　だから余計なことはしないで他人事と見過ごしてしまうのが良いという今の世の中も情けない。今回の事件も誰かが連絡するとか注意して家に帰すか、親に連絡が取れなかったのか。真夜中の時間歩く子供たちにもっと大人が目を向けるべきで、他人事では済まされない。私たちも注意して良いやら悪いやら、逆に少年たちに余計なことだと絡まれることがあるのを皆知っているから、やりにくい世の中だ。真夜中に子供を夜遊びに出さない親の強さが欲しかった。

104 運否天賦、遅れて咲いた額紫陽花

　人に早生まれと遅生まれがあるように、果物でも野菜でも植物でも、実りには月日のズレが生じる。たまたま笠間の庭に、1か月遅れの紫陽花が、今きれいに咲いている。遅れて咲く紫陽花の観賞もいいものだ。

　今日のゴルフではないけれど、ゴルフに運否天賦はつきものだ。大きく右にそれた球が木に当たってグリーンの真ん中へ戻ってきた。池に球が入って水の上を転がり、再び池から脱出してグリーンへなど。運不運は天が定めること。

　なにもゴルフだけではない。仕事も、人との出会いも、結婚も結び合いの運勢だ。どこかで出会い、一目ぼれで結婚しても、災難の続く人生もあろう。逆に、気乗りのしない結婚でも、子供の誕生とともに相手の良さにほれぼれする愛妻家になることもある。人生の合縁奇縁は神が巡り会わせてくれるのだろう。理想と現実は別である。

　先祖代々の継続も、結婚も、子供の誕生も不妊の悩みも、運否天賦が世の定め。小さな命の誕生から人生の終止符にいたるまで、幸運続きは難しい。ただ、人間には、運以外の道が努力次第で開けることが現実には起きている。ならば、自分でできる範囲内においては、努力と能力を生かして、運勢を取り込むことは絶対大切なポイントかもしれない。

　遅れて咲く紫陽花を皆さんも見てくだされば幸いです。
　晩年成功型は最も良しとしなくては!!

105 人の恩は一生忘れず

　人には一生忘れることのできない恩を受けることが、一度や二度はあるだろう。もしかしたら三度、四度かもしれない。

　自分が人様を手助けしたときは見返りを求めないし、すぐ忘れてしまう。人にああしてやった、こうしてやった、と言わず、見返りを求めない、利を求めない心を「無功徳心」という。

　しかし、人から受けた恩は、決して忘れることがない。

　私は、中学を卒業後、脊椎カリエスの障害者であることを理由に建築訓練学校への入学を拒否されたとき、中学の校長先生が訓練学校に談判して保証人になってくれて入学許可が出たことを、この歳になっても忘れることができない。もし入学許可が得られず、他の職業に就いていたら、今の私はない。

　もう一人の恩人は、農家の叔父である。昭和40年代の土地ブーム、20歳の私は、右も左もわからないまま茨城に土地を買った。88万円の物件を押しつけられ、契約したものの、銀行が貸してくれず困った私に、叔父さんが保証人になってくれて、借り入れることができた。その土地は、2年で2倍になった。不動産への興味と商売の面白みとを知った。叔父さんへの感謝は今も忘れていない。あのとき、あの土地を買えなかったら、今、不動産業には関わっていないだろう。

　「人生、周りに起こったすべてのことは、自分の使命の道標」だ。人は一人では生きられない。人から受けた恩は一生忘れてはいけない。忘れはしない。

106 人生、コツコツ積み重ね

　北極のアジサシという鳥は、毎年地球一周3万5000kmの距離を飛び続けるという。長い距離を飛べるのは、無理なく飛べる距離を一日240kmと決めて飛ぶからだそうだ。成功の秘訣は、何事も一気呵成ではなく、コツコツ積み重ねることで、念願が叶い、そして成功となるのだろう。

　たしかに、コツコツ型の積み重ねは、崩れない、落ち込む速さがない、欲を出さず、ゆったりと人生を見守り、計画的に目的に向かう。人生の晩年に幸福と夢と希望が生まれる。

　政治の世界も、経済、芸能の社会でも同じことがいえる。私ども不動産業界も、周りを見れば、バブル時の青年豪傑があっという間に消えていった。人生に失敗はつきもの。しかし、コツコツ型は、失敗したときの受け皿を先に用意している。

　家庭の幸せも同じである。お金があるからといって無駄遣いをしていたら、いくらあっても足りない。不足に気がついたときには後の祭りである。

　今の日本経済は、先が見えない。不動産業の建売住宅販売を見ても、買う人は少ない。あと10年後には、少子化がさらに進むだろう。一家庭に一男一女の子供、女性は嫁に行き、長男は親の財産を受け継ぐだろうから、これからの建売業者は先が苦しい。だから今、一時的にせよ、賃貸住宅が増えている。そういう時代だからこそ、自分自身にも、コツコツ型が大きな幸せに続くような気がしてきた。

107 己に勝つことは、世に勝つこと

　人間、一生のうちに、挫折や落ち込みが何回もあるだろう。皆さんも、波瀾万丈、さまざまな苦難や中傷を経験し、その都度、対応に追われ、判断と決断によって問題を解決してきたことがあるのではないだろうか。職場のいじめなども、他人からみれば小さな問題に見えても、本人にとっては、大変大きな打撃で、とてつもないショックだったかもしれない。他人の悩みは、本人でなければわからないものである。社会の中でいろいろな体験をし、その積み重ねによって、判断力が生まれる。

　20代、30代、40代は、一直線に働いた。遊びも控えて、趣味ももたず、家族のために働き、車を買い、一戸建ての家に住むことが、団塊世代の目標であり、夢でもあった。50代になると、少しはゆとりもできて、旅行や娯楽もできるようになるのだが、戦後の貧困時代を生きた習慣が身についているため、なかなか派手に振る舞えるものではない。

　老後の計画をたてて、世間に迷惑のかからないようにしなければという自立心は頭の隅から消えない。資産もほどほどに、貯蓄もコツコツしてきた皆さんの姿が目に浮かぶ。

　「世に勝つためには、己に勝つことだ」と思う。バブル崩壊で、仲間が何人消えただろう。何人が死に到っただろう。残された人生を幸せに暮らしたいのは、皆同じだ。自分の身の丈で、自分の尺度で考えるよりしかたがない。後悔のない人生、笑って死ねる人生づくりは、「己に勝つことが世にも勝つこと」だ。

108 失敗から学ぶ経営哲学

　昭和51年春のこと、取引先の不動産会社が倒産、夜逃げしたとの知らせに、しばらくは動くこともできず、ただ沈黙の時間が流れた。今から37年前、2400万円の被害を負ったのである。秋田から20歳で上京し、24歳で独立し、脂の乗り始めた矢先の事件である。建売販売業者から直の請負をしていた時代、ちょうど次男が誕生し、自宅も新築した直後であった。

　ショックは大きかった。落ち込んでいた私に、家内から「どうせ裸一貫で秋田から出てきたのだから、また裸でやれば」の言葉に、どれほど勇気が湧いたか。幸い、親会社は死んでも私は死なない、仲間も寄ってきてくれた。周りの方々も「がんばれ」と激励してくれた。金銭的な応援をしてくれた人たちもいた。このことで、私の考えは大きく変わった。この事件があったことに、今では感謝している。

　「失敗から学んだ経営哲学」——親会社から仕事をもらうより自分が販売会社を始めようと考え、宅建取引業の試験を受け、直にお客さまのためになる仕事を始めることにした。その結果、注文住宅から建売販売まですべてを手がけるようになった。

　あの30歳のときに、他人から不幸を押しつけられても諦めなかったこと、そしてその苦難を乗り切ったことが社会学経営学を学ぶチャンスとなった。

　悔やんでも嘆いても始まらない。マイナス思考に陥ることなく、失敗を肥やしにすることである。

109 口は禍(わざわい)のもと、口は重宝

　橋下維新の会代表の慰安婦問題発言やら、府議会敗北の場合は辞任するなどの発言が次々に報道のネタになっている。本当は間違いのない内容であっても言ってはならないこともある。「口は禍のもと」。正義が勝つとは言い切れないこともある。

　自民党の議員の発言もそうだ。「福島第一原発事故では死亡者が出ている状態ではない。安全性を確保しながら活用するしかない」という発言は、福島原発の被害者の怒りを買った。野党からも与党からも批判があり、発言撤回やら謝罪の対応に追われているのが今の政治家たちだ。いや、前々から、政治家の失言の多さは歴史をさかのぼればわかる。

　一般社会の私たちも、知らぬ間に人を傷つけたり、中傷したり、思わぬ加害者になったり被害者になったりする。そこから生まれる恨みや憎しみ、苦しみは事件に発展することもある。

　「口から出れば世間」。いったん発した言葉は、あっという間に世間に広がる。尾ひれがついて面白おかしく伝わる。人の不幸は蜜の味などと思う人がうようよいるのだから。「口に蜜あり、腹に剣あり」で、心と腹で思っていることが違うこともよくある話。話す時には、禍を招くことのないよう、慎重に言葉を選ばなければならない。他人の言う悪口に調子よく乗せられないことも大事だ。口先で言いくるめてくる人間には要注意だ。

　言葉は一言で、自分の人生を破滅させ、他人の人生をも狂わせることもある。皆さん、気をつけましょう。

110 夢を語るなら、そのものを好きになること

　人にはいろいろな生き方がある。子供のころに夢見たことが実現できる人もあれば、さまざまな条件が重なり、夢破れる人もいる。そして次の夢を追いかける人もいる。

　世間を見てみると、成功者はそのもの自体が好きでなければならない、この一点がポイントかもしれない「好きこそものの上手なれ」である。

　知り合いに実用新案特許に熱心な方がいて、失敗してもまた取り組み、また失敗を繰り返して、今は成功者になっている。なんといっても、考えることが好き、諦めずに夢を追いかけ、くじけずに努力している。根性が違う。

　船を作るには海に憧れること、ゴルフ上手になるにはゴルフが好きになることだ。好きなことには、眠らずとも疲労感がないものだ。現に私も不動産業で生きてきた。苦労を苦労と思わなかった。波瀾万丈であったが、16歳から好きな道に飛び込んで、夢を追いかけ、修業も楽しかった。大工の道が好きだったからその道を走れたのだろう。

　息子たちも、親の背中を見ていただろうか。私が子供時代には、親から好きな道を選べと言われてきたが、今度は息子たちに好きな道を進むことを伝える立場だ。子供の教育は、学校ではなく家庭が大事だ。「好きこそものの上手なれ」。目先のことではなく、大きな目標に向かって歩く、そこに人生の芽が生まれるだろう。

111 心の広さは、人生の広さ

　新聞紙上やテレビで、さまざまな事件が報道されている。生活上の摩擦や、人間同士の憎しみや恨みが、とめどなく事件となって続いている。自分の心がむしゃくしゃしたからといって、何の関係もない人を死に到るまで傷つけるとは、どんな教育のもとに人生を生きてきたのでしょうか。愛情や思いやりをもち、互いに気遣いながら生きるのが平和な社会づくりにつながるのに、若者も、大人も、偉い地位の人も、公務員も、一瞬の魔が差すのか、痴漢や隠し撮り、セクハラなどの犯罪を起こす。雇用問題に悩む非正規社員も、ストレスを友人にも家族にも打ち明けられずに事件を起こす。

　人を殺しても、ゲームのようにリセットすることで生き返るような感覚があるのか、反省の色もない。

　昭和に育った私たちの時代の学校教育には、必ず道徳教育があり、世の中の善し悪しを学ぶチャンスがあった。教師は生徒からも父兄からも尊敬され、生徒は教師から学んだ。教師の叱り方もうまかった。学校は地域密着だったから、先生と親とダブル叱りが当たり前で、大きな犯罪になるのを防いでいた。

　いじめはなかったし、皆が貧困だったから助け合いの生活で地域が絆で結ばれていた、古き良き時代。ゆったり、のんびり、心を広く、人生も広く、幸せで平和な心。ひろーく、ひろーく。心の広さは、人生の広さ。そこに平和と幸福があった。貧困でも助け合いの温かさ。良き時代を思い出した。

112 人を敬う心は常に姿勢から

　学校の体育の授業で、姿勢を正して挨拶をする教育が行われていることにいつも感謝している。
「気をつけ、礼」の号令とともに3秒間の礼を45度に頭を下げて姿勢正しくお辞儀をする。今の若者たちは礼などいい加減なやり方で育ってきているから、バランスが悪くて3秒の姿勢を保つことさえできない。他人を尊敬する意識が薄れて生きてきたのでしょう。集合の号令も、1、2、3の掛け声も高く若々しい発声ができない生徒もいる。一所懸命も努力しようという兆しさえ見えない若者たち。これからどうして社会に立ち向かう気であろうか心配だ。この気力のなさはなんでしょうか。

　その点、体育の授業はとても気合が入り、機敏さと敬う心掛け、チームワークを学ぶ授業でもある。ふだん無口で孤独な生徒も、体育の中では仲間たちと楽しく学んでいる。スポーツを通して、「お願いします」と「ありがとうございました」という礼に始まり礼に終わる姿勢は素晴らしい。

　家庭で両親や祖父母たちに「おはようございます」と声をかけているのでしょうか、親子であれ兄弟であれ、挨拶は家庭教育の中で教えるべきことだ。親の教育は子に伝わるもの、夫婦の仲でも挨拶は大切。
「ありがとう」と「すみません」。
　親の背中を見る子供たちに、親はしっかり背中を見せるべきではないでしょうか。

113 笑顔は心の曇り止め

　一所懸命に人生の目標や夢に向かうとき、一瞬笑顔があれば、曇りの心はどこかへ消えてしまう。人は、マイナス思考で考えていると、笑顔どころか身体も精神も落ち込んでしまう。それがわかっていながらなかなか脱出できずにもがき苦しんでいる人を見受ける。そんな人が周りの人に少しでも気持ちを打ち明けられたら、明るさと解決の糸が見えるのではないだろうか。

　お茶を飲んで、ケーキでも食べて、小さな笑顔が浮かぶとき、これは大切な幸せの原点だ。心の曇りを取り払うのは、一瞬の笑顔。人生は笑顔の修行の積み重ねではないだろうか。

　心の曇りが水滴になるまで我慢していたら、カビが生えて、腐ってしまう。早いうちに心の曇りをとるには、どう人生を過ごせばよいのか。一生笑っての人生は難しいかもしれないが、自分の身の丈、尺度を決めれば、人生に余裕が生まれる。余裕が生まれれば、笑顔が生まれる。鏡を見て、自分は幸せだなあと思える自分づくりを心がけよう。

　濁った水を一度に浄化するのは難しいかもしれないが、ゆっくりと少しずつ清らかにしていく。曇り止めは笑顔笑顔。

　人生の宿命は変えられる。自分が変われば周りが変わる。周りが変われば世の中が変わる。宿命を変えられるのは、自分だ。身の回りに運はいっぱいあるはず。それをつかむか、見逃すか。

　東北六魂祭りの笑顔と叫びと舞いに、感動と感銘を受けた一人として、復興と幸せを祈って拍手を送った。

114 心の広い人間性に学ぶ
広角、望遠、マクロレンズから学ぶ哲学

　ある総会でのこと。式次第に基づいての進行中、ある方に挨拶をお願いしていたことを司会者が忘れてしまい、会は終了してしまった。依頼された本人は挨拶の準備と心構えをしていたはずだ。後日、司会者の方から謝罪の言葉があったそうだが、「過ぎたことはしかたがない。誰でも思い違いはある。流れのなかでやむをえなかったのでしょう」と笑っていた。

　すごい人間ですよね。心の広さに感心の一言。自分をアピールしたい人、目立ちたがり屋、でしゃばり屋なら、おそらく憤慨して司会者に噛みついたかもしれないと思うがどうだろう。

　広さというと、カメラのレンズがそうだ。カメラはレンズで決まると思う。目的に合ったレンズは重大な役目を果たす。10ミリの広角レンズは、170度の視角になる。人間もこれくらいの大きさと心の広さががあればよいのにと思う。

　望遠レンズは、遠くの物体を撮るのにもってこいだ。世の中にはさまざまな人間模様がある。そんな他人の人間性まで見えるような望遠レンズの役割を人間がもてたら、みんなが争いを予想して防ぎ、心の平和が得られるだろう。

　マクロレンズは小さいものがきれいに撮れる。ふだん見たことのないくらいのものまで鮮明に見えて、面白い。

　この3点セットが人間の心にも備え付けられたら、誰にも優しく思いやりの心を差し伸べられる温かい人間になれるのではないだろうか。

115 不幸顔と幸福顔

「今日はあいにくの雨」と感じる人と、「これ幸い、雨で良かった」と思う人と、人間はそれぞれだ。趣味や遊びや仕事にとって迷惑な雨でも、自分が前向きに捉えることで、雨は喜びにも楽しみにも、笑いにも変えられるだろう。雨で夫の仕事が休みになり妻とデートできるかも。夫婦円満、雨に感謝だ。

今日の雨は私には大収穫があった。霧雨で、風もないので、家内には内緒で筑波牡丹園まで走り、牡丹と雨との競演を2時間ほど写真撮りした。見学の人は少なく、自由に撮らせていただいた。見学の方たちの笑顔から優しさが伝わる。友達同士、ご夫婦など、皆さん、花を愛する心と人柄が感じられる。

胸を張って、笑顔で歩く、足取りも幸せ歩きだ。私は45年、お客さま相手の仕事を経験しているから、心の読み取りは早い。幸せな子供は、声も大きく、胸を張り、笑顔で、言葉に張りがある。反対に悩みや苦しみ、不幸を感じている子供は、言葉が少なく、声も小さく、笑顔はなく、うつむき加減だ。

私のところに相談に来る方は、笑顔では現れない。声の張りはなく、眉間にシワを寄せ肩が落ちている。身体に熱意も活力も感じられない。皆さん、自分の姿に注意しましょう。気づかないうちに顔の表情や姿に心を表していませんか。鏡で幸せ顔をつくる訓練をしておくといいと思います。自分の幸せは自分でつくるべきものと思った今日の雨でした。牡丹園で、幸せな笑顔があふれる一組のご夫婦に出会えたことがうれしかった。

116 雑草だって美しく生きている

　自宅近くの江戸川の土手に上がれば、あのきれいに咲いていた一面の菜の花の真っ黄色が今はなく、雑草がめきめき伸びて埋め尽くしている。そんな雑草は誰の目にも留まらず、きれいとも言われないであろう。それでも雑草は生き続けている。もう少しで、除草の機械が土手を走る。雑草の短命と引き換えに、人間様は喜んで走り回ることになるが、雑草にとっては、涙の宿命だ。

　雑草は夕日に照らされ、強風に揺られ、我慢と忍耐である。数年前までは、刈られて焼かれていた。煙の臭いが今でもするような気がする。環境問題から、今は焼かれることはない。

　切られてもまた生い茂る、踏みつぶされても立ち向かう雑草にカメラを向けた。美しい夕日の光に映えて、ポーズをとる雑草の姿。力強く、青々と、強い葉と頑丈な花。屋根もなく、栄養剤も、清い水もないのに生きる精神の強さ。ただただ正直に生きている。まるで人間に「学べ」と言っているようだ。美人に撮った雑草たちから「ありがとう」の声が聞こえたように揺れていた。

　幸福論に、惜福、分福、植福という言葉がある。惜しみながら人間の命の尊さを使う「惜福」、人から幸福をもらい、人にも分け合う「分福」、将来のため、自分のため、孫のために計画的に蓄えておこうという「植福」。雑草はその原点に生きて、今があるのだろう。私どもも見習うべき雑草魂である。

117 人生の"時期尚早"の判断の大切さ

　生活のなかで、家庭でも、会社でも、さまざまなことに対して判断を下すことは、難しいけれども大切なことだ。

　私のこれまでの社会経験のなかでも、考えさせられる場面が何度もあった。決断が必要なとき、「時期尚早」の言葉が頭を過った。成功すれば笑顔とともに自信が得られるが、もし失敗すれば人生の崩壊、あるいは奈落の底という結果にもなる。

　独立を決断するときも、運不運もからんで時期尚早か否かの判断が大きな問題になる。結婚の決断なども同じようなことがいえるのではないか。時期尚早と言われても、結果的には正解で、幸福になることもある。意味不明な理屈の応酬は、時間の無駄かもしれない。

　若者たちの中には、万全の準備をし、計画実行には石橋を叩く慎重さはあっても、自信がもてず、尚早か否かを迷い、前進できない者も見られる。進学するにしても将来が見通せず、結婚にも弱腰で決断できず、「時期尚早」が逃げの言葉になりかねないように私には思える。良いことは、「尚早」より「早々」が良いのではないか。

　ただ、世の中には立ち止まって考えなければならないときもあり、そのときこそ「時期尚早」の言葉は正解となる。悪い方向へ行きそうな場合は、とくに注意が必要であろう。

　独立も言い争いも裁判闘争も、お互いの冷静な判断には準備と計画性が重要である。そのうえでの「時期尚早」の判断だ。

118 坐して喰らえば山も空し

　生まれた環境があまりにも良い条件であった子供たちが、危機感を覚えるほどに、遊びほうけている。いくら他人でも、見ていて心配になってくる。学校教育が終われば親の責任も終わり、あとは社会人として社会に出すが、子を軟弱にわがままに育て上げたから、子は社会の荒波に耐え切れない。財産豊富な親は、親の介護と引き換えに、生前贈与を始める。苦労を知らぬ、ぬるま湯育ちの子供に預金が渡ると同時に、子供は夜の風俗通い。働く意欲もなく、ただ食って寝て遊びの子供を親は見て見ぬふり、なんともしようがない。

　「坐して喰らえば山も空し」。いくら財産があっても、いつかは使い切ってしまうだろう。羨ましいと感じる反面、親の教育の失敗だと私は思うが、親からは「失敗」の一言も出ない。見栄があるから言いにくいのだろうか。親の心配をよそに、子は夜の天国街道驀進の堕落の人生に見えるが、どうしたものか。

　考えてみると、人間、ほどほどがちょうど良い。裕福でも貧困でもなく、相続税の悩みもなく、平凡がいちばんいい暮らしだ。家庭平和で、親子の絆の強い、明るい家庭。いずれ老いてゆく両親への温かい愛情と思いやりと気配りが少しあれば、それで良いような気がしてきた。いっぱいの親孝行はいらない。子供たちが幸福で健康な家庭を見せてくれればそれが親孝行、孫と遊べたら、それこそ幸せ。昨今の現状を見て、人間の一生は、棺に入るまでわからないものだと、つくづく思った。

119 味のある人間

　人は、どの程度周囲の人から尊敬されているでしょうか。周りを見渡せば、尊敬されている人は数少ないが、その少数の人たちに会ってみると、必ず人間味というものがある。要するに、味のある人間ということである。人間味を表面に出せる人と、出せない人との差は、人生において大きな開きとなって現れるかもしれない。会社での出世に関わるかもしれない。

　社会では重んじられる信用、性格、個性なども、料理の味付けのように、人間の味といえるであろうか。

　社会の先頭に立つ人は、人の良さに行動力が伴い、信用が積み重なって、年齢とともに味のある人間になっていく。若い世代の成功者の中にも、それぞれの特長を生かして、味を出している方がいる。

　料理なら、調理の仕方で味を変えたり、特長を出したりできるが、人間の場合は、周りの環境や人間関係による影響も大きい。音楽家であれ、サラリーマンであれ、学者であれ、味のある人間になりたいものだ。自分で自分を調理するのは難しいが、他人からの味付けであれば、納得が得られるものだ。

　人間性に深みがある人は、ただ動くだけでも他人に対する優しさが感じられるし、話す言葉の端々にまで味がある。そのような深みのある人は、自分自身の生活の中で、試練に立ち向かった経験から人間性が生まれているようだ。

120 取り越し苦労の父の笑いジワ

　私の事務所の机の上には、常に亡き父の笑顔の写真が1枚飾ってある。育ての父の「取り越し苦労の笑いジワ」である。まじめで貧乏で苦労したが、不平も不満も言わず、もらい子の私を育ててくれた父に感謝している。

　炭鉱で石炭を掘って働いていた父の真っ黒な顔と、カンテラの灯。地下足袋を履いていた父の足の臭いは、一生忘れられない。爪は厚く変形し、私がペンチで切ってあげた。仕事帰りには、山菜やキノコを採ってきて、もらいの祖父母が籠に背負って町へ売りに歩き、生活を助け合っていた白川家の家族たち。そんな父も、今から28年前に天国へ旅立ったが、今でも心の奥に生き続けている。「同行二人」「霊魂不滅」という言葉があるが、私の心の奥深くに生きる永遠の父である。

　苦労を面に出さず、いつも静かに笑っていた。1回も勉強しろとは言わなかった。私が大工の道へ進むことを話したときも、何も言わず、笑っていた。

　父の酔いどれ千鳥足を見たのは、1回だけである。私が東京で修業中、23歳で父母のために故郷の秋田に家を建てた、上棟式の日の出来事だった。もらい子の私を、しかも障害児である私を育てた父は、小さい集落の中でいろいろ言われたこともあっただろう。そんな父の、ふだん飲まない酒に酔った姿をふと思い出した。親の年齢に近づいた今、もし話ができるなら、何を語らっただろう。私も取り越し苦労のシワを息子へ。

121 生かされて感謝の日々

　今さら産んでくれたおふくろに感謝なんてお恥ずかしい限りであるが、感謝の気持ちを忘れたことはない。

　元気でゴルフができる身体、多少の障害はあっても動けるだけで幸せだ。仲間と家内と一緒に笑えるだけで幸せだ。69年もの間、いろいろあったが、障害があっても産んでくれた母親に感謝感謝。本当にありがたい。一つの命を大切に使わねばならない。母は、結婚もしないで私を授かる宿命に。非難を浴びての決断に、どんなに苦しんだであろう。小さな村の出来事に耐えた命である。自殺もしないで、私を生かしてくれた母の愛情が、命のチャンスを与えてくれた。産みの母に、ありがとう、感謝感謝。生かされて生きている。こんな言葉がいつも胸の奥に潜んでいる。歳のせいでもあろう。

　天候に恵まれ元気にゴルフができて、庭に咲いていた花ににわか雨の降った後の幸せを感じながら、カメラのシャッターを押しながら、なんとなく母への感謝を思っている。

　人生は、産みの母だけではない。もらいの母に育ての母、3人にも感謝感謝である。夕日を見ていても、7人の父母にありがとうの気持ちが湧いてくる。

　父親の存在も私を生かしてくれた。虐待もせずによく育て、温かく見守ってくれた父母を、今日の幸せとともに思い出した。そんなときは仏壇に手を合わす。母への感謝と、幻の母への愛に。線香の煙が揺れながら消えた。

122 悪天候もいつかは必ず晴れる。人生の天気も

　今日は朝から猛烈な雨と風で大荒れの天気、風速40ｍの千葉県銚子は、大変だったようだ。日本海側の冷気と、太平洋側の温暖の気圧が、日本の上で大暴れ。電車も止まったり、停電の地域も。それでも風雨はいつかは必ず止む。人間の科学がどんなに進歩しても、宇宙の法則がわかっても、自然の脅威は、いまだにどうしようもない。人間社会もまったく同じ。人間にも不幸のどん底があれば、快晴の幸福もある。

　「苦は楽の種　楽は苦の種　人生の巡りあわせ」。いつかは晴れて幸せが訪れる日があることを信じて、努力を積み重ねることが大切である。幸福にも油断は禁物。現状をどう生き抜くか、努力の賜物だ。ただ、いくら努力しても幸運が離れていく不幸もある。諦めず、良いヒントを探すことが幸福への道標である。「人間万事塞翁が馬」の中国の故事のごとし。落ち込んだら上がる努力、上がったら用心に用心。それでも運に左右されてまた落ちることも。そしてまた這い上がる繰り返しが人生の大半の生き方のようだ。不幸な境遇にいても幸福感をもって生きる人も、これは立派な生き方かもしれない。名誉もプライドも地位も気にしては、苦しくなる。ありのままに生きるには己を知ること、自分の尺度で生きることだ。私はそう思って生きている。上には上が、下には下が、だから、真ん中で生きる。自分が楽な生き方、雨が降ったら傘を差し、晴れて汗をかいたら汗を拭いて、そんな生き方が大好きである。

123 日々、工夫の大切さ

　人生には工夫が大切だ。もし工夫をしなければ、一つの喜びはそれだけだ。しかしながら、少しの時間の工夫、物理的な工夫で喜びは何倍にもなる。

　私などは、朝起きるとパソコンのスイッチを入れて立ち上がるまで、じっと座っていることはない。その間に、外に新聞を取りに行き、台所でお茶を入れてパソコンの前に座るとちょうどよい。ちょっとの工夫で、日常の暮らしが何倍も面白くなる。

　大工の修業時代、柱の材木に鉋をかけるのは、弟子たちの競争だ。私は負けたくないので、前の夜に家で4丁の鉋を研ぎ、次の日は朝から即仕事に取り掛かり、多くの柱を仕上げた。工夫のない職人は、朝来てから鉋を研ぎそれから仕事に入るから、当然仕事は遅れて何本も仕上げられない。私は、早く一人前の職人になろうと考え、工夫し、行動した。それが身について、今でも何事も要領良く行動できる。工夫すると気分は爽快だ。

　私のブログも何年経っただろう。学校時代は、書くことは大嫌いだったが、今ではおっくうではない。ラジオやテレビ、新聞の小さな見出しの記事など、目や耳に飛び込んでくる情報からその日のテーマをつかむ。そこには日常の工夫が必要だ。工夫しようとする気持ちが大切である。夜は入浴しながら歯を磨き、筋肉マッサージをし、今日の反省・明日の予定確認を風呂場で済ませる。生きている以上、何事にも工夫は必要である。とくにカメラの撮影は、いつも工夫をしている。

歌は世につれ、世は歌につれ、時の想い

　NHKラジオ深夜便で、昭和32年頃の歌が流れていた。聴いていると、私が11歳、小学校5年生だったか、先生が昼休みに怪人20面相の本を朗読してくれたことを思い出した。

　三波春夫の「チャンチキおけさ」や、三橋美智也、春日八郎の「あんときゃ土砂降り雨の中」、三浦洸一など、懐かしい歌謡曲に思い出がよみがえり、1時間があっという間に過ぎた。

　あのころの将来の夢は大工になることだった。勉強は大嫌い。鉋と鋸とノミがあれば家が建てられる、すごいことだと、子供ながらに大工の棟梁に憧れていた。建前(たてまえ)の家があると、棟梁が上から投げるお餅やお菓子やお金を拾うお祭り騒ぎに出かけ、自分は大工になると決めていた。学校では演歌を歌うと叱られたが、逆らって仲間たちとよく大人の演歌を歌ったものだ。

　「歌は世につれ、世は歌につれ、隣のばあさん犬連れて、戻ってきた娘は子を連れて……」こんな言葉も忘れない。

　昭和36年、町の食堂にテレビが1台やってきて、皆が群がった。夜8時、プロレスの力道山が外国人を空手チョップでなぎ倒す迫力に日本中が湧いた。経済成長期の初め頃である。

　井沢八郎の「ああ、上野駅」は今でも懐かしい。同級生たちが舟木一夫の「高校三年生」を歌っていたころ、私は田舎で大工修業の道。同級生が羨ましかった。

　あの日あのとき駅のベンチであの歌が流れた。結婚したとき、独立まもない苦しいときも歌によってよみがえる。懐かしい。

125 社会では無言の競争心が大切

　私どもが常識の範囲内で何気なく話すことが、相手に傷を負わせていることがあるかもしれない。逆に、助けていることもあるかもしれない。言葉は目に見えない。考えているようで考えていなかった発言が後悔につながることになる。トラブル、侮辱、虐待の言葉も、心の奥の考えが感情とともに表れ、つい口走ってしまい、顔にも身体にも表れてしまう。

　自分の姿を鏡で映したら、どう見えるだろう。人間はいつも冷静に考え、言葉に責任をもつことを習慣にしなくては、どこかで失敗してしまう。

　言葉には温度と鮮度がある。何気なく発する言葉が、人を励まし、助言して、和ませることもできる。人間の心の優しさ、気配り、思いやりは、人間誰しもがもっている本心である。

　感謝や謝りの言葉、「ありがとう」「すみません」は、鮮度のあるうちに伝えるなら、受け取る相手にも新鮮に聞こえる。「謝る心」も「許す心」も、即答のタイミングが大事なのではないか。即答せずに自問自答して判断が遅くなると、関係の悪化を招くどころか、恨みや憎しみまで生まれてしまいかねない。

　人間社会は心と心の交差点だ。社会の常識の範囲内を歩くだけなら争いは起こらないが、間違いの一歩は想定外に起こり得る。そのためにも、言葉の温もりと鮮度を、日常の心の訓練のなかで鍛えておくことが大切だと思う。社会では無言の競争心が大切。

126 粉骨砕身。今では遠くになりにけり

　現代社会では「粉骨砕身」は遠い昔の言葉になりつつあるようだ。自分の身を粉にして身を砕くまで努力するという場面自体や、切羽詰まった厳しい環境などもなくなっている。私ども歳老いた人間が、子供の教育に甘さと弛みを与えてしまったそのツケが回ってきている。厳しさや忍耐や根性を学ぶ体験も実践も少なすぎるし、子供に苦しさや痛さを与えまいと労わり、過保護に育ててきた愛情が裏目に出てきている。

　大学を出て晴れて社会人になって2か月半、会社の仕事が面白くなく、不満の数々に予想外の想定外が重なり爆発、即刻辞めてしまうサラリーマン。我慢を学んでいないから社会では通用しない、忍耐できない若者たち。

　昔は就職したら出世するまで故郷には帰らないという大きな決断と目標があったものだ。

　厳しい相撲界でも野球界でも、あらゆる基本は精神力ではないだろうか。最近は、高校のスポーツや、会社、家庭内での指導のあり方が問題になっている。怒りと暴力は決して良いとは言えないが、褒めて、甘やかしてばかりでは、真剣勝負が生まれない。厳しさと褒めの指導の混合がいちばん良いのではないか。褒めと叱りのタイミングを間違わない指導がなされるとき、「粉骨砕身」の精神力が生まれる。うれしさ、楽しさがあれば、辛さ、痛さ、苦しさも笑顔で乗り越えられる。それが社会に出てからの哲学になるのである。

127 冬来たりなば、春遠からじ

　昨日の北海道の台風なみの強風では、吹雪が舞い、各地で大変な被害が出た。死者も出るほどの荒れた天候を報道で知る関東の私たちから、心よりお見舞い申し上げます。

　３月の彼岸の時期には、梅の花も咲き始め、蠟梅やマンサクは満開を過ぎたのに、北国はまだ冬の真っ盛り。

　人間も生きていると、いろんな出来事や災難に遭遇する。幸福もあり、苦痛もあり、喜びも交錯して、押し寄せる波のごとし。「冬来たりなば、春遠からじ」だ。今は不幸でも、必ずいつかはきっと幸せに巡り合える。だからじっと冬の寒さにも苦しさにも痛さにも耐えていれば、いずれ暖かい春が幸福を呼んできてくれる。それまでじっと辛抱せよ、という意味だ。

　似たような言葉が「苦は楽の種　楽は苦の種　人の心の裏表」である。人生は、苦と楽の繰り返しかも。人の生き方は、レールを敷かれた電車と違って、脱線もあるし安定走行はありえないのだ。

　人生に大波の被害は嫌だが、小波のような程度であれば、乗り越えることに喜びも感じられる。経験することが生きがいとも思えるだろう。そこから充実した人生が生まれる。

　冬は寒くて暗いかもしれないが、必ず暖かい春が来る。苦しい人生の次には楽しい人生が必ず来るから……。

128 謝罪の行動は効果的に

　日常生活では、誰かに謝罪する場面が一度や二度、いや何度もあるかもしれない。

　謝ることを知らない人間、無視する人間もいる。鈍感なようでも心の中ではわかっていて、やばい、困ったな、謝ろうか、怒るだろうか……などさまざまな憶測が渦巻いているのに口を開かない人もいる。地位や見栄やプライドにとらわれて、屁理屈をたらたら述べると、謝りたくない心境が見すかされて、問題を大きくしてしまう。解決どころか、最悪の状態になる。素直に謝罪すれば幸福につながるのに、それを信じて謝罪できるかどうかは、判断力と人間性にかかっている。

　謝罪が受け容れられないのは、謝罪の気持ちが相手に伝わっていないということなのである。誠心誠意、確実に相手を納得させなければ、謝罪の本心は伝わらないものだ。相手よりも頭を低くして相手の目を見て、目で訴えること。言い訳せずに、謝罪の内容を責任をもって言葉にし、誠実に謝罪すれば、相手の心にゆとりが生まれて、必ず許す心が動き出すと思う。

　心のこもった謝罪のしかたは、まず即刻行動すること、単刀直入に「ごめんなさい」をいのいちばんに言う。長々しい言葉は禁物。謝罪者が心から反省し後悔していることが認められると、相手の方も憎しみや恨みやわだかまりが取り払われて、納得の解決に向かう。人間の心の奥には、必ず許す心が潜んでいる。謝罪は、社会を生きるうえで大切なことである。

129 人生、常にチャンスと逆転あり

　テレビの「なんでも鑑定団」に出てくるのは、作者が亡くなってから値打ちが出る品々が多いようだ。残る言葉も同じである。いつどんなことで価値や評価が高くなるか不透明な時代だ。

　俳優、歌手も、苦労の末、歳老いてからチャンスと栄光をつかむことがある。人生は死に到るまでわからないものだとつくづく思う。盲目となって点字を発明した人、ベートーベンも聴力を失ってから第九交響曲を作曲した。歌手の秋山順子は歳をとってから大ヒット。私の知り合いも、貧乏な家に生まれて、夜学で学び、今では大学の副学長にまで昇り詰めた。中学卒で大会社の経営者もいる。誰でもチャンスがつかめることは証明済み。人生の逆転劇は面白いようにあるではないか。

　もうだめだとか、やってられないとか、俺にはできないと弱音を吐いていたら、良運はやってこない。幸せは逃げていく。

　努力して全力で行動すれば、「きっと」良いことが訪れる。「今から」と考えればプラス思考が生まれ、運も変わり、幸せも寄ってくる。それをつかみ取るのは、自分である。

　悲劇も一転人生に逆転あり。チャンスは1本の糸の端をつかむことで大きな幸福につながる。

　適齢期の男女も、チャンスとタイミングが大切。若い娘さんが落としたハンカチを拾って届けますか、知らんぷりで素通りですか。ここに運とチャンスがある。逆転人生を夢見て、希望をもって行動しましょう。

130 人生の長ーい道のりの歩き方

　人には、それぞれ歩き方がある。ゆっくり歩いたり、早足に歩いたり、そのときのリズムで人は歩く。足の長さによっても、足の丈夫さによっても違うし、性格から来るもの、習慣など、歩き方には人ごとに癖があるだろう。

　スタートから真っ平らで安全な歩道をなんの考えもなく進む人もいるだろう。しかし、人生の道は、でこぼこがあったり、水溜りがあったり、遠回りもある。私は思う、自分の人生の道に、整備された道路のような保証と安全はない、と。

　現に私の69年の道のりは一歩一歩足を踏み出して安全を確かめてからまた一歩という歩みだった。途中、大きな穴に落ちたときは、人々に手を差し伸べていただいて這い上がり、仲間の協力があった。だから今も生きている。

　自分から穴を掘って落ちていった人、他人の掘った穴に落ちてもがいてもがいて結局這い上がれなかった仲間も大勢見てきた。そのたびに人生の道の歩き方の哲学を学んだ。

　「人の振り見て我が身を正せ」である。実践の中で学んだ最高の哲学である。これだけは、どんな大学でも学ぶことのできない経験、人生の社会学である。

　でこぼこ道でも、じゃり道でも、一歩ずつ歩く。冬に生まれた私は、冬は冬の生き方、夏は夏の暑い中での生き方、ありのままに受け入れている。それが人生の道のりを楽に進む歩き方かもしれない。

131 三毒煩悩。透明な雫のように

　人は皆、生きている以上、どうしようもなく醜い心をもっているようだ。どんなに偉い人でも、博士でも、弁護士でも、お坊さんでも。私のような一般人など、大いにもっている。綺麗事を並べて正しい道を進もうとしても、ごろつきや邪魔者たちが手を広げて、待ち構えている。皆が心清らかに豊かな人間であってほしいが、思うようにはいかないものだ。

　人間は生まれた瞬間から知能が働く。本来であれば、透明な雫のように、透き通る存在であってほしい。

　仏語に「三毒」がある。「貪欲」は必要以上の欲を求めるむさぼり、「瞋恚」は怒り、憎しみ、「愚痴」は真理に対する無知。愚かな心は、切っても切ってもまた生まれてくるのだろう。

　人間も動物も、苦しみや悩みを抱えて「三界」の誘惑の中を生きていかねばならない。三界とは「欲界、色界、無色界」である。物質への欲が人間を狂わせ、現実の社会でさまざまな事件を起こしているのかもしれない。これらを克服して私どもは生きている。

　「三界は安らぐことなく、火宅のごとし」

　迷い、苦しみ、苦しみながらも、人間は耐えて、知恵を出して、考え、対応する能力をもっている。これが人間に与えられた天性であることに感謝しなければならない。一人の考えより「三人寄れば文殊の知恵」とはよく言ったものだ。

132 花のように、人のように「隠れたるより現るる」

　福島原発事故調査委員会の調査を一時期、東京電力側が拒否した問題で、本店社長の認識の誤りだったことが明らかになった。なぜ現場で隠し事をするのだろうか。東電側の強硬な拒否は、捜査に対してもあった。事故の原因が津波ではなく、地震そのものにあったとしたら、今後の原子力発電に大きなマイナスになることを恐れた結果だ。今頃になっての謝罪は、国民をバカにしている。東京電力の体質は変わっていない。

　「隠れたるより現るる」。やましいことや隠し事は、いずれどこからともなく発覚する。顔色や行動、おろおろした態度などの不自然さで、世間には知れ渡ってしまうものだ。

　昔、生まれ故郷の秋田では、雨の日には蓑を着て農作業をしていた。「隠れ蓑」とは、天狗が着て、身体を隠す蓑。古い蓑を焼いて身体に塗ると、透明人間になるという。

　今回のパソコン遠隔操作事件も、誤認逮捕が行われるなど、犯人を特定できず。隠れ蓑を着た人間のように、おどおどした生活不安のなかで暮らしていた男が薄ら笑いで登場し、警察を攪乱、猫が証拠となって、逮捕に到った。「隠れたるより現るる」だ。秘密も嘘も、やましいことはいつかは表に現れる。かく言う私にも秘密や嘘ややましいことがあるだろうな――。

　庭にサザンカが咲いている。満開で散りゆく花、咲き始めの花、まだ蕾の花。心ゆくまで眺めて写真に撮った。それぞれの花を見てあげないと、人目に触れずに散っていくのは悲しい。

133 感動は脳を活性化して、退屈は脳を衰退させる

　写真の大好きな先輩がいる。退職してから趣味の写真を生かして、人生の晩年をルンルンして飛び回り、写真コンテストでは賞を総なめの腕前である。私もたまに教えてもらっている。朝４時から目的地に向かって車を走らせ、今が青春かと思うほどの行動力で、カメラを通して見る世界に感動しているという。若いの一言に尽きる。

　感動は脳を活性化させるようだ。サラリーマン時代は転勤先をわざわざ北海道に選んだ。理由は北海道の大自然を撮りたいから。それほど写真に打ち込んでいた。

　感動の反対はなにかと考えてみた。退屈だ。感動は脳を活性化して、脳年齢を若くしてくれるが、退屈は脳を老化させる気がする。

　同じ行動をしても感動する人と感動しない人がいる。感動力にも差があるようだ。同じ写真を見ても感動しない人と「すごいなあ」と感動する人がいる。年齢など関係なく、たとえ小さな花を見ても「素晴らしい」と感動できる心をもちたい。

「行動にチャンスあり　不動にチャンスなし」

　ここに、人生を生きるポイントがあるのではないだろうか。

　おっくうだ、面倒くさい、動きたくない……などは、不動から始まり、退屈へと進み、老化現象まっしぐらである。行動し、心と身体が一つになって感動すれば、喜びは倍増、笑顔が何よりの証拠だ。

134 子供の悩みから親は逃げてはいけない

　先日、子供たちの引きこもりについて親の集まりがありました。講演していて、逆に親に質問いたしました。子供の悩みに親たちは本当に真剣に子供と向き合っているのでしょうか、もし向き合っているのなら、明日にでも私が子供に会って、直にお話ししてあげましょう。そう言ってもなかなか決断のつかないようだった。

　子供を恐れているのか。父親が「ほっておけ、かまうな、今に良くなる」とでも言っているのでしょうか。こんな夫婦の会話だったら、母親は一歩を踏み出せないのかもしれませんね。勇気をもって親子喧嘩してでも、親子の対話をすることが必要だと思う。

　大事な一歩を踏み出せない親たちは、一生対話の機会をもたずに年月は流れて、あっという間に子供も五十歳になってしまう。誰がその子供たちをこの社会に連れ出すのか。親の愛情があれば、取っ組み合いで親子喧嘩しても親の愛情を表すべきだと思う。怖い、今はおとなしくしているだけ、何するかわからない……親だけが妄想に震えていては、一生、子供や若者たちに立ち直る機会はないではないかと思った。

　引きこもっている若者たちを世間からに隠している親たちの見栄やプライドが邪魔しているのでしょうか。子供に愛情をもっているなら、真剣にぶつかる勇気が欲しいものだ。

135 無功徳心の難しさ

　「無功徳」とは、いかなる良い行いをしても、見返りを求めてはいけないということ。禅によく出てくる言葉で、そうあるべきとはわかっているけれど、実行は難しいものだ。ボランティアでは、長く続くものではない。悟りの世界に入りでもしない限り難しい。

　人間には、心の周りに醜い煩悩のわだかまりがうようようごめいているのは間違いない。無功徳の考え方は素晴らしい、そういう人間になりたい気持ちは皆さんもっているが、どこかで邪心や欲望が生まれてしまう。

　功徳とは、要するに、見返りに得る物、つまり利益ということかもしれない。人は、社会や年齢などの条件に支配されて生きている。働き盛りの人も学生も、結婚しようとする若者も、目的や目標、夢を追いかけるとき、真剣勝負の瞬間も、心のどこかで損得や利益を考えていることは否定できないと思う。だから「何かしてやった、尽くしてあげた」という思いもやむなしかもしれない。人間、そんなにお人好しでは生きられないのだから。

　私など、今頃になって、ようやく「無功徳」の大切さがわかってきた。家族のために汗を流し、無我夢中で働いているときには感じなかったのだが。近頃では、この言葉を実行するようにしている。人々のために「無功徳心」。この言葉に心が開ける気がする今である。

136 心に暗示を行動に勇気を

　自分の考え方が変われば、他人が変わる。他人が変われば周りも変わる。周りが変われば、世の中変わる。世の中変われば、自分の宿命まで変わる。

　マイナス思考のために、苦情、嘆き、愚痴ばかりで、いっそう自分自身が心に痛手を受ける方向に進んでしまう人がいる。あるとき、その人に暗示をかけてみた。生きているだけで日本一の幸せ者だ、能力抜群だ、天才的素質ありだ、やればできると。お世辞も交えて、褒め称えて喜ばせると、本人はえびす顔になり、人が変わったように、不満や愚痴が消えた。苦虫を嚙み潰したような表情もなくなった。暗示をかけたことによって、本人はその気になり、大きな転換期となったのだ。

　落ち込んでいる人間をどうしたら平常心に戻せるか考えたら、笑顔に戻れる態勢をつくってやることだと気がついた。

　「心に暗示を行動に勇気を」だ。褒められ、感謝されて怒る人はいない。「ありがとう」の言葉は、心に幸福感を与え、余裕と勇気と気力、活力が生まれる。

　会社の人事教育でも、怒り叱る教育と、褒めておだてる教育によって、社員一人ひとりの性格と個性を見ながら教え込むことが肝心である。そのなかでも「暗示」は重宝な手段だ。家庭でもお子さんやだんなさんに暗示をかけることで、自信が生まれ、勇気が湧き、行動も変わっていくかもしれない。「暗示にかける」。古い言葉だが、今も輝いて生きている言葉だ。

137 趣味は人を生かす、無趣味は人を無気力に

　世の中に無趣味の人はいるでしょうか。「俺には何もない」と言いながら酒好きな人もいるし、「好きでない」と言いながら釣りに行く人も。どこからが趣味で、どこからが趣味ではないのだろう。そこにはよく行くし好きな気もするが、上達しないし、趣味とまでは言えない、という人もいるだろう。

　挑戦してすぐ「これが趣味です」とは誰も言わない。趣味はある程度の期間を経たものだ。経験し、実践してみて、うれしさ、楽しさがわかってきたときに趣味といえるのではないか。

　なにも喜び、騒ぐことだけではない。読書、酒、花を育てること、写経、車で出かけて海を見ること、その人の感性によっていろいろだ。他人がとやかく言うことではない。何事も「好きこそものの上手なれ」だ。これが実行できれば最高の人生だ。人を生かすも殺すも、人生には趣味が大切と思った今日、知り合いから送られてきた色紙に恵比寿大黒様が描かれていた。趣味で描き続けている大先輩の絵は、うれしい贈り物だ。「歳老いても今が幸せ」と言う。趣味として描くので、心と身体のバランスも良く美的判断を生み出す。身体の動きは若いころとは違っても、心を豊かにすることで、若さが呼び戻され、笑顔になっていく。生き生き人生の源かもしれない。

　小さくても趣味を見つけることが人間を輝かせてくれる。嘆いていても恨んでいても、幸運は寄ってこない。不動は人生を壊す原因。趣味は自分で考え、まず動くことから始まる。

138 大きすぎる希望より、身の回りの小さな希望

　厳しい現実の中で生きなければならないのがこの世の中。過去に栄光と裕福と幸福があっても、今が幸せでなければならない。若いときの苦労は買ってでもしろ、と先輩によく言われた。若いときは、気力体力忍耐力で乗り越えられるが、歳をとってからの晩年の苦労は難儀である。それを考えたら、「晩年成功型」が最高の生き方かもしれない。

　私も若いときには理想に燃えて、世界の平和を願い、日本国の幸福を願い、旗をもって、デモだ集会だと、団結の文字に英雄気分を味わった時代もあったが、今は昔の思い出だ。

　あのころの若さはなんだったのだろう。世界平和や日本発展という希望の大きさは間違ってはいなかっただろうが、現実に自分が立っている足元をよく見ないで、遠くの大きな希望だけを見ていた。あるとき転換期が訪れた。自分の幸せ、自分自身の身の回りの大切さに気づいた。「自分に余裕があってこそ他人への貢献を」と先輩に言われた。意地悪のようでもあり、冷たいようでもあるが、忘れられない言葉だ。たしかに家庭が壊れて、子供に不自由をさせてまでの世界平和って何だ、と思う。

　人は人によって生きられる。「大きすぎる希望より、身の回りの小さな希望の大切さ」を守ってきたから、今があるのだと思うようになった。いざというとき、他人は身をなげうってまで助けてはくれない。まず、自分を大切にしてがんばることが幸福への道かもしれない。

139 私に刺激された教授の言葉

　人との出会いの縁は不思議ですね。お互い見ず知らずの人がちょっとしたことで知り合いになり交流して助け合ったりする。それがお互いの人生にプラスになってゆく。

　先日、大きな夢をもった大学教授から電話をいただいた。「今度、博士号を取る夢を実現させるために東北大に行きます」という。夜間高校へ通う私の姿を見て、自分も博士に向かって勉強することにしたというのだ。一年がかりで勉強のし直しだそうだが、素晴らしいことだとうれしくなった。

　私のような老人の生き方に、何を感じたのでしょうか、私に刺激されたという教授の物凄いエネルギーに、こちらがビックリでした。私の姿を見て受けた刺激が心に火をつけたということです。うれしいですね、お世辞であってもその言葉に感動を受けました。偉い方が私のような人間を見習いたいと言ってくれたことが何よりうれしいです。

　人間は目標を組み立てられたら、きっと夢を実現できるでしょう。歳や病気で身体が弱くなっても、まだ自分にできることを探し求める情熱があれば、まだまだ発展できる。熱意のエネルギーを元に何年かかろうとも、行先に向かって船の帆を張り全力で進む気力と魂があればきっと目的は達成できる。

　博士号取得の暁にはめでたく乾杯しようと言い交わした。頑張れ先生。

140 人の一生は重荷を負うて遠き道を行くが如し

　徳川家康の名言に「人の一生は重荷を負うて遠き道を行くが如し」がある。果たして、現代の若者たちにも当てはまるだろうか。若者たちにとっては「人の一生は軽荷を負うて近き道を行くが如し」だろう。平成の時代、少子高齢化が進み、子供は一男一女、家の財産は長男へ。娘がお嫁に行った先も、資産財産は手中にあり、あくせく働いて自分の力で新築住宅を建てる必要はない。学校でも競争は差別であるとして、闘争心も根性も養われない。学問は人一倍身につけても、世の中の不況を逆手にとり、就職難だと理屈をつけて、大学院やら研究室、またはフリーターに。縁あって就職しても、上司に怒られたといっては簡単に退職。再就職という甘い考えをもつが、履歴書の退職や浪人、フリーターの文字があれば、再起は難しい。

　地方から集団就職列車で来た時代は「忍耐と根性と努力」の言葉に励まされたものだ。己を責めても人を責めるな、不自由を常と思えば不足なし、及ばざるは過ぎたるに勝る、今の時代にこんなことを言ってもアホと言われるでしょうか。これから少子高齢化はもっと進んでいくのである。社会の近代的発展の早さに人間の生き方が壊される時代になってきた。

　徳川家康はこの現実を読みきっていたのだろうか。いずれにしても「人の一生は重荷を負うて遠き道を行くが如し」は、名言である。この言葉を今年の抱負とし、講演にも活用したいものだとつくづく思う。

141 悲しき時は身一つ

　生きているといろんなことに出会い、さまざまな条件や環境に左右される。人一倍努力して真面目に社会を生き抜いて、幸せを絵に描いたような生活を送ってきた人が、ちょっとしたはずみで道を踏み外し、軌道修正もままならず、悪運か小悪魔に取り憑かれたように、不運の路線からいくらもがいても脱出不可の人生になってしまう人がいる。

　とくに経営者は、石橋を叩いて渡るような慎重な経営をしていても、運悪く、他人から不渡り手形をつかまされたり、契約違反があったり、自分が望まなくても莫大な損害を被ることがある。そのときは悲劇が襲いかかる。良き仲間も遠ざかり、兄弟親戚までも距離を置くようになる。

　「悲しき時は身一つ」である。困ったり、落ち込んだりしていると、他人は寄りつかなくなる。昨日までは「社長、社長」と言って頭を下げていた他社の人間も銀行も、どん底になれば救援はしてくれない。最後は自分の身一つが頼りである。

　弊社も35年前に、ある不動産会社が倒産し、社長は夜逃げ、1200万円の不渡り手形の回収と、借り入れていた1200万円の合わせて2400万円の返済に必死で対処した経験がある。世間では関連倒産の噂まで飛んだ。当時、私はまだ30歳。周りの温かいお言葉や、支援してくれた方々、協力会社の方々のお陰で今日の私がある。この経験は今、人々の指導や支援を行う際に役立っている。神が私に与えた試練だったのかもしれない。

142 我がものと思えば軽し傘の雪

　今日は休日だったが、寒さの中、子供のように目覚ましなしでパッと飛び起きた。何歳になっても、自分の好きなことには不満も嘆きもおっくうな気持ちもない。

　苦しいとか辛いと思うのは、自分の思うように行動しようとしていないから。したくないから、心と身体が正反対の動きになり、拒否反応を起こすのだ。自分にとって得られるものがあれば苦もなく立ち向かうし、疲労感もなく、身体の苦痛もない。

　よく、めったやたらに考えすぎる人がいる。人生は行動してみて初めて結果がわかるものなのに、行動の損得や、苦労や辛さを読みすぎて動かない人間には、感動が訪れないと思う。

　ある登山家の記事に「苦労の何倍も感動あり、辛さの中に感銘が生まれる」という言葉があった。学生の進学試験にしても就職試験にしても、努力して苦労あって価値がある。

　波瀾万丈の人生経験は、机上の空論よりも強い。逆境を乗り越えた人間には、たくましさが備わる。人間磨きはチャンスと思わなくては難関突破は難しい。ただ、人間には運がからむ。「労多くて功少なし」という人生もあるだろう。人間の定めかも。それでも諦めず社会が認めてくれることを信じて進むことが、成功と幸せをつかむことになる気がする。

　今日の早朝の写真撮影も、得るものがあるから軽い足取りだった。傘の重みは、自分の重み。考え方次第で無重力にも。

　　今日の白鳥寒さに負けずに水の中

143 目的なき夢は幻想に過ぎない

　よく相談に訪れる人の中に、自分探しのなかで自分が何に向かって歩いているのか、どこへ行けばいいのか、袋小路をさまよっている人がいる。正しいとか間違いとかいう前に、根本的に自分を感じることを忘れているようだ。支離滅裂の自分探しは、心と身体の一体感がない。心だけが先走りして身体がついていかない。だからといって、身体だけが激しく行動しても、考えと能力と熱意がアンバランスでは、世の中の常識をはずれた個人主義者や独裁者のような人間になってしまう。

　「目的なき夢は幻想に過ぎない」といわれるが、目標をつくり、目的に向かうことで夢は開くのではないでしょうか。目的があれば楽しくうれしいはず。そして活動の力が湧いてくるはず。それが生きる原動力になる。幻想とは、現実にないことをあるかのように感ずる想念、とりとめのない想像だ。

　誰でも幸せになれる。しかし、なれそうでなれない不運が立ちはだかることも。それを忍耐力で克服しようとする努力が成功に導くのではないか。人は支えあって生きていく。決して一人だけの世界ではない。落ち込むことはない。

　交感神経が高まれば、笑顔が増える。下を向いていたら白馬の王子はやってこない。上を向いて息を吸い、自分を感じれば幸せがもらえる。そんな生き方に自分の良さを再発見できる。

　心配ばかりはマイナス思考の始まり、プラス思考で自分を信じること、人を信じること。

144 タイミングとチャンス

　社会生活の中で、小さな差が大きく明暗を分けるチャンスとタイミングになることが、どれほどあるだろうか。

　私が仕事から事務所に戻ってきたそのタイミングで、見知らぬ方から土地の相談の電話が入ってきた。打ち合わせの時間を今日の午後２時と決め、半信半疑ながら、少し早めに時間をとって、お客様と対面。時間厳守の人は信用できるとお褒めの言葉をもらい、話が進んだ。もしその日、私が遠くに出かけていたら、その方は他社に電話をかけていたかもしれない。

　グッドタイミングだ。思いがけなく、土地は売ってもらいたいという話になった。アパート計画もあるそうだ。

　タイミングは一日に、何時間、何分、何秒の違いで訪れるから、チャンスを逃すこともつかむこともある。紙一重だ。

　結婚も同じかもしれない。ちょっとの出会いが縁となる。ハンカチを拾って、声をかけて渡してやる、このタイミングが恋を生んで、結婚、人生の幸福まで手にすることも。もし拾わずに踏んでしまったら、それでおしまいだったかもしれない。

　社会でも商売の経営でも、チャンスはいくらでもある。それに気づかない人は、何事もうまくいかないのではないか。まず行動してチャンスをつくり、自分の手でつかむことを子供のうちから教えよう、社会に出たときに大いに役立つ。

　今日はお客様との出会いのタイミングでチャンスと幸運が訪れた。さっそく図面を描き始めた。

145 高慢は出世の行き止まり

　近年の自然災害、世界の不況は、誰も予想しなかったのではないか。バブルがはじけて間もない平成10年頃、景気の回復は早いと予想した評論家も、日本の観光事業は大発展すると言っていた経済評論家も、予想外の成り行きだろう。いまだ不況の嵐は中小企業を襲い、大企業も決算時になれば、売上高も経常利益も下落し、落ち込みは止まるところを知らない。貿易収支までも下落の一途をたどり、先は暗い、経済大国と豪語していたツケが回ってきた。

　世の中は、自分を守ることが基本になってきたように見える。景気悪化の現状では、銀行も協力会社も離れていくのは当たり前のこと。後になっての愚痴や嘆きは遅すぎる。消えていった経営者もいる。出世街道を走っていたサラリーマンも高慢のツケでリストラ組となり、捨てられた方も見受けられる。

　人間、順調なときには、どうしても自慢と自信が態度に表れる。成功者にはありがちだ。見下した言葉で人を傷つけ、世の中怖いものなしの感覚は要注意。陰で泣いている人の気持ちなど到底気づかないだろうが、いつかは恨みを買う。

　「人間万事塞翁が馬」の故事が当てはまる。人間の一生は誰にもわからない。いつどこでどんな人にお世話になるか、助け助けられての原点は忘れてはならないと思う。

　出世を自慢し、人を見下していると、いつかはおしまいになる。自己満足は、向上心を忘れて自分を見失う。注意、注意。

146 夫婦は老いるほど趣味が一緒に

　昨年、北海道のゴルフマラソンでご一緒したご夫婦が、私どもの市のハーフマラソンに参加、今日私が留守の間にわざわざ我が家まで来てくださったことに感謝申し上げたい。

　昨年6月、ルスツリゾートにて出会い、ご夫婦とチームになり、一日に93ホールを完走した。二人はゴルフも一緒、今日のマラソンも一緒、なんて仲の良い夫婦だろう。

　夫婦は、歳を重ねるごとに趣味が一緒、行動も一緒になるのが、仲の良さの条件ではないか。若いときより心も身体も衰えているからこそ、お互いの愛情、思いやりが大切だ。趣味が一緒でなくても、ともに理解があれば、それぞれの趣味でもいいだろう。夫婦のあり方には、いろいろ考え方があろうが、私の持論は、夫婦は趣味が共通であること。二人で畑で野菜作り、花の栽培、旅行、ゴルフ、食べ歩きなどもいい。

　今回のご夫婦は、ゴルフもマラソンも一緒であることに、夫婦の絆を感じる。走る辛さを励ましあい、手を握りながらの完走。もし離れていても心の中で励まし合い、見えない信頼の糸で結ばれていたのではないかと想像する。

　一日24時間、睡眠8時間、会社で8時間として、夫婦の時間は何時間あるのか。夫婦の会話は何分あることか。歳老いても、趣味が一致していれば会話は弾む。愛情が持続する。

　おそらく、今日のご夫婦の夕食では会話が弾み、マラソン人生の幸せが訪れていることであろう。

147 立ち直った少年、大志を抱け

　昨日、5年ぶりに会った少年は、中学時代不良グループに入り、不登校。茶髪に染め、親に反抗していた。中学2年生頃だった。学校も勉強も嫌いで夜遊びし、着るものも大人ぶっていた。私との話し合いに怒って、戸が壊れるくらいの力で閉め、消えていった少年。時々心配で電話を入れ、様子を見て言葉をかけるとそのときだけは登校したが、また休む毎日。親もあきれて見放したが、高校は通信教育で卒業。北海道の大学へ進むことになり、久しぶりに仙台駅で二人で会った。

　髪は黒髪になり、身長も伸び、たくましさを感じた。クリスマスにマフラーを贈ったのを忘れていたが、「ありがとう」の言葉に胸が熱くなった。あの少年がこんなに変われるものか。

　本人の自覚もあろう。親、兄弟の力もあったろうが、おばあちゃんの愛情が少年の心を温かく包んだようだ。少年が北海道へ勉強に行くことを決めた気力がすごいと思う。一人親もとを離れて孤独を味わい、親のありがたみが身に沁みるだろう。

　「青年よ、大志を抱け」

　それは、金銭でもなく、自己の利益でもなく、名声と呼ぶあの空しいものに対してでもない。人間が人間として備えねばならない、あらゆることを成し遂げるためである。

　人間の宿命は変わる。考え方と熱意と能力で人生はつくり上げられる。少年よ、後ろを見るな、前進前進。未来は開かれた、自分の足で歩け、転んだらまた起きろ、ゆっくり進め。

148 人は本音で位置を語る

　人は、つい本音を語ってしまう場面がある。その言葉によって、その人の位置が見えてしまうものだ。もし自分の心を偽ったとしても、顔に表れるか、言葉の端々に出てしまう。人間は、自分の心に反したことを話すということは、そんなに長くはできないものなのだ。

　たとえば、ある人が家を新築した。そのときかける言葉に、それぞれの人の位置が見えてくる。

　「いいなぁ、うらやましいなぁ」「うちの夫がダメだから家は一生ムリだ」「おう、よくがんばった、立派な家だ、これからも家族のためにがんばれ」「私なら窓はこうするけどなぁ」「この家、いくらかかった？」「日当たり良いし、間取りも使いやすい。立派、立派」

　これらの言葉の中に、その人の生活の位置が見える。その人の地位、家族、環境まで見えてくる。人格まで表してしまう。言葉というのは正直なものだ。

　お金や地位や名誉やプライドへの囚われを捨てて、心から発せられた言葉は、聞く人に幸福感を与える。自分の身の丈を理解しての言葉なら、相手を傷つけることもないだろう。

　人は人、自分は自分の幸せと思える自信があれば、決して他人にヒガミの言葉を語りかけることはないだろう。心の中で、妬み、羨ましい気持ち、憎らしさなどの悪魔がうごめき、言葉を発してしまいそうなときは注意しよう。

149 人生の生き方は、考えにある

　なんといっても、今年の「えんぶり祭り」は愉快だった。何回見ても、可愛くて、寒さにも耐える真冬の祭りだ。

　1月、2月も終わって、あと残すところ10か月、どんな展開になるでしょう。物事は予定どおりには進まないもの。もともといろいろ計画して行動を進めても、予定どおりに60％実行できたら上等かもしれない。100％の実行はムリもムリ。人を犠牲にして、他人に迷惑をかけてまで自分の主張を押し通せば、いつかは心に傷を負い、人々から抹殺される。

　人の生き方の基本は、「ありのままに楽に生きる」こと。自分の身の丈を知って生きれば、人生の成功者に続いていける。人間性は心にある。考え方40％、熱意40％、能力20％でよいのでは？　現代には能力70％の人もいるが、社会の仕組みに対応できずに、おろおろしている姿を見かける。

　幸せには「もらう幸せ、勝ち取る幸せ、できる幸せ」がある。

　努力の汗と涙を積み重ねて得た幸せは、なかなか壊れないし、崩れないもの。大きな幸せは、あっという間に崩壊することがある。まず、考え方が最も大切だ。駆け引きは、経験と実践でこそ学んでいける。能力だけで選ばれた人、仕事の知識だけの人は、対応力が弱いようだ。

　地位も名誉もプライドも捨てて、肩書きなしで、地域に飛び込めない人がいる。その人の生き方と言われればそれまでだが、どうせ生きるなら楽しく、ありまのままに生きよう。

150 知識があっても対応力がない

　人間、「おぎゃー」と生まれたときから能力の発達が始まる。1歳の誕生日まではすごいスピードで知識を取り入れていく。

　よく言われる「三つ子の魂、百までも」。3歳までに身につけた知能、考え、性格、個性は、百歳になっても変わらないということである。もって生まれた性質をつくるのは親の遺伝子かもしれないが、家庭の環境、育て方にも大きく左右される気がしてならない。とくに母親の愛情、思いやり、優しさが子供の性格に影響を与えるのではないだろうか。

　事件が起こって、犯人の子供時代を知る人がよく言う「とても優しい良い子だった」。子供は社会に出てから大きく変化することが、この言葉でわかる。

　現代社会では情報は豊富。知らないことは辞書でもインターネットでもテレビでも使って、子供のときから学べる。

　家庭が裕福だからと、幼稚園から塾に通わせ、個人教授をつける家もあるが、義務教育以上のスピードでの教育はやり過ぎだと思う。成長しても知識だけが先走り、社会への対応が遅れがち。たとえば、自動車免許をもちながら1回も運転しない人間、大学を優秀な成績で卒業して入社しても人間関係に対応できず1年で退社する若者、何度就職試験を受けてもままならずいつまでもアルバイトやフリーターをしている若者が、何十万人もいることに情けなさを感じる。社会にしっかり適応し、豊富な知識や才能を社会で発揮してほしいものである。

151 あなたが生きてこそ人生

　人の心には、「なれない」と「できない」というマイナス思考の考え方がある。心は七色に移り変わるが、「できる」、「きっと」というプラス思考も、どんな人にもある。政治家でも大学教授でも、弁護士でも教師でも、日本国中、世界中のどんな人にも、決断も迷いもあるのは当たり前だ。

　こんな言葉があった。

　「できないって誰が決めた。なれないって誰が決めた。あなたの人生はあなたが決める。あなたが生きてこそ人生」

　この言葉の力強さに意味がある。

　何事も初めから「できない」と思う心が悪い。「なれない、そんなことは無理」と思う心が悪さをする。

　行動もしないで、できないと決めつけていては、何事も成功しないし、幸福への道も開けない。気持ちがもう負けている。まず挑戦してみて、行動してみて、努力してみて、切り開いていかなければならない。失敗も経験のうち、他人の力を借りるのもいいでしょう。友達の力を借りるのもいいでしょう。

　大人になっても親の援助を求める若者は、一生涯一人立ちできないのではないでしょうか。

　人生は教科書どおりには進まない。学問と知識も大切だが、社会の困難を乗り越えられる実践と体験が大切。そこから生まれる社会の学びは、大学教育よりも重要である。

　人生の教科書は、一日一日の積み重ねの修行にある。

152 失敗なんて恐れるな

　人間社会に失敗はつきもの。失敗を恐れていたら、行動など起こせない。

　どんなに優秀でも、天才でも、過ちはいたるところに潜んでいる。失敗も過ちも、予想外に起こるものだ。自分の得意なことをしているとき、好きなことをしているときなど、得てして油断から始まる失敗が多い。失敗するかもしれないことがわかっての挑戦なら、もし失敗してもそんなにショックを受けないし、心の傷も深くならない。

　過去に失敗があったとしても、今生きているのなら、失敗と思うことはない。人生の過程と考えよう。目的に向かって夢を追うことで、失敗の2文字が消えて、明るい未来が開けるのではないか。

　今年は昨年より20代、30代の若者の自殺が150人も増えているそうだ。こんなに悲しいことはない。うち男性が8割。就職難を苦にしての自殺が最も多い。大卒者の就職率は、今年もなんとか伸びているが、一度就職してもすぐ辞める人は、対人関係の難しさと社会の厳しさに耐え切れないのだ。再就職しようとしても、履歴書のマイナス点は難航の始まりだ。その結果が引きこもりやニートで、自分を捨てる自殺者にもなる。

　過去の失敗を反省し、失敗を最小限に止めよう。そのうえで失敗を恐れず、何度でも挑戦しよう。失敗を恐れず進んだことも人生の足跡に残る。

153 子供時代の もったいない貧困生活

　東京電力からの節電の呼びかけが問題になっている。今から60年前、我が故郷はランプの灯りでの生活だった。冬は薪を燃やして暖房とした。風呂もなく、夏はタライで行水、冬は近所でドラム缶の五右衛門風呂にお世話になった。池の水で洗濯や食事の支度も当たり前。ラジオもなく、大晦日には隣の家で紅白歌合戦を聞かせてもらった思い出もある。

　山奥の村には、魚も肉も売りに来ない。全部保存食だ。ニシンやサンマは軒下に干して乾燥させる。白い蛆虫が湧き始めると、ハエが群がる。それでも煮たり焼いたりして食べた。

　どの家庭にも冷蔵庫はなく、朝炊いたご飯はお鉢に入れておく。夏などはご飯に臭いがつくが、もったいなくて、洗って味噌で味をつけて食べた。茶碗に米粒一粒でも残すと叩かれた。

　山で山菜やきのこを採り、川で魚を捕り、肉は山ウサギや豚、鶏などを食べる。金のかからないよう、自然の恵みを子供ながらに採りに歩いた。勉強なんてやらなくてよかった。

　近所には電気があったのに、貧乏な我が家には電気がなく、ランプやカンテラの灯りがとても明るかった。今、そのころに戻っても、我慢できる自信はある。節電の話を聞いて、故郷を思い出したのである。だから、子供たちにも孫たちにも、厳しさをしっかり教えなくてはならない。嫌われたってかまわない。今度の高校生向けの講演、苦しき時代の我慢、忍耐を話してやろうかな、笑うだろうな、時代が違うよって。

154 孟母三遷の教え

子供の教育は、環境に大きく左右されやすい。

「孟母三遷の教え」という中国の故事がある。子供の教育のために環境を変えた母の話である。孟子は初め墓地の近くに住んでいたが、幼い孟子が葬式の真似事をして遊ぶので、市中に引っ越した。ところが、商売の真似をして遊ぶのを見て、今度は学校の近くに引っ越したら、勉強の真似をしたので、孟子の母は安心し、ここに定住することにした。

要するに、環境が変わると、子供の考えや生活行動も変わるということである。

両親の仲が良ければ、愛情と思いやりと信頼に包まれて、子供の心は安定する。親が離婚すれば、子供は犠牲者になる。育ての母のストレスから虐待の犠牲者にもなりかねない。もの心つくようになってから子供の反抗が始まる。悪の道へと誘う仲間が寄ってくることもある。親への暴力、不登校。子供に原因があることもあるが、元はといえば、家庭の環境に原因があるのではないでしょうか。

親からよく相談される不登校も引きこもりもニートも、どうも家庭環境によるように思う。これを学校教育で正常に戻すのはムリなこと。教師も夫婦関係には口出しできないのだから。責任を学校に押しつける保護者は考え方を改めるべき。

子供の性格も個性も、家庭の育て方で決まることは、昔も今も変わらないのでは。

155 善人は支えあって善人になる

　よく「あの人を皆でなんとかして助けて、協力して、復活させましょう」とか「今までの恩返しに、なんとか手助けしていきましょう」、こんな温かい会話が聞かれることがある。そうなんですよね。善人は善人同士支えあって、善人になり、悪人は悪人同士集まって堕落する。

　人間の生き方は自分次第。時と場合によって、どちらの道にも行く。生活環境にも家庭環境にもよるでしょう。他人のせいにして、愚痴をこぼして、何事にも嘆いていると、周りには誰も寄ってこないものだ。自ら善人になるべく努力して、人のためにも貢献して、周りとの関係を自分でつくることが大切。欲望と貪欲と身勝手の世界は孤独をつくり、不幸の生活に笑顔はない。笑うから幸せを感じ、幸せを感じるから笑顔が浮かぶ。だから、幼児のときから善人になる心構えを教えることは、将来、社会に出たとき大いに役立つ。

　ただ、人のための正義と、善人は違いがある。「あの人は素晴らしい」と言われる人々は、常に小さな社会の秩序の中で倫理の心がけをもって貢献するから、自然に人が寄り添うのである。そうやって、善人は支えあって善人になるのだと私は思う。

　そんな人が周りにいますか。周りをゆっくり見渡してください。きっといますよ、近くに。それが自分が善人である証拠です。

156 「絶対」という言葉の誤認

　日常生活で、「絶対」という言葉を使っていいときと、使っていけないときがある。使い方を間違えるとたいへんなことになりかねない。使うことで、誤解されることもよくある話だ。

　仕事でも勉強でも「絶対の自信をもって」取り組み、結果が、良い方向に行けたら、最高の生き方になる。

　しかし、自信過剰の「絶対」が、万が一崩れたり、うまくいかなかったとき、自信を失い、命取りにもなる危険な言葉である。

　「絶対」といっても、何が起きるかわからないのが現実。よく考えて実行しても失敗が連続することもあるし、「絶対」と思っていたことが外れてしまうこともある。

　人生で「絶対」の言葉は難しいが、かといってなんでもかんでも消極的になっていては、物事は前進しなくなるから怖いものだ。

　皆さんは、「絶対」をどんなときに使いますか。考えさせられる問題だ。

　団塊世代の成功者を思い浮かべてみても、「絶対」という言葉を自信をもって言っていなかったように思える。ただ、経営者の場合は、1％の可能性でもあれば、諦めずに挑戦する積極性はもっていたようだ。それでも人生に絶対の成功はあり得なかったようだ。

157 うれしくも、楽しくも

　人生、82歳まで生き続けて3万日。私など今69歳だから、残りの人生を生き続けたとして12年、元気に生きても4380日である。目標というものはままならないものであるが、できるなら無事に何事もなく夫婦で達成したいものだ。

　お年寄りの会話を聞いていると、「82歳を過ぎると100歳まで生きようと欲が出る」という。命の自然の終止符を、怖がらず悲しまず自然に受け入れるには、一日一日を一所懸命に生きることである。1秒の積み重ねが1分の笑顔になり、それが1時間の幸せになるうれしさ。そんな日々の積み重ねが一日の楽しさを引き出すのではないか。曇っても晴れても、泣いても笑っても、一日は一日、まず精一杯生きる、まずそれからだ。

　今、世の中は格安のオンパレードで人生に楽しみを見出そうとしている。旅行の計画も非常に多くなった。行動が楽しみをつくり、笑顔をつくる。若いときに立てた計画を堅実に実行されている人々には、がんばった結果の安定した生活であろう。

　時代の流れで片田舎から上京し、勤勉に働いた汗と涙の物語を語れる団塊世代は幸せに思える。大半は、大学の学歴は得られなかったが、それなりに生活の知恵をしぼって考え、家族に少しでも幸せをと夢見たものだ。

　幸せなんてお金じゃない。ダイヤモンドより家庭の笑いのダイヤがいい。身の丈を知った幸福であれば、それぞれの考え方次第でよいのではないでしょうか。

158 精神一到

「精神一到」はよく使われる言葉だ。とくにスポーツ界に似合う言葉だ。集中力とも似ているが、それ以上に全精神を一点に集中するという、意味の強さが感じられる。

これから、世界の祭典、オリンピックがいよいよ開催される。日本国民も、4年に一度の世界の競技大会を楽しみにしている。選手の方々も、日本の代表として世界の選手に勝負を挑むであろう。とくに個人競技は、全身全霊で、その人の技や体力、そして精神力を発揮することが大事である。全精神を集中して臨めば、どんなことでも成し遂げられる。

日本では今、各地で夏の甲子園の予選大会が行われている。各県の代表目指して、選手たちは一球一球に勝負をかける。素晴らしい感動が伝わってくる。

そんなことを感じながら思ったのだが、私は、これらのスポーツのように集中できることを、はたして過去にやったことがあっただろうか。「精神一到」の言葉を体験したことがあっただろうか。1回ぐらいは経験してみたかった。いつもなまぬるく「臨機応変」に生きるのが私の得意技だ。簡単な言葉でいえば、「ええ加減」が私には似合う。

オリンピックの選手たちには活躍を期待しております。「精神一到」の精神力でがんばってください。勝敗はそのときの運ではあるが、悔いのない全力の戦いをしてください。

159 心の1ミリの積み重ねが人を成長させる

　先日受けた相談ごとでは、我ながら見通しがつかず、結論も見つからなかった。夫婦でも、家族でも、友人でも、いずれ訪れる人生の別れ。人間の八苦の中の愛別離苦は、生きている限り、遅かれ早かれ迎えなければならないことだ。それを素直に受け入れられたら、誰も苦しむことはないだろうが、心の中に人間の定め、宿命、愛情が渦巻き、涙の連続に、なかなか回答が出ない。時間が解決することもあるだろうが、悩み苦しんでいる真っ只中では、本人の精神が参ってしまう。なんとか受け止めてやらねばならない。言葉の端々から解決の糸口を探し、１ミリのプラス思考の積み重ねで、迷ってもつれた心の糸をほぐす。もしかして一年がかりかもしれない。

　励ましの言葉は効かない。まずは涙のこぼれることを止めることからだ。がんばれは言わないようにして、本心を聞き出すことがいちばんの解決方法。「心の１ミリ１ミリの積み重ねが人間を成長させる」といっても、綺麗事では信頼されない。同情だけでも解決の糸口は見えない。一度での大きな解決はムリもムリ。焦らず、ゆっくりと涙を止めたいものだ。

　「泣く」の字は三つの涙に、立ち直りと書く。泣いたら立ち直りであって、涙は元に戻るための涙である。苦しみに耐えることによって、立ち直れる。１ミリのプラス思考の積み重ねによって。電話で声をかけてやることにしたが、１ミリでも受け止めてくれたら、涙が止まることでしょう。

160 能動的精神力

　人の生き方はさまざまである。花ならば、人間の愛情に包まれ、肥料を与えられ、太陽の光を受け、雨不足のときも温かい思いやりで水分を補給されて、空気の通りも最高の条件の中で育てられる。これが花の一生だ。

　一方、人の愛情もなく、感動もされない雑草は、水不足も日当たりの悪さも空気の通りの悪さもなんのその。人間に生かされる花より、生きねばならない雑草の根性と精神力は、まさに能動的精神力による生き方だ。

　こんな雑草の生き方を人間にたとえるとどうだろう。どんな苦労も難関も乗り越え、社会の試練も耐え抜く精神力があるとすれば、それは鍛え方と修行の賜物だ。厳しい社会で耐え抜く「能動的精神力」。似たような言葉に、意欲的、積極的、活動的などがある。社会に立ち向かう気持ちを起こさせる大切な言葉である。真綿で包まれた環境は受動的である。何事も他人の世話になり、外部からの影響を受けない受動的な人間が、今日の社会にはものすごく増えてきているような気がしてならない。

　良き条件のまったくないなかで生きてきた私の皮肉でもなんでもなく、努力も忍耐も根性も義理人情も薄れている現在に見えてしかたがない。未来に生きる若者たち、子供たちに、能動的な体験と実績を積んでもらいたい。チャレンジ精神、ハングリー精神は、子供時代に最も学ぶべきチャンスがあると思うが、皆さま方はいかがでしょうか。

161 子は親の背中を見て育つ

　親子の関係によって、子供の成長は大きく左右される。子育てに失敗した親は、子への愚痴と批判に終始し、子供を人生の迷路に追い込む。親の不満を子供に当り散らす親の醜い心と態度。今の社会は大きな問題を抱え込んでいる。

　子育ての成功者は、早々に計画を立て、会社でも家庭でも幸福に向かって進んでいく。親になって初めて親の苦労を知り、親のありがたみを感じとるだろう。親の恩と愛情を重んじてくれたらそれで良しとしなくては。知らぬ間に親の背中を見て、成長してくれたのだろう。時には冷たく叱り、非情な仕打ちをしたかもしれない。感情を見せないこともあったろう。これも子供の教育のための厳しさ、優しさ、思いやりであったのだ。「子供は教え殺せ、馬は飼い殺せ」という故事もある。子供も馬も手加減せずに徹底してたたきこめ、という意味である。

　こんな親が、今、いるでしょうか。今の親たちの教育には、競争心や忍耐力、根性が足りなくなっているようだ。それを教える親の背中が見えないのだ。親の裕福さが子供に大きな影響を与えている。冷暖房の効いた個室で、一人舞台の孤独人。食材豊富がたたって栄養バランスが崩れて肥満になり、さらに忍耐力は弱くなる。

　人間教育は親の背中が一番。背中を見せられる親をつくることも、大切な文化である。「この親あって、この子あり」。こんな温かい言葉の中に世間の平和があるのではないでしょうか。

162 朝の活力は行動を生む

 よく年配の方が、「朝早く目が覚めてしまう」と言う。疲れがなくて早起きなのか、早寝早起きなのか。

 先日、近所の方が「毎日、朝刊が来るのを楽しみにして起きる」と言っていた。じっくり時間をかけて新聞を隅から隅まで読むのが、毎日の楽しみとのこと、新聞屋さんより早く起きてしまうこともたびたびのようだ。朝の活力が行動を生む。朝の時間を活用することで、一日の行動も活性化する。「早起きは三文の徳」だ。朝の行動に得るものがあるのは世の常だと思う。

 「朝起き三両、倹約五両」とは、なるほどよく言ったものだ。早く起きれば、三両の徳になり、なにごとも倹約すれば、三両が五両に増えるという、金銭哲学の基本である。

 目標があれば、子供の遠足の朝のように、目覚まし時計よりも先に目が覚め、気合とともに跳ね起きてしまう。目覚めの良さで、頭も冴える。身体が活気を帯びて、脳神経も活発に働く。何も目的がなければ、起きる気力も失い、身体の反応も精神も鈍く、一日だらだらした生活になる。

 人間の寿命は決まっている。どうせ生きるなら、与えられた力を活用して満足な人生をつくろう。それは他人の力ではなく、自分自身の身体と心と魂である。

 一日は24時間、朝の活力で人間を変えられる。躍動感に満ちた活力あふれる人生の源は、朝の一番にある。

163 一日再び晨(あした)なり難し

　一日再びはあり得ない、そのとおりである。「晨なり難し」は、朝は二度来ることはないという意味である。だから一日を大切に生きる、そして時間を有効に使うことである。

　今日やったことと同じことが明日できるでしょうか。若かったら、元気だったら、友がいてくれたらなど、同じ条件がそろったとしても、何の保証もない。

　私の年齢になると、とくに一日を大切に生きなくてはならない。時間の無駄もあるかもしれないが、ある程度の無駄もやむをえないものだ。多忙な人生、無駄があってもよいと思う。失敗の回復には時間が必要なときもある。

　人生には、成功するという保証は何もない。それが人生の当たり前の現実。

　願うことは、夫婦ともに健康であること。息子夫婦と孫たちの成長を見ているだけで、小さな幸せを感じる。若いときから、子育て、会社経営、家族の幸せを願って一所懸命働き、今がある。それだけに、今の一日が大切だ。一日に二度朝があるならまだ冒険もするかもしれないが、今はそんな欲望も消えた。

　昔、親が言っていた言葉を思い出す。年配の人間の話は正しいものだ。「晴れても曇っても、泣いても笑っても、一日は一日、まず精一杯生きる、まずそれから」。そして「行雲流水」。雲や水のように物事に執着せずに自然の成り行きに任せて行動したいものだ。

164 さりげない貢献、小さな親切

　突然、ある人が訪ねてきた。見覚えがなかったが、話を聞くうちにだんだん思い出した。5月頃だったと思う。突然雨が降り出した。自宅へ車で帰る途中、バス停で、傘も差さずに、子供連れでバスを待っている人がいた。突然の雨で、雨足はさらに強くなりそうな雲行きだった。横目でかわいそうにと思いながら通りすぎようとしたが、なんとなく車を止めて、「方向が同じなら、乗せて行きますよ」と言った。

　今の世の中、親切にしてよいのか、逆によけいなおせっかいになってしまうのか、迷う瞬間である。

　茨城県のある小学校の生徒は、見知らぬ私たちへも「おはようございます」「こんにちは」と声をかける。このような教育指導の学校もあれば、見知らぬ人には声をかけないように、道を尋ねられても一歩離れなさいと教育する学校もある。世の中、子供が被害者になる事件が多いから、注意しなくてはならないのだろう。だから、めったやたらに声をかけられなくなった。人間社会の悲しさだと思っていたが、このときはバス停の親子に声をかけた。困ったときはお互いさまだ。

　私の顔を見て、信用してくれたのか、車に乗ってきて「助かりました」と。途中で降りるときに、安いビニール傘があったので、1本持たせてあげた。そのときの人であった。

　さりげない貢献、小さな思いやりだ。ただし、世の中には思いやりを警戒する人もいる。受け取る人の心次第である。

165 医食同源

「医食同源」、なるほどと思える四字熟語だ。病気を予防して健康を保つことと、毎日の食生活は密接につながっていて、その源は同じである。病気をすると、病院のお世話と医師との相談に頼るが、食事の管理も欠かせないし、病気によっては食べ物の制限もある。医療と食事は、一心同体だ。

不規則な生活と暴食は、健康にとって最悪の事態をもたらすから、要注意である。小さなケガや、大したことのない病気でも、個人の判断を過信すると、とんでもない大ケガをしたり、重病にいたることもある。病気に関しては、常にアンテナを張っていないと、気がついたときには手遅れということもある。

夫婦であれば、日頃の思いやりと愛情で、顔色の変化や身体の動きの鈍さ、言葉の元気のなさなどによって、病気も早期発見が可能だ。「以心伝心」、この四字熟語も言葉の組み合わせに納得する。夫婦が長年一緒に生活していれば、言葉を発しなくても、互いに思っていることが通じ合うものだ。妻の愛情と思いやりで、栄養のバランスのとれた食卓、健康管理にも気を遣ってくれる。歳とともに体力は衰える。医療と食事のバランスの問題は、一生続くだろう。

今日の夕方、天気の良さから夕陽を予想して、筑波山一周に出かけた。中腹の駐車場は、夕暮れのため人影は少なく、少し冷たい風も吹いていたが、山百合が満開であった。予想どおり夕陽が真っ赤でとてもきれいだったことに感謝。

166 愛のない子育ては親の失格

　先日、あるところで若者から声をかけられた。
「すみません、新聞に出ていた方ですか」
　私もビックリ。よく覚えていたものだ。その若者は、「自分の父もあなたのようになってもらいたい」と言った。詳しくは聞かなかったが、何を言いたかったのかは想像できる。
「人にはそれぞれの生き方と性格があるからね」
　一瞬のすれ違いの出来事で、深い話はできなかったが、今度またいつか会う機会があったら、じっくりと聞いてやりたいものですね。若者には「愛のない子育ては親の失格」の話でもすれば、それなりに納得いただけたかもしれない。
　何年か前にもある病院にお見舞いに行ったとき、五人部屋の奥で話し込んでいたのを入り口の人が聞いていて、「ラジオ聞きました」と言われて驚いた。話し声で、NHKラジオ深夜便・心の時代に出演していた私だと気づいたのだ。秋田弁丸出しの私の声を覚えていてくれたのでしょう。
　テストが終わる次の日は、「不登校の生徒、引きこもりの生徒」の親たちに講演に行くが、親の事情も理解して話さねばならない。
　原因は親か子供か、それは子供もよく知っているはず。

167 あらゆるものが生きている

　地球上では、あらゆるものが生きている。人間も、動物も、虫たちも、植物も、数え切れないほどうごめいて、生きている。

　植物からは声や行動や態度の変化を見ることはできないが、花との会話で人間と花の間に愛情が生まれるような気がする。毎年忘れずに咲いてくれる花たちも生き物だと思って、私は常に感謝している。

　動物や植物は明らかに生き物とわかるが、私は、車もパソコンもカメラもみんな生きているような気がしてならない。生きていると思えば、粗末にはできない。

　車のオイル、ガソリン、タイヤの空気圧に気を遣うことで車の調子は変わってくる。車もパソコンもカメラもただの機械と思わず、生き物と思って愛情込めて思いやりをもって扱えば、お互い物事が順調に進むであろう。粗末に扱うのは、殺すようなもの。機械も生き物、書物だって人間の心を和ましてくれたり、感動を与えてくれる生き物だ。

　富士山の大雪の下、零下の温度にも耐えて植物は生き続ける。写真に写る花たちの姿はたくましく強い。もしかしたら人間より強い生き方を知っているのではないでしょうか。

　いろんな生き物たちへの出会いに「ありがとう」の感謝だ。物も真心こめて扱えば、私たちにより多くの美しさと感動を与えてくれて、もっと多くの活躍をしてくれるのではないでしょうか。生き物に感謝。

168 塵も積もれば山となる

　日本古来のカルタに「塵も積もれば山となる」がある。

　子供のころは、正月にはストーブのそばでカルタ取りが最高の遊びだった。外は大雪、時には吹雪。そんなときは、家の中で仲間たちとカルタ取りが始まり、親に餅を焼いてもらい、黄な粉か小豆あんか醬油をかけた餅がおやつだった。

　貧乏家庭だから、米1粒も1円の金も粗末にしない。衣類も靴も何年も大切に使った。そういう環境での生活が当たり前と思っていた。何年か前に「もったいない」の言葉が流行したが、当たり前のこと。それを子供たちへ、孫たちへと生活実践で教えている。嫌われ者は、ジジの役目でもある。

　昨日、10年ぶりに貯金箱を開けた。重さは16kgあり、よくこんなに小銭を貯め込んだものだと自分でも感心した。金勘定には、家内と孫たちも協力して、2時間かかって計算。積もり積もれば山となる。小さなことも軽視はできないものだ。

　これはお金よりも人間の生き方に当てはまる言葉でしょう。努力の積み重ねが成功へと導くことは、パラリンピックの選手たちが証明している。健常者に負けない精神力はすごいの一言。選手たちの目の輝きは、努力の積み重ねの自信から来るものでしょう。日本の選手に拍手、拍手。

　ところで、貯金箱に積もった金額は10万円近くあった。孫たちが驚いていた。さっそく念願のキヤノンカメラECS60Dを注文してきた。また夢が開けた積もったお話でした。

169 己の尺度を知れ

　人の心の中では、自分自身をよくわかっているという思い込みと、先手必勝したいという貪欲が常に回転しているのではないでしょうか。見栄もプライドも地位もある方はとくに自分を美化したいもののようだ。女性も美を求めるからこそ、各化粧品会社は化粧文化とともに発展しているのでしょう。

　積極的に社会に立ち向かい、出世に一所懸命取り組む姿は、努力の賜物とも受け取られるが、問題が生まれることも。社会の仕組みの中では、つい魔が差し、己を忘れて嘘をついたり、法螺を吹いたりしてしまうことがある。口から出まかせでも商品が売れればいい、商売はそういうものという醜い考え。大問題に発展し、後悔することに考えも及ばずに。

　先日から、報道で世間を騒がせているM氏の世界初の人工多能性幹細胞による治療の話は、大半が嘘だった。もしもノーベル賞を受賞した山中教授があれほど世間で騒がれなかったら、おそらくM氏も世間を騒がせることはなかっただろう。小さな嘘と小さな見栄が大きな嘘の己をつくってしまった。

　人間、おだてられ、褒められると、有頂天になることは誰にもある。社会における自分の尺度は自覚していなくては、世の中に出たときに、「己を知る」ことを忘れさせる悪魔がいて、出世も名誉も地位も失うような気がするのである。

　社会には、厳しさと非情が待ち構えていることを決して忘れてはならない。常に己の身の丈を知ることである。

170 精神力が高まれば、仕事も向上

　仕事のできる人、できない人の差は、感覚、意識の持ち方、忍耐力、冷静に仕事に対応できるかどうかによるとともに、最近よくいわれる、人との対話力のあるなしで決まる。

　今の若者は、対話すること、人間関係を継続することに、不信や恐怖まで感じているようで、会社などでは対応に大わらわの社会現象にもなっている。

　これは子育て期に、単に学力優秀な子供にするための教育をするだけでなく、人への愛情、思いやり、団体行動を教えなければならないということだ。たとえば野球部の先輩後輩の交流のなかでは、尊敬、思いやり、忍耐力、指導への感謝の気持ちが生まれる。チームワークの必要な団体競技は、人間関係を構築する訓練にもなる。そして、目標に向かって夢を追いかけるなかで、自然と精神力も自信も、人間対応力も備わってくるものだ。

　皆さんは、一度でも「全身全霊」をかけて取り組んだことがありますか。自分のもっている体力、気力、精神力をすべてぶつけたことがあるでしょうか。

　今の不況社会、雇用もままならない世の中で、現実の人生は思うとおりには進まないものだが、どんな仕事でも、やればできる。恐れずめげず、「全身全霊」で前進することが大切だ。厳しさから幸せが生まれ、辛さの中に明るさが見える。苦労の汗と涙の後には幸福が待っていると信じることだ。

171 気づきを信じて

　日常、何となく過ごすなかで、「気づき」を感じていますか。
　片想いに気づきながら話もしないで、幸福を逃してしまうこともあるのではないでしょうか。ノーベル賞受賞者の山中京都大学教授は、簡単なiPS細胞に気づいたことが大金星となった。東京の下町工場の金型製作会社の社長さんが痛くない注射針を開発したのも、ヒントは蚊の足だった。王貞治さんのホームラン記録は、荒川コーチがフラミンゴを見て一本足打法を編み出したところから生まれた。どれもちょっとしたヒントから生まれているのである。私たちの周りには、腐るほど宝の山がありそうだけれど、気づく、気づかない、で大きな差になる。
　平成元年から5年にかけて、バブルの異常な土地の値上がりが続いていたが、私は世の中の金銭感覚が狂っていることに「気づき」、当社では土地仕入れ建売販売を中止して在庫を整理した。その後、バブル崩壊が訪れたから、気づきによる早めの決断は正解だった。そのお陰で、今も生き残っているのだ。
　そして、東日本大震災に追い討ちをかけた原発事故による放射線被害で、千葉県柏市、流山市では都内からのお客様が減少し、今年から建売販売が中止となった。これも我が社は当たった。建売業者が不況のどん底から抜け出せず、安売りの土地や競売前の売却依頼物件が当社に回ってきて、むしろ当社としては、最高の売り上げとなった。気づいたら即、対策を立てることが、堅実な経営にとっては大切なことである。

172 考えて悩んでも

　よく相談者が「考えても悩んでも答えが出ない」と言う。悩んでいない人から見れば、そんなの当たり前でしょうというだろうが、悩んでいる人にとっては深刻である。

　人間は弱り目に祟り目、踏んだり蹴ったりで、何をやっても運とツキに見放されることがある。するとマイナス思考が強くなり、不安に襲われる。内省的傾向の神経症は、だいたい自らつくり出している。世に言う、「考え過ぎ」である。

　解決法がわかれば、考え過ぎも悩みもなくなるのだが、人間、そう簡単にはいかない。自分の正解を50点に設定しても、それ以上の正解と結果を求めたら、脱出は難しくなる。ありのままに、すべてを愛して耐える、感謝する、楽に生きることを心がけなければ自分の能力と身体が心についていかなくなる。「考えても悩んでも」の状態から脱出できないだろう。

　私など常に楽天的な生き方で過ごすようにしている。「考えて悩んで」も、それ以上深みにはまることのないように、心を切り替える。人生には仕方がないこともいっぱい起きる。しかし、それは自分のもった宿命の一頁に過ぎない。

　自分の運命は自分ではわからないが、今目の前にある条件を素直に受け入れたら楽になるはず。

　「きっと…」「今から…」はプラスの考え方、「どうせ…」「今さら…」はマイナスの考え方。あなたはどちらの言葉を選びますか。考え方で自分も人生も変わる、周りも世の中も変わる。

173 一日一生

　88歳の老人が言っていた。「今のこの生活は、今日つくったのではない。赤子で生まれて、母に育てられ、父に愛され、周りの人々に生かされて、いろんなこと学び、体験した。喜びも悲しみも実践の中で学んだ」。

　人生には無駄があって当たり前、理屈の通らないことも当たり前である。思いどおりに生きられたら人間の進歩がなくなる。楽観的な考えは、人間を壊してしまう。いろんな環境の中で苦労したり、がんばったり、目標に向かって生きることは大切である。

　その老人のような生き方をしてみたいと思うなら、一日一日の積み重ねが大切。どんな天才でも秀才でも一日一生の考え方のできない人間はいつか壊れてしまうのではないか。

　今日の失敗も明日への成功につながっていく、泣いた涙も必ず止まる。努力があれが、失敗しても笑顔の涙になると私は信じている。心の平和はお金でも名誉でも地位でもないようだ。なぜならこの3条件がそろえば幸福かというと、そうではないからだ。人間の幸せは、考え方にある。風呂にゆっくり入り、布団の中で目を閉じ、「アー、幸せだなー」と感じること。

　朝起きたとき、目標がなければ、今日という日に喜怒哀楽は生まれない。一日一生と思って生きることは、一日を精一杯生きようとすること。その積み重ねが、感謝と喜びとなる。

174 晩年の幸せは、常に前向きの姿勢から

　先日、何十年ぶりかに会った男性は、生活保護を受けているとのことだった。初対面なら「大変ですね」とか「がんばりなさい」などの言葉をかけたでしょう。しかし、私は男性の過去を知っているから、かわいそうなどとは少しも思わなかった。

　私が20代から30代の若さにあふれ、仕事にも目標をもって一所懸命がんばっていた男盛り、働き盛りのころだった。アパートで子育てをしながら、朝から夜遅くまで働いた。秋田から6万円を持っての上京、20歳から知らない土地に暮らし、24歳で独立というむちゃくちゃの計画だったが、夢は車を買うこと、小さくても土地付きの一戸建て住宅をもつことだった。

　そのころ、彼はもう会社を経営していて、羨ましい限りの生活をし、私など手の届かない存在だった。商売も順調、よく韓国へ旅行していたようだ。常に財布には万札を束にして入れて、私にみせびらかしていた。

　彼は人間的には良い人だったが、財産を蓄えたり、預金を積み立てたりする人ではなかった。人生に無計画だったのだ。

　そんな彼の生活に対して、私が口を挟むことはできず、将来の生き方など話した記憶もない。おそらく、その日その日が楽しければ良かったのだろうが、いつまでもお金が続くと思っていたのだろう。幸運の女神が微笑んでいるうちに、将来のために、晩年のために、準備をしておくことが必要だ。前向きの計画する姿勢が晩年の幸せを運んでくれるのだと思った。

175 継続は力なり、何事も実になる

　毎年恒例の弊社のカレンダー配りが始まった。まず遠いところから配る。後で地元や近辺のお客様に配るほうが楽なのだ。

　45年の長いお付き合いになるお客様に、1000本のカレンダーを一軒一軒手配りし、「お元気ですか、今後もよろしく」と挨拶する。息子さんや娘さんの代になっている所もある。30年前に新築されたあるお客様はご主人が亡くなり、おばあちゃんが「長く生きたから、もう天国へ」などと弱気な発言をする。「趣味を生かして楽しく生きてください」などと励ます。

　お客様一軒から始まって45年、縁の切れ目のないお付き合いが続いている。「継続は力なり」だ。そこから自然に経営哲学は生まれる。来週は、社長とお客様回りをするのが楽しみだ。

　「小さな経営、大きな安定」、これが当社の基本だ。無借金経営は会社を安定させる。小さくても良い仕事をして夕飯を家庭で食べられたら、最高の幸せだと思う。経営者セミナーでも、経営の失敗の原因をよく聞かれるが、それは、身の丈を知らずに会社を大きくする無茶な経営にある。何億貯めこんでも、死んだら天国へ持ってはいけない。身の丈でいいのではないか。

　継続には努力とサービスが一番効果がある。古いお客様を粗末にして新しいお客様だけを求めていたら、何十年経ってもカレンダーは増えないだろう。1本のカレンダーが何千万円の利益になる。当社の堅い経営哲学は「カレンダー1本から」。とはいえ、「毎日少しずつ、それがなかなかできないんだよなあ」。

176 人は歳相応の生き方を

　人生、予定通りに進んできたでしょうか。世の中の情勢や生活環境に振り回されながらここまで来たような、思いどおりにいかない私の人生だったが、修羅場もくぐり抜けてきた。

　子供のころは、身体が弱く障害もあり、学校は大嫌いだった。将来の目標は大工。大工の訓練所の試験は身体の障害を理由に落とされたが、校長先生が保証人になってくれて入校できた。もし、校長先生がいなかったら、もし私があのとき諦めていたら、人生はどう展開していたでしょうか。

　大工修業の道から20歳の冬に上京、兄弟子の会社へ。寝る場所がなく、アパートの玄関に板を敷いて寝たことも。23歳で初めて故郷に帰り、我が家を新築したことが大きな自信になった。育ての父のお陰であった。24歳で独立、4畳半1間の結婚生活、30代はがむしゃらに働いた。他人からどん底に落とされても、家内と子供の笑顔で這い上がれた。

　時の流れは早い。考える暇もなく生きてきたが、58歳で社長の座を譲った。この歳になってできたゆとりの時間が私の人生を大きく変えた。本を書き、講演会の講師、NHKラジオ深夜便への出演などの運が舞い込んできた。運は瞬間に拾い、つかむものだとつくづく思う。年齢の過ごし方で人生は大きく変わるものだ。性格も個性も欠点も運勢も、考え方次第で変わる。

　年齢からチャンスが生まれる。歳相応に行動することだ。動けることも笑えることも幸せだ。今生きているだけで幸せだ。

177 経営哲学、健全経営、小さな経営大きな安定

　昨日の国会党首討論での野田総理の決意の解散は、見事な幕引きだった。国民のためにも良かった。国の財政難は、いつ脱却できるのか、困難極まった状態だ。国家財政の健全化のために、誰かが大革命をしなくてはならない。むしろ日本航空の再建立役者の稲盛和夫京セラ社長に手腕を発揮してもらいたい。

　弊社は今年も、時代の急激な変化に対応して事業内容を変えたのが功を奏し、今期も好成績を残せる見通しがついた。

　世の中の少子化で、子供はたいてい2人だ、娘は嫁に行き、長男は親の財産をもらう。次男、三男はいない。だから建売を買う客は急激に減少する。そして放射能の汚染スポットのため地域の活性化は停止状態だ。そこで今年初めから、事業内容をがらりと変えた。建築部とリフォーム部を新会社として子会社化し、不動産部はそのまま。無借金経営、健全経営で「小さな経営大きな安定」を基本に据えて現在に到る。要は考え方である。地位や名誉やプライドの塊（かたまり）では経営はうまくいかない。

　もう一つ、大切な問題は、会社の継続。2代目の後継者選びの難しさはよく聞く。私の会社は今の社長に譲り、一代限りで退きたいと考え、そのため息子たちは不動産会社や設計事務所のサラリーマンとして、好きな道へ追い出してある。

　日本の国の財政も、個人の会社経営も、健全でゆとりのある経営でなくてならない。健全経営が基本の基本である。

178 他人への思いやりと自分への気配り

　先日、あるところで、大勢の写真愛好家が写真を撮っていた。誰しも自分がいちばんいい位置でシャッターを切りたいという気持ちがあったと思う。

　こんなときに、性格、個性、人間性が問われるものだ。「すみません」「ありがとう」の一言が周りの人に幸せを与えてくれるものだ。利己主義な態度は、他人を傷つける。

　さて、私の前に後から割り込んで入ってきたカメラ好きのおっさんが無言なので、私はムカッとして言ってやった。「皆さんはそれぞれ好きで来ているけれど、気遣いの一言があるべきだろう、列に入れないなどと意地悪なことは言わないが、他人には気遣いをしたほうが、皆喜ぶよ」

　周りの人たちは振り返って見ていたが、その人は「すみません、気配りできなくて、すみません」と素直に頭を下げてくれたので、私は空間をつくってやり「どうぞ、どうぞ」と笑顔で対応したので、周りの雰囲気もなごみ、笑顔が戻った。年配者も心の底は善人だった。

　私たちは、社会生活のなかで「他人への思いやり、気配り」そして、自分への気配りを忘れてはならない。夫婦の間でも愛情と思いやり、気配り、信頼があれば夫婦円満だが、ちょっとした油断や弛みで、憎しみや怒りが発生するものだ。気をつけましょう。平和な社会で幸福になりたいと思うなら、思いやり、気配りを忘れずに。

179 動けるだけでも、笑えるだけでも、生きているだけでも幸せと思え

　振り返るといろいろなことがあった一年だった。いろいろあるのは当たり前のことだが。

　喜怒哀楽の大波小波があってこそ、人間が生きている証かもしれない。不運も幸運も紙一重だ。

　この一年、何が起きて、何が残ったでしょうか。トータルで50％50％ならそれで良いと思えば、最高の一年だったと思うこともできる。「ままならないのが人生」であり、「思いどおりにいかないのが人生」かもしれない、そう思えば、ムリのない幸せが見えてくるようだ。

　「動けるだけでも幸せと思え。笑えるだけでも幸せと思え。生きているだけでも幸せと思え」

　人生の幸福は、小さな笑いから始まる。笑いで呼び寄せないと、幸福はなかなか寄ってこない。どうせ人生１回限りなら笑えるだけでも幸せと思おう。

　「他人の喜びは自分の喜び」。他人の幸福を喜び、自分の喜びに幸せを感じることが平和につながる。慈愛の心、感謝の心、敬う心、わびる心、許す心、この五つの心構えが人生を豊かにするコツだ。

180 まだ見ぬ人への合縁奇縁に感謝

　人と人の交わりには、互いに合う合わないがあって、それは不思議な縁による。それを「合縁奇縁」という。小さな出会いが人と人を結びつけることもある。電車の向かい側に座った人にミカンをあげたことから始まる出会いもある。

　この地球上、到る所、どんなネット社会にも出会いがあり、それが社会の大きな輪に広がることも。

　好き嫌いは別として、私たちの周りに起こる現象は、因縁によって組み立てられているようだ。因は物事の生ずる直接的原因、縁は間接的原因である。因と縁の結果、生ずるものが運勢の仕分けによって、運命として開けていく。だから、人との出会いに好奇心をもつと、対人関係は多忙にはなるが、寂しさは薄くなるはずだ。運勢のチャンスをつかむか、素通りするかによって、その後の人生も変わってくるものだと思う。

　あの時のあの人との出会い、あの時こうしていたらとか、あの時あの人に助けられたとか、出会いの思い出が反省や笑顔とともによみがえる。過去の出会いがあって今がある。これを考えると、今からでも人との出会いを大切にしなくては。

　まだ会ったことのない人への感謝の気持ちから「合縁奇縁」の言葉を思い出した。ブログ仲間との交信には、うれしさと楽しさと縁がある。文面から性格も生活も見えてくる。ブログは人生の幸福をくれる。そんな出会いに感謝の日でもあった。これからも長ーくよろしく願いたいものです。

181 ロウソクは身を減らして人を照らす

　人間、いくら格好いいことを言っていても、身を粉にしてまで、人の役に立つということができるでしょうか。私はおそらく不可能だと思う。自分を犠牲にしてまでは無理、が本音である。考えてはいても、なかなか実行できるものではない。

　あるとき、次のような議論があった。ある人は「私は自分を幸せにしてから、他人の幸せを手伝う」と言い、別の人は「私は、他人を幸せにしてから、自分が幸せになる」と言った。どちらの理屈もよくわかるが、私などは前者の考え方を取る。これは間違いか、正解か。皆さんも考えてみてはどうでしょうか。

　「ロウソクは身を減らして人を照らす」という言葉がある。自分を犠牲にして他人のために尽くすという意味だ。ロウソクは自分を融かしてだんだん小さくなりながら、人々を明るく照らす。こんな使命感をもつ人間は数千人に一人いるだろうか。

　お役立ちとおせっかいは似ているようで違う。人様からの要望に応えるのがお役立ち、人から頼まれもしないのに世話をするのがおせっかい。「人のため」と良い人ぶっての行動は大変な事態を招くこともあるから注意しなければならない。

　私は依頼されたことは一所懸命やるし、断ることはしない。このたびの市からの正月の講演依頼では、市民のために生き方、悩み解決のヒントを話すなどできるだけのことはしたい。「人のため、世のため、自分のため」。こんな格好いい言葉にあやかりたいのが、今の心境かもしれない。

182 過去の自分を ありのままに受け入れる

　過去を振り返って、嘆きや愚痴を繰り返す人がいる。あのときにあの一言がなければとか、あの人のせいでチャンスを逃がしてしまったとか、あのとき頼まれて保証人にならなければよかったとか。自分の現在の境遇を認めようとしない人たちによく見かけることである。

　過去は過去である。転んで立ち上がることをしないで、転んだことに理由を探して、人々の同情を引こうとするのは逃げの姿勢である。ありのままに受け入れて立ち上がろうとしなくては、いつまで経っても未来に進むことができない。気持ちを切り替えて行動していくことが重要だと思う。

　嘆いてばかりいたり、クダを巻いているばかりでは、周りの人々も幸運の女神も寄りつかなくなる。いつまでも過去を引きずっていては、自分を殺してしまうことにもなりかねない。それなら、過去をありのままに受け入れることが正解だと思う。

　私は血液型O型のせいでしょうか、過去は一切振り返らないようにしている。過去の積み重ねが今の人生だと思うし、過去は最良の人生経験と捉えている。

　そう思うためには、自分に自信をもつこと、人は人、自分は自分、過去のことは「これで良し」と、ありのままに受け入れることで、恨みも嘆きも失敗も消え去る。そこから度量の大きな自分がつくり上げられる。

183 親は心の奥に一生生きる、これも親孝行かな

　年末になると思い出す、親の作った黒豆と「きゃの汁」。「きゃの汁」は、正月に向けて早いうちに大きな鍋に作り、食べる分だけを小鍋に取り分けて火を通して食べる、おふくろの味である。31日の晩、秋田阿仁地方は雪の中、山奥の食べ物は保存食文化の宝庫だ。魚はキンキンを食べる。秋田料理では「キャノッコ」というらしいが、阿仁の集落では「きゃの汁」という。春の山菜を塩漬けにして、保存食にし、食べる分だけ塩出しして、豆腐や豆をつぶして固めて天ぷら油で揚げる精進料理を正月にも食べた。黒豆はおかずにもおやつにもなる。

　おふくろは、我が命が絶えるまで、私の心の奥深くに一緒にいてくれるだろう。母を悲しませる一言を言ってしまったときも優しく見守ってくれた母の笑顔、孫たちに囲まれて涙で笑った誕生日、あれから13年、80年の生涯。

　私を3歳から育ててくれた養母を、今も母と思っている。家庭が複雑で肩身の狭い思いをし、苦労したであろう。晩年、恩返ししたつもりだが、母はどう思って旅立ったのでしょうか。

　最後は脳梗塞を患い、身体が不自由になったが、車椅子で桜を一緒に見た。皆で風呂に入れてあげた。食事は孫たちがスプーンで口へと運び、笑った母の笑顔。とくに家内はいちばん面倒を見てくれた。もらわれて育てられた私は幸せだと思っている。今も生きていたら正月料理を作ってくれただろう。

　黒豆と「きゃの汁」、おふくろの味、もう一度、もう一度。

184 予想、想定も、今の現状が正直

 慌しい年の暮れになると、いつも思い出すのが、報道番組でよく見られる経済学者の今年の経済予想の光景。お偉い学者さんの予想は果たして、どれだけ当たっていたのでしょうか。数十年前、日本のバブル経済が崩壊し始めたころ、ある学者は経済は２年で立ち直り、経済は向上すると話していたが、何を根拠に言っていたのでしょうか。これからの日本は連休を多くするから大型バカンスが日本経済に効果をもたらす、明るい日本だ、などと言っていたデリシャス経済評論家、株価は３万円台が復活と言っていた評論家。どの口から言うのでしょうか。

 いまだに、復活どころか泥沼の日本国だ。あれだけ評論家や学者たちが言っていたのに、日本の回復は遅れ、活気が消えたままだ。この現状こそが正解を表している。人間の予想には想定外も大いにあると思わなくてはならない。

 原子力安全神話も誰が言った言葉だったでしょう。東日本大震災も、才能ある科学者、最新のコンピュータにとって、予想外の被害、原発事故も想定外の現実となった。テレビ解説で、原発は絶対安全と言い切っていた科学者たちも嘘の塊であったことになってしまった。

 人間の限界はよくわかる。日本経済も苦しい状態がまだ続くであろう。今の状況が日本の安定と思うほうが正解かもしれない。予想外も想定外も起こりうるのが当たり前の世の中だ。

185 賢い生き方、謝ること、許すこと

　人の個性、性格、性質は、全部が満点とはいかないようだ。１＋１が２になるのは、計算上の間違いのない正解であるが、人生においては、仕事でミスをしたり、夫婦がちょっとした一言で言い争いになったりする。

　そんなときには、相手の間違いを追い詰め、精神まで傷つけるのは良くない。自分のほうが正しい主張であっても、物事の解釈にはいろいろあり、相手にも言い分があるかもしれない。すぐ追い詰めるのではなく、一呼吸おき、相手が冷静になって納得し謝罪してくるまで、待ってもいいのでないか。

　人間には五つの心がある。１慈愛の心、２感謝の心、３敬う心、４謝る心、５許す心、である。混乱も心一つで平和になるし、逆に一生の縁の切れ目にもなる。竹馬の友の数十年も水の泡、夫婦が一言で離婚、怒鳴ったために子供が不良への道……など。謝る心、許す心が大切である。

　人間同士、支えあって生きれば、お互い様。相手を重んじれば自然と笑顔が生まれる。「ありがとう」の感謝の５文字を言われて怒る人はいないと思う。

　自分自身で「ありがとう」の言葉を言えることが幸せに続き、受け取る相手も幸せを感じる。たったひと言の「ごめんね」で幸せの絆が壊れずに済むのなら、２回でも３回でも言いたいものだ。

186 人は一代、名は末代

　人間の一生は一代限りだが、名は末代まで残るものである。私の田舎では、名前で呼ぶ代わりに屋号が使われる。「太郎兵衛の家」とか「五佐衛門の家」「鶴の家」「山の下」など、先祖の名前が屋号となって明治、大正、昭和、平成と続いている。

　今日はこれからお客様のおじいちゃんのお通夜に出かけるが、30年来のお客様だった。剣道7段の剣士でもあり、町の子供たちのために尽くされた方だった。この方のように、末代まで名を残せたら最高の人生である。

　歌手も役者も政治家も学者も、本当に皆さんから愛されて名を残すというのは簡単なことではない。「去る者は追わず」で、すぐ忘れられるのが人生かもしれない。

　しかし、時代がどんなに進歩しようと、先祖のお墓や仏様への信仰は引き継ぎたいものだ。今生きている私などがご先祖や両親の供養をしっかり見届けなければ、子供たちや孫たちの見本にもならなくなる。名を残すどころか、どこかに散骨でおしまいでは、悲しいし、人の倫理からも外れている。

　少子化、人口の減少により、一男一女同士が結婚していくうちに、どちらかの家がいずれ消え去ることもあり得る。そして現実に、お寺では墓地の後継者の不足、無縁仏など、頭の痛い問題が起きている。

　人は一代、名は末代、などとのんびり構えていられない時代がすぐそこまで来ているようだ。

187 行動には優先順位を

　人生の長い年月を振り返ってみて、物事は予定どおり、計画どおり進んでいますか。振り返っても後の祭りかもしれないし、人生に満足している人は数パーセントかもしれない。

　もし、満足できないとしたら、今からでも、これからでも遅くはないと思う。今生きていることに感謝し、行動を起こすこと、反省を肥やしにすることで、人生はもっと開けていく。

　基本は目標を立てて、その目標に向かう構想を立てることであろう。言葉一つでも考え方に大きな差が生まれる。「きっと」のプラス思考と「どうせ」のマイナス思考。「いまさら」を「これから」に変えるだけでも人生は変わる。自分が変われば相手も変わる、周りも世の中も人の宿命までも変えられる。人生の修行は、自分自身の心の中にあるのではないでしょうか。

　人生設計は描くだけではだめだ。生活習慣に優先順位をつけて、行動することだ。これをこうして、あれをこっちへ。親のため、妻のため、子供のために自分は何ができるか。小さな積み重ねが大きな幸せに続いていく。

　人生は一気につくれるものではない。それは、建築屋の私が、基礎を作らずに家を建てるようなもの。順番どおりに仕上げていって完成するものだ。手抜きで作ったら弱くて崩れやすい。心と身体と魂を磨くこと。先祖があって親があり、そして自分がある。幼児だって考えはある。その時々の学びには、優先順位を決めることが大切だと思って私は生きている。

188 人生の重さのプラス思考

　人の生き方はさまざまだが、個性なのか、生まれつきの性格なのか、気にしなくてもいいのにと思われることを考え込む人間と、逆に事態の悪化も気にしないで明るく振る舞う人間とがいる。この差はどこにあるのか。

　善し悪しは別として、この差が生み出す人生の損得は計り知れないものがある。プラス思考の人間には、人も幸福も寄ってくるからである。

　では、プラス思考をしていた人間が、心の病気になると身体の状態まで悪化していくのはなぜだろうか。人生を重いと感じるようになるのはなぜだろうか。結局、人生にはものの考え方が大事ということではないだろうか。

　たとえば、お米20kgを持つとき、20kgだと思うと重く感じる。30kgだと思って持つと、「思ったより軽いな」と感じる人間の心理がある。

　自分の身の丈を知って、人生に余裕をもてば、生きる自信が生まれ、先が見えてくる。一歩先んじて行動するところに、人生を生き抜くコツがあるのではないかな。

　人生の苦難は当たり前だということを受け入れること。そのプラス思考が、社会を生き抜いていくうえで、とても大切だと思う。

189 名馬に癖あり

　名馬といわれる馬も、何かしら癖をもっている。どんな動物でも、それなりの癖をもっている。ニワトリの「コケコッコー」の声にも、個性と癖がある。犬も猫も、小鳥も、あらゆる生きものには癖がある。あって当たり前のことである。

　ましてや、人間様は、十人十色、百人百色、子供時代の癖は大人になっても残る。泣き癖、寝癖、食べ癖、笑う癖。天才も凡人も皆必ず癖がある。とくに、非凡な才能の持ち主には、強い個性がある。

　癖の良い悪いは別にして、他人に悪い印象を与える癖と、良く受け止められる癖とがある。

　本人が悪い印象を与える癖をもっていることになかなか気がつかないこともある。他人はなかなか、面と向かって癖の良し悪しを言ってくれるものではない。言ったとしても、それを聞いた相手が反省するとは限らない。反省する人もいるかもしれないが、逆に、恨みや憎しみを買われたり、嫌われてしまうこともある。受け取る人によりけりである。言われて怒り出す短気な人もいることに気をつけなければいけない。

　名馬でも癖があることを覚えておこう。せいぜい恨まれないように。相手のために良かれと思って言ったつもりが、最悪の事態にならないように――。

190 死しての千年より生きての一日

　昨日、ある方がこの世を去った。悲しい人間の定めだ。宿命の終止符がこの人の魂に打たれた。これからお通夜に出かける準備に追われる。

　63年の生涯を教育の場で過ごされて、退職後はほかの仕事に就いて一所懸命働き、老後は一緒に大いに旅行しましょうと語り合っていたご夫婦に突然のがん宣告。余命半年が的中した。おそらく心残りの人生、後悔が残っての天国への旅立ちだっただろう。人間は82歳まで生きれば3万日、まだまだ7000日は残っていたのに。やりたいこともまだまだあったでしょうが、病気には勝てなかった。残念なことである。

　何歳まで生きるか、命の保証は誰にもない。明日はわが身であるなら、今、何をしなくてはいけないのか、何をやり遂げなければならないのか。

　「晴れても曇っても、泣いても笑っても一日は一日、まず精一杯生きる、まずそれから」が私の今の心境だ。死んでの千日よりも、生きている今の一日がこんなに幸せに感じられる。

　生きているから人生は面白い。生き続けられる幸せは自分の心の奥にある。今日の夕日に照らされてブログを書ける自分は幸せだ。悔いのない人生づくりは、日々の積み重ね。今生きている証拠に、心臓の鼓動が鳴り響いている。心臓が働く、明日の命のために。

　今日の命を生かしてくれる身体の臓器よ、ありがとう。

191 自分を鍛えよ

　近頃、「無縁社会」という言葉がよく聞かれる。若者たちに理由があっての無縁なのか、なぜ努力しないのか。

　無縁社会の人々は、自分には生きる気力がないとか、死んでしまって楽になりたいとか、自分には生きる場がないのではないかとか、妄想の世界に陥ってしまっている。マイナス思考の典型的な考え方が多すぎる。

　自分の学歴にあった好条件があるはずだと思い込んでいるのかもしれないが、社会に合わせることも大切なことだ。自分を鍛えることが必要だ。うまくいかないのは、自分自身の行動に原因があるのではないか。

　困難なことは当たり前だ。我慢しても忍耐しても思いどおりにいかないのが人生なのだ。贅沢をいわなければ、働く場所はいくらでもありそうだ。外国人は街を歩いて、自分から企業に出かけていき、「私を使ってください」と言うらしい。なぜ日本人は行動しないのでしょうか。

　テレビ報道を見ていると、生まれた環境が悪い、社会が悪い、政治が悪いといって、自分から逃げている。社会や親に責任をなすりつけて、自分だけは良い子になって逃げているようにも見える。世の中を甘く見ているのではないか。

　「自分を鍛えよ」。人生への挑戦、人生の勉強は死ぬまで続く。努力すれば、そのご褒美に、幸せがきっと迎えてくれる。夢をもつこと、目標をもつことで、心の強さが生まれる。

192 人のために喜びを

　人は、自分のために喜んで行動してくれると、多くの人は思っているかもしれない。しかし、それを当たり前のこととして、人生を過ごしているのなら、考えてほしい。

　誰かの役に立ち、誰かのために力を貸して、相手の喜んでくれた笑顔を見て、幸せを感じる、それが仏教語でいうところの布施行である。人の真心をいただいて感謝のお布施をするのである。世間のために人のためにお手伝いする布施の心。心の平和は、この布施にあるから、感謝の気持ちに怒る人はいないだろう。ここから幸せが生まれる。

　奉仕の気持ちは小さくとも大きくとも、奉仕の心に変わりはない。人のために今できること、何かお役に立つこと、お手伝いすることで、自分の幸せもつかめる。

　親子でも夫婦でも、家族であっても他人であっても、喜びの日々であれば、心の平和が人生に続く。

　あげて喜び、もらって喜びの布施はここにある。そこでチャンスとタイミングをつかめば、「行動にチャンスあり」。人生の積み重ねが幸福へ導かれる。結果を恐れず、成功だけにとらわれず、人のために行動することから、自分の喜び、うれしさ、楽しさが生まれることを知ってほしいものだ。

　「行動にチャンスあり　不動にチャンスなし」

　何事も実行だ。

193 逆境の時こそ恵みの時

　長年の生活の中では、想像もできなかったような被害や苦痛に突然見舞われる時期がある。

　誰もかかわりたくないような最悪の事態が現実になったときこそ、人間の強さ、根性、忍耐力、努力が問われる。周りの人々の縁と出会いの運勢が立ち直りの力を与えてくれる。

　経営者にはもちろんのこと、男にも女にも大なり小なりの苦しみや悩みの悪魔が取り憑くことがある。そのとき、どうやって逆境をはね返すか。

　世の中には、波瀾万丈の逆境の人生を生きてきた人が必ずいる。一生幸せで、被害も苦しみも味わったことのない幸福な人生を送ってきた人は、何パーセントいるでしょうか。世の中に何人いるでしょうかね。

　多くの人は、苦労を経験している。逆境を乗り越えた人の人生から学ぶことは、体験と実行である。その人間の大きさ、強さを学ぶことによって逆境を乗り越えることができる。波瀾の人生から、人間の愛情も信頼も家族の絆も生まれる。その恵みの経験を人は一生忘れることがないでしょう。心の人生経験は、逆境を実践で乗り越えてきた人だけが語れるのである。

　逆境を乗り越えることによって、成功も幸福も得られることを信じて、心の豊かさと人間の強さで、恵みの時を迎えたいものだ。

194 晴好雨奇
せいこううき

　毎日の天気予報を見ていると、人間の心は天気に影響されるものだなと思う。

　好天気に恵まれ、朝日を浴びていると、誰でも心が爽やかになり、心が躍る。雨の日は、心が暗くなりがちである。

　雨の日を最悪と考える人は、逆に雨をチャンスと捉えて心を切り替え、常に心を平静にもち続けられるようにできないものだろうか。そこには、人間のマイナス思考が潜んでいるのかもしれない。

　90％以上の人は快晴を喜ぶでしょう。しかし、雨であっても喜びを見出す人が10％いるということは、素晴らしいことではないでしょうか。雨の日の傘の模様にも楽しみを見出すことはできる。雨の恵みは農作物にとって、栄養であり、肥やしである。

　私は写真を撮りにいくとき、雨降りを願うこともある。雨の景色の美しさ、雨上がりの雫(しずく)の写真は最高である。晴れの日より情緒のある写真が生まれる。これが楽しみである。

　晴れの日も雨の日も自然の景色にはそれぞれに優れた趣がある。これは、人の考え方にも相通ずるものがある。その時その時の状態を受け入れることが大事だ。

　「晴好雨奇」は、晴れの美しさも雨の美しさも、同じ美しさに変わりはないという意味である。

195 信用は無形の立派な財産である

　人間、生まれてから歳を重ねるごとに、たくさんの人に接していく。初対面の人でも長いお付き合いの人でも、信用を得ることを目的に付き合うことは難しいもの。毎日、信用を意識していると、疲れ果ててしまう。

　自分をありのままに捉え、ありのままに行動することで、自分の性格や個性が自然と表れ、疲れずに人と接することができる。そこから自然に評価がなされる。

　長年の月日の積み重ねのなかで、無形ではあるけれど信用が人の心の中に生まれるような気がする。

　信用は、全世界の人々から受けるものではない。今生きている地域の中で、環境の中で、信用を積み重ねていくのである。

　考えてみると、信用とはきれいな言葉であるが、怖い言葉でもある。他人からの信用は、目には見えないが、無形の立派な財産である。

　皆さんは、一人の人間として、信用されているでしょうか。信用は商売する人だけの問題ではない。皆さん一人ひとりの人間性が信用されているかどうかである。

　今日は、お客様の住宅の上棟式だ。これからお祝いに、春日部まで出かける。会社の信用の積み重ねの成果だ。40年の歴史に感謝感謝。

196 辛いときこそ、自分を励ます

　一生のうちには、辛いこと、きついことがある。我慢のときを乗り越えることで忍耐力が生まれ、その苦労によって、心と身体で人生の現実を知ることができる。この体験があれば、どんな災難に遭おうと、それを乗り越える心の強さが自然と備わっていくものだ。

　辛さを経験した人間は、それを忘れないし、苦労を乗り越えるコツも能力も身につけていく。

　しかし、世の中、甘くない。過去の苦労に輪をかけた非情な出来事や苦難が待ち受けていることがある。それがまさに東日本大地震の被災者の皆さんかもしれない。人間の運不運で片付けられてはたまったものではない。すべてを失った悪夢に悲劇が重なり、親子の別れ、夫婦の別れ、数え切れないほどの苦労を味わった犠牲者の皆さん。どこに苦しみや哀しみを訴えたらよいのでしょうか。残された人々のさらなる苦しみの現実に、そこから未来を見つめる人間の強さに、私たちは日本人として応援を送らなければならない。

　報道の中で「辛いときこそ自分を励ます」と語った、けなげな少年少女たちにエールを送ろう。

　おそらく、原発関係者も疲労の限界で闘っているだろう。成功を祈りたい。

197 一人でない人間と一輪でない花たち

　仕事の途中で、「がんばろう日本　がんばろう福島」の幟が目に留まった。とっさに、車の中からカメラのシャッターを切った。たまたま信号は赤だった。

　別の場所では、大仏の頭だけが飾られていたので、パチリ。千葉の五香の道路沿いであった。

　「がんばれ日本　福島がんばれ　人間一人ではない」ごもっともな言葉のＣＭだ。

　人という漢字は、人が支えあって寄り添っていることを表わしている。一人で悩んでいる人も、周りの人々に素直に話をしていれば、解決できるのにと思う。人間の温かみ、信頼と思いやりを受け入れる自分づくりが大事である。自分の周りには、親、兄弟、友達、上司、先生、社長、医師、弁護士、銀行、数え切れない存在があるのに、皆は冷たいなどと言って一人ぼっちでいるのは、マイナス思考ゆえである。

　人間には、強い人間と弱い人間がいる。どこに差があるのだろうか。私が思うには、親の育て方、性格、環境で決まるような気がする。

　花でさえ自然に寄り添って、周りに花を増やし続ける。１枚の花弁が何枚も寄り添って一つの花を作り上げている見事さに感心する。

　常にレンズを通して、花と自分の語り合いがある。今日も喜んでポーズをとってくれた花に「ありがとう」と言ってきた。

198 人々に話すコツは四つ

　私は講演を聞く場合もあるが、反対に自分が講演する場合もある。そのような場面で、話し方のコツは四つあると思う。

　日常生活の中でも、人に語りかけるときには、話す側と受け取る側の心が一致していなければ、座が白けてしまう。

　話す側は、聞いて熱心にうなずいてくれる人の表情を、顔と目から判断していく。聞いている人が上の空にならないように、つまらないと感じないように、飽きのこない話し方で。

　大切なのは、「驚かせ」「感動させ」「泣かせて」「笑わせる」、この四つだ。難しくて、なかなかできるものではないが、これができれば、聞いているお客様が前のめりになり、身体で心で集中してくる。この繰り返しで、話が人の心の中に吸い込まれる。それを見届けたら、さらに自分の特徴と個性を生かした話でお客様を釘付けにすることができる。

　話のうまい方、また話を聞きたいと思わせる方の話し方は、その人の生き方に「驚かせ」、苦難の体験に「感動させ」、生い立ちの貧困生活の「泣かせ節」、そして幸せをつかんだ「笑い」の場面、どれもこれも人々の心の中に侵入してハートをつかむ。

　主婦の井戸端会議でも、会社の会合でも話し方に熱心さは必要だが、でしゃばりやおせっかいは失敗のもと。良い話には、驚き、感動、涙の場面に、笑いの幸せが必要だ。皆さんもこれから何か話す機会があるかもしれない。将来の自分のために、ふだんからの練習と実践を重ねておくのもよいのではないか。

199 合掌の心

　私たちは生活の中でさまざまな出来事に遭遇する。できそうにないことを叶えたいと願うとき、悲しいとき、感謝したいとき、私たちは、その表現方法として、神に仏にそして人々に自然に両手を合わせる。これは、幼いころからよく意味もわからないまま見よう見まねでやってきた、先祖代々から引き継いでいる習慣である。

　右手は仏を表わす。左手は衆生、つまり自分自身であり、不浄をもってはいるが行動力あるものの象徴である。両手を合わせることにより、仏と一体になること、仏への帰依を示すのである。

　私たちは、合掌すると、物をつかむことができなくなる。人を叩くこともできなくなる。ご飯も食べられないし、お金を数えることもできない。この姿は、何もできない「無の世界」だ。欲も悟りもない。自分の力もまったくない、すべては神仏によって生かされていることを示すのが、両手の合掌である。

　人間の命の尊さは合掌で始まり、合掌で終わる。邪心も貪欲も捨ての無心。

　どんなことが起きてもどんなことが現れても、それを素直に受け入れて、人を憎まず、人を許し、人を愛する心の磨きが合掌にも通じることのようだ。

200 他人の幸せも自分の幸せ

「人間一人ではない、みんながいる、誰かが助けてくれる」

どっかで聞いたような文句が、流行語のように、テレビ、ラジオ、新聞で流れる。「わかってるよ」と言いたいが、本心ではちょっと違うのではないかと思っている。本当に困ったときに助けてくれますか？　お金をつぎこみますか？　浮浪者に声をかけますか？　お金がない人に弁当を買ってあげますか？

世の中はそんなに甘いものではない。お金や物をたくさんもっていても貢献できる人、できない人、さまざまである。テレビの解説者やどこかの教授は立派なことを言っているが、率先して被災者たちに貢献しているでしょうか。言葉ではなんとでも言える。目立ちたがりの芸能人もスポーツ選手も、炊き出しだ、食料だとわざわざマスコミに知らせて取材者を呼んでの復興協力は、見え見えのパフォーマンスに見えてしかたない。国民の一人が何千万円寄付しても報道されない。有名人だけが目につくのはやむを得ないのか。しかし、報道されなくても気にしない貢献者の心は素晴らしい。言葉だけで後は知らんぷりの多いなかで、他人のために役立とうとする心構えが素晴らしい。

人に対して社会は冷たい。社会が冷たいのではなく人間同士が冷たい。愛情も思いやりも貢献もない。不況と雇用不安定、生活難の今の時代が悪いのか。皆の幸せを祈るしかない。私は他人の幸せは自分の幸せに続くと信じている。喜んでくれる顔は一人でもよいと決めている人生だ。

201 愚者も一得

　まさかの想像を絶するようなことが世の中にはある。

　私は中学生のころ、勉強が大嫌いで、テストがあるたび学校が燃えてくれればいいと思った。外国なんか行かないから英語はいらない、今に電卓ができるからそろばんはいらない、数学は足し算だけで十分だと思った。125名の生徒の成績の順番が廊下に張り出されると、私は最下位から数えたほうが早かった。

　身体が弱く、障害者に対するいじめもあり、学校は大嫌い。アルバイトをしてから登校するため、英語の時間は体育館の裏で寝ていた。花札で遊んでいて授業が始まったのも気づかず、先生にぶん殴られた。通信簿は燃やして、親に見せたことはなかった。親は怒りはしなかった。

　これらの話を同級生は信じない。笑われるが、皆応援してくれる良き仲間たちだ。もし私が勉強ができて高校大学へと進んだら、今の私はない。中学を卒業すると、大工の修業の苦しみの日だった。24歳で独立し、会社経営、貧乏生活のスタートが今に生きている。愚か者だから今の人生があると思う。

　社会のしくみは身体で学んだ。学歴がないから逆に皆さんが注目し、非常勤講師になれた。実践社会の苦労があるから、波瀾万丈の人生があるから「愚者も一得」の考え方を皆さんの前で語れる。年齢の限界も近いだろう。覚悟はできているから、一日一日を大切に悔いのないように生き続けて、私みたいなバカでも生きていれば必ず良いことがあることを実証したい。

202 以心伝心（いしんでんしん）

　人間の心は目には見えないが、思いやりは感じることができる。思いやりが見えると、初めて感謝の心が自然にわかるものだ。言葉でいちいち言わなくても気持ちが相手に通じることが「以心伝心」だ。

　私は、世話好きというか、貢献といえばカッコイイが、人々が困っていると、少しでもお役立ちしようとする人間である。思いどおりにならなくても何かできるだけで、前進である。結果はなかなか見えないが、努力することが実り、実現してきた。

　相談を頼まれた相手への電話は、たとえ短い時間の会話であっても、大きな意味と納得が生まれる。こちらの思いに良心がなければ、会話は上の空で流される。自分と相手との空気を「あうん」の呼吸で解読しなければならない。

　空気を読み取る直観力は、鍛え方で天性にもなる。

　人生はすべて、社会の学びの体験と実践にあるのでないか。机上の論理は通用しない。社会の経験から学ぶのが社会学であり、人間学の基本は、人間としての愛情、思いやり、信頼である。対人関係において尊敬される人間は、これらの基本をすべて備えており、理想の人物像だ。

　そんな人になりたくてもなれない私は、人のために生きてみようと実践の日々を送っている。「以心伝心」とはいかなくても、会話のできる仲間でありたいものだ。

203 一視同仁

　心に濁りも私利私欲もない、純白で平等な目で、人様を見ていますか、と問われても、「そうです。私はできています」とはなかなか言えるものではない。もし言えるようであれば、大したものだ。近づこうと思う気持ちはあっても、本心はままならない。今の政治家がまるっきりそうだ。党利党略、私利私欲に走っている。偉い方でもそうなのだから、一般市民もおそらくそうであろう。

　言われてみれば私など大いに反省すべきところだが、現実にはこれが当たり前の世の中かもしれない。

　「一視同仁」とは、世の中のすべてのものを差別をせず、すべての人を平等に見て、仁愛をほどこす、ということ。

　わかっていても、人間の心は自分中心、そうでなくては生きる姿勢が壊れる、壊れる前に壊される。だから自分自身を保身しなくては生きていけない。幸せは自分で探し求めて、自分でつかまなければならない。綺麗事では世渡りできない。そんな世の中を私は歩いてきて、今がある。

　思いやり、情けや助けの心、わかっていても万分の一できるかどうか。できたら神である。人間技では無理難題、自分が自滅する。平等は無理。

　ただ、その無理を通して、できる限り悟りの世界をもつことだと気づいた。「一視同仁」の言葉を心のどこかに置くべきだと今感じている。

204 明日への道筋は自分づくり

　今日は、孫との付き合いで筑波山へ昆虫捕りに行った。トンボにセミにバッタ。捕っては逃がして、また捕って、孫の笑顔に疲れも年齢も忘れて、汗をかいて走り回る。筑波山からの眺めの良いこと、何事も忘れさせてくれるひと時だった。

　偶然、一人の登山者に出会った。会話をするうち、素晴らしい人生の過ごし方を聞いた。2年前、人生のパートナーを亡くしたが、今は登山に意欲を燃やしている。

　普通なら真っ暗闇に落ちて、這い上がることが至難の業だが、ポイントは趣味を見つけ、目標に向かっていること。もう一つのヒントは、子供のころの家庭教育、学校教育、社会教育の基本ができていたことで、そこに心の強さがあると見受けられた。

　登山者の苦労、努力、登頂の喜びと満足感は、頂上に登った者でなければ得られない。心の強さ、精神力があるからできることでしょう。

　私のところには、同じように苦しんでいる人々が訪れるが、この人の目標づくり、人生づくりは見習うべきものがある。

　百名山の3分の1は踏破したとの報告に、感銘を受けた。たいがいは落ち込み、心の病気にもなりかねないところ。精神力の強さは百人に一人の存在だと思った。

　皆に大きな声で教えてあげたい。見習おう、「明日への道筋は自分づくり」からだ。筑波山で出会った人の素晴らしい生き方に拍手と感謝。ありがとう。

205 生き方と感じ方

　世の中には、だらだらしていて何も感じない、感動もしないし、人の生き方に感銘も受けないという、心の開き方が鈍感な人間がたまにおります。

　何を話しても反応がなく、自分一人の世界で生きている。他人の入る余地がない。はたして人間の一生とはなんだろうか、長生きすれば、それでよいのか。作ってもらった膝に乗っていれば、人生は幸せだろうか。

　このような生き方は、一概におかしいともいえない。その人の生き方であり、それで満足であれば、他人は批判も評価もできるものではない。しかしながら、標準をどこに置いたら、人間はワクワク生きられるものだろうか。私は人生の長さよりも、毎日何かを、より多く感じている人間が幸せであるように思う。美味しかった、楽しかった、笑った、子供と遊んだ、などなど。

　一日24時間のうち、約8時間は睡眠、8時間は労働として、残りの8時間はそれぞれの生き方に費やすことができる。悔いのない日々を過ごし、そのなかで充実して生きることが、人間の心を豊かに変える。小さな幸せを感じることで幸福の姿が現われる。

　そんな生き方をして、感動を、感銘を、感謝を、数え切れないほどに感じる度合いが、自分を強くするのではないかな。

206 光陰、矢の如し

　もう今年も8月、お盆の季節になりました。日差しには、夏の強いまなざしがあるが、時間は刻々と過ぎていく。

　「光陰」の光は「日」を意味し、陰は「月」を意味する。月日は移り行き、過去の足跡に想いを馳せる。なんだかんだと言っているうちに、あっという間にお盆で田舎へ帰郷する時期がやってきて、また今年も混雑することだろう。

　私もお盆に秋田へ帰るのが、毎年のことだ。今年は、旅行をかねて、新潟回りで秋田へ行く。故郷の北秋田市阿仁の町は、今は過疎の町に変わってきている。老人の一人暮らしが増えているようだ。生活の条件はそれぞれあるでしょうが、親子、孫は一緒に生活したいものである。日本の家庭の温かさがどこかに消えてしまいつつある。悲しいものだ。親への恩返しには、子供の愛情と温かい心の表現が必要だ。

　子供のころ一緒に風呂に入って身体を洗って育ててくれた親、病気になれば町医者までおんぶしてくれた親の背中、悲しいときには笑わせてくれた親。なぜ親を粗末にするのだろうか。親への恩返しはできることからやればいい。風呂で親の髪を洗ってやるのも、親にゆっくり語りかけるのも、風邪をひいたら病院に連れていくのも恩返しだ。子供のころ、転ばぬようにと手を引いてくれた親に、今度は子供が手を差し伸べる。そこから愛情が生まれる。月日の経過は早い。今できる行動を悔いを残さずに。親は歳をとる、自分も歳をとる、これが世の定めだ。

207 考え方の心理学

　今日も元気に生きられたと思う。そう思える人は、豊かな人生の考え方の持ち主だ。そう思えるかどうかに、幸福感の違いが現われるのではないでしょうか。

　今、目の前にあるものを数えることのできる人の幸福感と、もっていないものや不平を数える人の不幸感。

　日常生活の毎日の繰り返しを楽しいと思える心理と、不平不満の心理。人生の捉え方は、２通りだ。

　不平不満を毎日数える人生は、仕事が面白くない、お金がない、仲間がいない、運がないなど、現実に得られない物事に対して、不幸感が宿る。

　一方、実際に目の前にある現実を重視する心理では、たとえば元気・健康に感謝し、家族の笑顔に幸せを感じる。行動できることに感謝、働けることがうれしいと感じるのである。

　気の持ちようで心の豊かな人生が送れることに、早く気がつくことが大切だ。

　理想を追い求めるよりも、現実にありがとうと感謝する心が、いちばんの健康のもとになるのではないでしょうか。

　ないものを数えるよりも、今あるものを数える人間になれるように修行を重ねることで、幸福になれると信じている。

208 チャンスとタイミングの大切さ

　生きていれば、必ずといっていいほど、チャンスとタイミングがある。たとえば、野球で代打は、真剣勝負に懸ける一瞬の出番である。試合中出られるか出られないか気をもむなか、代打のお呼びがかかり、チャンス到来。身体の力と精神力が高まり、闘志が燃える。バットの一振りに命を懸ける。

　結婚もそのとおり、出会いには縁と運がなければならない。雨の日に濡れていた人に優しく傘を差し伸べた、ハンカチを落としたら拾ってくれた、喫茶店でお互い待ちぼうけして言葉を交わした、どれもこれもタイミングとチャンスで引き寄せられた幸運な出会いだ。もし知らんぷりで通り過ぎたら、落ちたハンカチを踏んで通ったら、寂しそうな人に声をかけなかったら、人生は大きく変わる。

　眠っているとき以外、身の回りにはチャンスが渦まいている。それをつかむ人、逃がしてしまう人、まさにチャンスとタイミングだ。どんな場面に遭遇してもいつでも迎えられる自分づくりが大切なことだ。わかっているけど運が逃げる、運がつかめないという人は、心の修行を行うことだ。簡単なのは一人旅。知らぬ人に声をかける、チャンスとタイミングの訓練所。対人関係の苦手な人には最良の場だ。

　私にとって、写真がそうだ。どこかに予定外のチャンスとタイミングが潜んでいる。チャンスとタイミングは、人生から切り離すことはできない。

209 今日の一針、明日の十針

「今日の一針、明日の十針」とは、人生、わかっていても後手に回れば反省しても遅い、という故事。昔も今も当てはまる言葉だ。

今日のうちなら一針で済むほころびも、明日になってしまうとどんどん広がり、しまいに十針縫わなくてはならなくなるということだ。

何事にも当てはまる教訓だ。虫歯も病気も、早めに治療すれば効果があるが、遅れれば大病になりかねない。

借金も同じである。会社経営者は、早めに判断し、早めの結論を下すことにより、手遅れになって大きな苦労をするのを回避しなくてはならない。

子供の勉強もスポーツも同じこと。一気に十やるより、毎日の訓練と練習の積み重ねが大切だ。そのなかで一生学び続けられる強さを教え込むことができる。早めの判断、決断、実行が、世の中を生きていくための勉強になると私は信じる。そして身につけた努力する心は一生忘れないものである。

夫婦の絆も、日頃の愛情の積み重ねがあれば、何が起こっても大事には至らないものだ。夫婦愛の情の深さで、一針で縫い合わせることができる。

210 人に一癖

　世の中に、「俺には癖がない」と言い張る人間がいたとしたら、それがそもそも癖である。人間には必ずといっていいほど、癖がある。話し方、ご飯の食べ方、歩き方、文字の書き方まで。他人に言われて初めて自分の癖が見えてくるものだ。

　どんな人も何かしらの癖はもっているもので、ないと言い張っても、他人から見ると一つはある。まして や自分に癖はあると認めた人は、驚くほど多くの癖の持ち主であるかもしれない。

　癖があるからといって、他人に迷惑をかけるわけでないし、遠慮はいらない。ただ、悪い癖は問題だ。人間性を破壊することもある。無駄な買い物癖、掃除も洗濯もしないのは癖というより欠点である。

　「なくて七癖あって四十八癖」というが、七癖は語呂合わせの言葉であり、四十八癖は、人には数え切れないくらいの癖があるという意味である。

　良い癖、悪い癖は、区別してふるいをかけなければ、人生に失敗する。他人から癖を指摘されたときは、感謝しなければならないし、反省の材料にしなくては人間修行ができない。見栄も地位もプライドも関係なし。身のため、将来のためだ。癖を注意してくれる人はめったにいない。感謝感激、雨あられ、ありがたいことだ。

　皆さんの周りに、人のためになってくれる人は何人いますか。「一人もいない」「なにぃ、誰もいない？」いいのかなあ。

211 人生の分岐点

　長い人生の間には、どこかでやむを得ず人生行路を変えることがある。自分の意思で積極的に変えることもあるだろうが、その時々の判断と迷いのなかで泣く泣く変えることもある。

　先日、富山の「風の盆」の観光に行ったとき、托鉢のお坊さんと出会う縁があって、道路脇に腰かけて1時間ぐらい話した。16年前までは学校の教師をしていたそうだが、学校で子供同士にある問題が発生して、責任をとり退職。お坊さんとなり、出家の身となった。人生の分岐点だった。

　「今が幸せ」の言葉の中に、生きる真の心が表れていて、私も納得した。お金だけの貪欲は人間を壊す。自分を知る悟りの世界を語るなかに、煩悩という仏様の言葉が見えた。衆生の心身を煩わせる一切の執念と、百八の煩悩を断じた境地が、このお坊さんにはあった。現実のなかで悟りを得ることに難しさを感じ、修行僧として各地を回っているという。その人生を語る姿に満足の表情が感じられた。

　托鉢とは、禅寺で食事のときに僧が鉢を持って僧堂に行くことを指す言葉だが、修行僧は鉢を持って町々を回り、各戸で布施の米や金銭を鉢で受け取るのである。

　人生の分岐点は、今の生活と隣り合わせかもしれない。自分では幸せづくりをしていても、他人から壊されることもある恐ろしさ、運命か宿命か。人生の分かれ目の分岐点は、本人が決めて納得することが良しとすべし。

212 考え方を変えると人生変わる

　人間にとって、常に自分が最高であり、自分の考え方は正しいという自信をもっているからこそ、積極的に行動して、がんばれるのかもしれない。もしその逆であるならば、行動範囲は狭くなり、人生も少し暗くなるのでないでしょうか。

　親子の対立、世間へ反撥、友達との衝突、夫婦の性格不一致、この世にはあれこれと問題が生ずるが、どうしたら平和で争いもなく、楽しく、笑い、喜びのある日常生活が送れるのでしょうか。どこに問題の根本があるのでしょうか。

　問題が発生すると、人はまず保身に走り、自分の考えの正しさを主張し、押しつける。他人の同情を買おうとするかのように理屈を並べるのは、人間の逃げかも。お互い、自分が正しい、相手が間違っていると決めつけることが、争いの元だ。それが権力闘争にまで発展してしまう。自分が間違っているかもしれないという反省と、相手を思いやる気持ちが心の中に生まれたら、きっと憎しみも恨みもなくなると思う。険悪な状態になる前に、自分の心を洗浄してみてからでも遅くはない。

　社会に愚痴をこぼして嘆いてばかりのところに幸福は寄りつかないならば、心と身体を磨くことで、自分が変わらなければならない。自分が変わると他人が変わる。そして周りも変わって宿命まで変わってくる。当然、人生観も大きく広がってくる。自分自身の心の豊かさが自分を変えられる。それが自信となって、幸福への近道となるだろう。

213 測りがたきは人心

　あの人は、こんな考え方をしているだろうと、自分の判断で早合点することはよくある。それがまさかのことに、はずれてしまうのが、人の心の中である。外見だけを見ての判断とはほど遠い考え方のずれがあったとき、やりきれないほど落ち込む。他人がどんな考え方をしているのかを、見通すことは難しい。見かけではわからない。人の心は変わりやすく、あてにできないことも多々ある。

　そんなことで、自殺した人を思い出した。せっかく相談に来ていながら、まさかのまさかの死。1回目は、家族に止められて未遂に終わり、泣きながら話をしてくれた。もうそんなことはしないという約束だったにもかかわらず、連絡が途絶えて1か月後に亡くなった。奥様からの連絡で知ったときの悲しさ。なんで本人が来て正直に心を打ち明けてくれなかったのか。死神が取り憑いたように落ち込んでいったそうだ。心療内科や精神科に行っても、精神安定剤を出すだけで、話は聞いてくれないと嘆いていたとか。私のところが話しやすいと言っていたそうだ。ご夫婦で来て、元気に帰る後ろ姿が最後となった。

　「測りがたきは人心」である。人は何を考えているのか、心の中はわからないものだ。思い切って他人に心の中をさらけ出すことが正解にも思えるが、その人になってみないとわからない。心理学でも、人の心を透視するのは無理なこと。科学が進歩しても、人の心の悩みはレントゲンには写らない。

214 心の耳を養う

　先日、盲人の方と会う機会があったが、何か健常者にはない感性と、心の温和感が素直に感じられた。私どもが受け取っている以上に、何か先を読まれているような、心を透視しているかのような対応ぶりには感心させられた。

　私どもの感覚では、目でものを判断することが、小さな子供のころから習慣になっている。あの人は意地悪そうだとか、何か文句を言ってきそうな雰囲気があるとか。もっと簡単なことでいうと、これは美味しそう、これは美味くないようだ、など勝手に早合点し、判断を下している。

　目の見えない方は、他人に侮辱的な行為や失礼なことはしない気配りをしているように見えた。「心の耳」が優れているのでしょうか。人と争わない平和な感覚を身につけていて、物事の判断をしている。

　盲人の方々が歩くとき、こちらが手を差し伸べると、不思議にも恐怖心はないのでしょう、手の平に力を入れずに、指の感覚だけで先に進む。そして周りの音も匂いも人物も、全体を読みきっているように思える。

　心の目で判断するには、どんな訓練をしているのだろうか。魂まで見通しているように感じられる。私どもも見習うべきところがある。欲望や邪心を取り払えば、人間は一段と磨かれるのかなと思った。

215 親思う心に勝る親心

　今日訪問したお客様の話の中には、親が子を思う話が多かった。どんな方々も、子供が親を思う気持ち以上に、親心の強さがあることがわかる。

　ふだんは直接子供に向かって、「お前のことをこんなに心配している」などと絶対に口にしない。しかし、黙っていても、子供のこと、就職のこと、生活のこと、家庭のことがいつも親の心にはあるのである。よく親と子供の絆について相談されるが、子供が親を思うより何倍も親たちは子供の幸せを願っている。

　親の思いを私に直接話してくるのは、やはり心配だから。心配しない親はいないでしょう。離れていても近くにいても、親の心はいつも子供のこと。そんな気持ちが伝わらない現状だから、私に伝えてもらいたいのでしょう。

　よくいわれることであるが、子供が親を思う心より、親が子供を思う慈愛のほうがより強い。そんな話を、子供たちに機会を見て伝えてあげることも多い。それを聞いて、感謝の気持ちを表す子もいれば、複雑な心境になり、心が揺れる子もいる。涙をこぼす子もいる。いずれは理解できることだ。親に感謝のありがとうが言える子になってもらいたい。

　自然の愛は親から子へ注がれ、子から親へは注がれない。その伝達役は大勢いてもらいたい。親子の絆が増すことを願う。

216 同気相求む

どんな人の心の中にも「同類相求む」気持ちがあると私は信じている。誰しも、一生の孤独は望まない。

日常生活のなかでは「同気相求む」だ。気の合う人は互いに親しみを感じて自然に集まる。カラオケ同好会もゴルフ仲間も、野球でもバレーボールでも、将棋でも、集まる。趣味は世の中にたくさんある。探したらいくらでもあるだろう。

ただ、せっかく仲間になっても、性格や個性のために、自分から離れていく人がたまにいる。それは悲しいことだ。他人が嫌っていると感じたら、嫌われないようにしたい。そして、自分と気の合う仲間を求めることだ。それには、地位も名誉もプライドも捨て、皆さんから好感をもたれる人間になること。それは自分の心の持ち方にある。

生まれたときには、好き嫌いはなかったはずだ。成長するにしたがって家庭環境や親の教育が人間の個性を固めてしまって、人間関係が難しくなってしまう。自分から人生に難問を抱え、苦痛をつくり出すことになる。幼児時代は誰とでも仲良く遊べたのに、なぜ成人すると、孤独になるのだろうか。たった10年あまりの月日の流れで、他人から離れてしまうのが問題である。自分を変える訓練をすれば、きっと他人も変わり、見る目が変わる。人生に明るい笑顔が戻る。

世の中は広い。似たもの同士が心を開いて待っているはずだ。仲間が自然と集まったら、溶け込むことが大切だと思う。

217 向かい風に立ち向かう

　今は、お客様に来年のカレンダーとお歳暮配りの時期だ。毎年恒例の仕事が始まった。1000本のカレンダーを手に、一軒一軒お客様を挨拶かたがた回る。

　これが来年の仕事と未来の仕事につながっていく。45年の積み重ねが今年も続いている。半月はかかる。社長と二手に分かれて歩く。配布に感謝をこめて。

　今日回ったお客様の中で、ある会社経営の創業者から、苦労を乗り越えて今がある、向かい風に向かうことを惜しまない、そこから強さが生まれる、という話があった。

　そういえば、会社経営の社長さんで成功している方は、皆さんそうであるなあと確信した。追い風のときには、経営の工夫も能力もアイデアも哲学もいらない。波瀾万丈も勉強の一つと思う。経営哲学は、目に見えない陰の努力、根性、時には我慢に耐える経験から生まれることが多い。そして、人望が最も大切なこともわかりきったことだ。

　時には経営の進め方に、批判や非難も免れないのが会社経営の社長さんの日常だ。向かい風に対処するには、立ち向かう強い心と前進する力が必要。向かい風から逃げては、発展も成功も望めない。ヨットがまさにそうだ。追い風で進むのも、向かい風に向かって進むのも帆の張り方次第。結局、世の中も経営も船の帆の張り方次第、心の持ち方次第だ。人生そのもののようにも思えた。

218 股肱の臣
こ こう しん

　人間、生きていくには、自分の守り神、信頼できる協力者、自分の片腕となる脇役をつくることが大切だ。ある会社では、社長の股肱役は、取締役専務であり、常務であり、部長であり、課長、係長である。社員一人ひとり、会社になくてはならない大切な役柄だ。「股肱」とは股と肱のこと、転じて、君主が頼りにする片腕のことである。

　わが社では今日、社員の日頃の働きに感謝して、中華料理店で食事会が開かれる。社長始め、社員の方々40名、そして協力会社の方々を招待しての楽しい食事会だ。皆さんに栄養を補給してもらわなければ、来年、がんばれなくなる。

　今年も健全経営で、好成績を上げられそうな予想に一安心。社長始め、皆さんがいるからである。そしてお客様のお陰であることも忘れてはならない。「土地から手造り住宅まで」のキャッチフレーズで45年、不動産会社の請け負いをしていたときには不渡り手形をつかまされた。30代の私にとって2400万円は途方に暮れる金額だったが、よい経験でもあった。その経験が今生かされている。人を恨まず、自分を反省して闘志が湧く。

　夢を追いかけ、波瀾万丈を乗り越えての今、脇役だった社員たちが今も一緒。支えあい助けられたことは一生忘れないでしょう。愛情と思いやりと信頼は夫婦も会社も同じである。

　「股肱の臣」たちよ、ありがとうと感謝の食事会でした。

219 合縁奇縁は不思議な縁

　世の中の人の交わりには、気心の合う合わないがあるが、それはみな不思議な縁によるものである。それが「合縁奇縁」の意味。

　自己中心的な考え方から、相手と合わず、自分から離れていっても、それでもまた一緒に暮らす人がある。逆に、離れずに相手に合わせようと努力して暮らす人もある。

　夫婦でも、長年喧嘩が絶えず、性格も合わない組み合わせで、他人からは長く続かないと思われているのに永遠に一緒という夫婦もいる。そして歳老いて片方が病気で他界すると、棺おけにすがって号泣ということも。生きているうちは、お互いの性格により、思いやりの心を表現できなかったのでしょう。他人にはわからない夫婦の愛憎かも。

　人の出会いには、縁と運とが絡んで、不思議な「合縁奇縁」がある。人間誰にでも当てはまる。人は個性も性格もさまざまだ。だから夫婦であろうと、親子であろうと、知人でも恋人でも「愛縁奇縁」か「合縁奇縁」である。

　人との巡り合わせ、そのなかでは我慢、忍耐が大切だ。努力、愛情、思いやりから信頼が生まれて、切っても切れない情が育つ。それが幸福の鉄則である。なるようになれでは、合縁も奇縁もどこかへ飛んでいってしまうのではないでしょうか。小さな幸せをお互いが大切にして初めて、大きな幸福になるのでしょう。

220 謙遜の心

　ある大会社の社長さんは、私に話すとき、その話し方に柔らかさ、思いやりがあり、心温まる会話にいつも感心する。人に対して温和に接しているだけのように見えるが、どこかに隠された自分の信念や会社に対する情熱が心身から伝わってくる気がする。経営哲学には芯が通っている。話し方が静かで、一言一言が身に沁みて入ってくる。勉強になる話し方である。

　決して自慢話はしない。おそらく謙遜の心が続いてきた人生なのでしょうね。それなのに、世界中に支店がある会社の社長なのである。その姿勢に頭が下がる。こちらはつい減らず口で話してしまう。私は真似しなければと思う。尊敬に値する。

　一般の人々は、成功するほど自慢をしたがるものだ。それもわかる。成功者も出世した人も、ちょっと間違うと、他人の頭の上から話を押しつける。自慢話をくどくど並べる人、お金持ちで資産家であることを自慢しながらケチな人、周りの人が話を聞いているようで実は陰口を言っていることに気づかない人、陰口を言われても強気な人、千差万別だ。成功した人、出世した人が「謙遜の心」をもつことは難しいことなのかもしれない。私は、大社長の謙遜の言葉に、尊敬の念を抱いた。

　私たちは、家庭でも何事も、「させていただいている」という謙遜の心が大切だ。「してやっている」の言葉からは棘が生まれる。「謙遜の心」には愛が取り巻いているようだ。

221 土仏(つちぼとけ)の水遊び

　24歳で独立して、45年の商売の間に、半分近い仲間が消えていった。皆それなりに努力してがんばったのだが。

　黒字倒産もあり、他人に不幸を背負わせられての倒産もあった。はたしてどこに原因があったのか。堅実に経営していても、時代に流されて切り抜けられない事情もあったでしょうが、経営は実力だけではない、周りの運もあり、出会いの人間関係で大きく左右されることもあり得る。家庭での夫婦の絆の亀裂から堕落の運勢に導かれた人もいる。

　経営者の人間性、個性、性格も経営哲学の条件の一つである。ならば、これを注意事項とすればよいのだが、人間は仏教語にいう三毒、すなわち貪欲(どんよく)、瞋恚(しんい)、愚痴(ぐち)と、三膳根が人間の心をかき乱す。あれやこれやの欲望、苛立ち、怒り、自己の欲望に執着する。それが現実となって、仲間は消えていった。景気のバブルに踊らされて、自分に酔いしれ、無駄なことをして自分で自分を滅ぼした。自分で自分の首を真綿で締めつけるような、身の程知らずの泥の仏だった。水の中で遊んでいては、いつかは溶けることを知らなかった人々。

　「土仏の水遊び」とは、土で作った仏が、水遊びをしていたら溶けてしまうたとえ。要するに、無駄なこと、危険なことをせずに、無理のない経営をし、生き方に注意していれば、自分自身を無駄にしないし、失敗もしない。反省は、過ぎ去ってからでは遅すぎる。土の仏を忘れるなかれ。

222 勝った自慢は負けての後悔

　大成功者は、バブルの前にも後にもいたが、今の不況に耐えられず、堕落の世界に落ちて消えていった者たちもいる。

　勢いとは恐ろしいものだ。まるで魔法をかけられたように、行動がことごとく成功を収めた時代。自分の身の丈にも、会社の経営内容にも注意深さがなくなり、ただただ金の亡者になり下がってしまう、バブルの恐ろしさ。成功者の自慢は、限度なく、天井知らずだった。

　そんな時代には、失敗の２文字は見えない。経営の基本も運任せ、人任せで、失敗後の後悔も上の空、反省は遅しだ。これからますます不況が予想されるこの時代に、失敗のない経営、失敗の後の反省からの復活は、経営者の能力と手腕にかかってくる。「勝ったときこそ、兜の緒を締めるべき」、「勝って驕らず、負けて悔やまず」。この精神こそ人生の大切な哲学であり、経営の基本でもある。

　「勝った自慢は負けての後悔」。この言葉は、勝って自慢しすぎると、負けたときに引っ込みがつかなくなり面目を潰してしまうことをいっている。自慢は怖い。勝った喜びもあろうが、控えめでよいのではないか。いつかは負けることもある、経営に失敗することもある。それを考えたら、喜びはほどほどにしておいたほうがよい。そのほうが、失敗したときに周りから激励も協力も慰めも得られるだろう。そんなときに経営者の人間性や性格、個性が問われるものだ。

223 世の中は九分が十分

　この世で、希望を全部達成するのは無理なこと、思いどおりには進まないものだ。だから八分でも九分でも良いと決めている。どうせ十分には達せられないのだから、自分の身の丈の能力と身体と条件に合っていれば、それで良し。

　百パーセントは到底無理、どうでも良いとはこのことか。腹八分目とはよく言ったものだ。世の中はままならない、思うとおりに進まない、そう思ったら気も楽に生きられる。上を目指してもキリがない、下を見たら自分の置かれた環境が幸せに見えてくる。人生なんて気楽な稼業と思えばいい。

　苦労を乗り越えて、限界を乗り越えて、貪欲を捨てるのが、人生の定年期。全部が全部満足はあり得ない、ほどほどがちょうどよい。若いときの目標が、苦しいときの努力が、今になって目標にやや近くなっている。それで満足、生きられたことに感謝して、もうこれで良しと決める。人生の目標が夢であったかもしれないが、人生は九分九厘できていれば十分。

　私の目標は、大工の道一筋だった。決して一直線ではなく、曲がりくねった道だったが、今があるだけで幸せ者と思える。生んでくれた母への感謝、ありがとう。

　先祖あっての命かな。家族、友、周りの人々に、初老の青春がパッと咲く。残りの人生は八分で生きる。ありのままに生きよう、人生の地平線まで。

224 人生は浮き沈み

　周りを見ていると、人生には浮き沈みがある。あれやこれやと変化する。

　空の太陽は毎日同じように東から出て西に沈む。もし空に雲一つなく、太陽も地球も運動をやめたら、地球は死に到っていただろう。

　雲は大地に雨をもたらす、その水分の大切さ。人間が生きるのに欠かせない資源である水は、野も山も緑に作り上げて、農家に作物をもたらし、植物、動物は人間と一緒に生きる。

　写真を撮りに出かけると、風景はいつも同じに見えても、空も太陽も同じということはない。

　人間もまったくそのとおりだ。日常の生活で、目的を考えながらの行動も、すんなりと思うようには進まないのが人生だと思う。「人間万事塞翁が馬」の故事のとおり、浮き沈みを繰り返す、それが当たり前と思ったほうが気が楽かもしれない。考え込むこともなくなるだろう。どうせ思いどおりにいかないと思えば、悩みもどこかへ飛んでいく。思いどおりにいかないのが人生と、和尚も言っていた。

　今日の太陽は昨日とは違う。おそらく明日も違うだろう。人間は、自然から臨機応変の生き方を学ぶべきかもしれない。ありのままに生きる、これに尽きる。でも若い人には、この言葉は早すぎる。人生の努力と忍耐のご褒美として受け取ってもらいたいという意味である。

225 時が終わりを告げる

　人生の終止符を暗示するように、秋が深まり、楓（かえで）もいよいよ最後の紅葉の木ががんばって赤々と人に喜びを与えてくれている。早い木は、もう枯れ葉となって、今年の役目を終えている。石畳に赤い色の葉が少し黒ずんで、枯葉の交響曲だ。

　お役目ごくろうさん、ゆっくりお休み。また来年の春には若い目が吹き出すだろう。秋が終わりを告げ、間違いなく四季の移ろいを感じさせる。

　笠間の別荘で、季節が少しずれて今盛りの紅葉が真っ赤に色づき、人々の目を楽しませてくれていた。

　今日はこれから、お亡くなりになった方のお通夜に行かなければならない。まだ70歳を超えたぐらいだったろうか。2週間前にはお元気だったのに。何か、突然の病に襲われたのだろうか。

　昔だったら70歳で時が終わりを告げることもあったでしょうが、今は医学の発達により、100歳を悠々と超えて生きられる時代である。しかし、人間も植物も動物も、あらゆる地球の生き物には限界が必ず来る。

　人間には、自然のように四季が命の終わりを知らせてくれることはない。終わりは予想もつかない。もし、命の終わりを知ることができたら、怖さと不安が増すだろうか。予知できるようになるかもしれない人生の終止符。しかし、私は知りたくない、明日が限りの命であっても。

226 人間の波長の法則

電波には波長があり、太陽の光にも波長がある。目に見えない波長でも、空間を伝わる波は固有の長さをもっている。この物理的な波長が意味する宇宙哲学は、地球上の生き物すべてに当てはまるような気がする。

とくに、人間心理をこまかく観察していると、人それぞれに波長が合う人、合わない人がいる。人間であれば誰にでも、波長の法則が成り立つのではないだろうか。そうでない人は神かもしれない。キリスト教信者にも、仏教で鍛えられた住職にも波長が合う合わないはあると思う。教育者も同じ人間だからあるだろう。

「類は友を呼ぶ」という法則。自分と同じ波長をもった人が自然に周りに集まる。まるで自分自身が鏡に映されているように生きる。波長が合う人は、正面から見る鏡だ。嫌いな性格に思える人に対しては、鏡の裏から人を見てしまう。孤独な裏鏡である。

好きな者同士、似た者同士は、正面から姿を映しあって、満足な人生感覚を味わう。反感、反発を覚え、苦手に思えば鏡の裏側から人を見てしまう。悲しい心だ。

どうせ人間として生きるなら、なるべく正面の鏡に映し出す習慣、訓練、修行をするのがよいのではないか。

人生はすべて、自分自身のためだ。自分が変わると相手も変わる。人生も宿命も幸福に変わっていくと私は信じる。

227 悲しみを感謝に変える心

　長年連れ添った夫婦のどちらかが突然亡くなったとき、残された方は、妻であれ夫であれ、予想をはるかに超えた孤独と寂しさ、後悔や憎しみなど、さまざまな形で苦しむ。愛していた人ほど、そのショックの大きさは計り知れない。落ち込み、夜には涙の雨が枕を濡らす。年月の経過とともに悲しみは薄れていくとはわかっていても、精神は安定しない。

　精神科で治療を受けて回復しても、再び元の状態に戻ったり、苦しみのあまり妄想を繰り返す。

　この世に残されて一人ぼっち。仏壇に向かって文句の一言も言えたらストレス解消になってまだましなのだが、不眠症を繰り返し、うつ病の傾向も表れる。半狂乱になる人も。精神科医に診てもらっても時間はかかるだろう。普通のときでさえ、心は不安定なものだから。

　現実の生活の苦難によって、まず心が弱るようだ。身近に身の回りの世話をしてくれる子供たちや孫たちがいてくれる好条件があれば別だが。

　過去の生活に感謝することが、孤独から抜け出すコツだ。不満、不幸を忘れてプラス思考に切り替えること。それには感謝がいちばん。たとえば、家屋敷、遺族年金、貯金、生命保険があることに感謝すれば、悲しみは半分に思えてくる。残りの人生を気楽な生き方に変えることが、楽しい人生を送れる条件でもあることを忘れてはならない。

228 人間の弱さは、自分も他人も同じ

　昨日、大相撲の二所の関部屋のマネージャーが自殺したという報道があった。

　我が故郷の秋田県でも、学校教育では学力テスト日本一で自慢だが、自殺率が上位を占める。自殺防止支援活動が盛んに行われ、県民も支援している。

　そんな秋田の現状を分析してみると、頭の良さ、能力、学歴に優れていても、社会の困難や難関に耐えられない心の弱さがあるのではないか。性格はおっとり型、馬鹿真面目で几帳面なタイプが多いが、社会で生きる心と度胸が軟弱になっているというか、おとなしすぎる。

　子供のときから対人関係が乏しいと思う。頭は良いが、悩みや苦しい問題に直面しても、見栄を張り、孤独に考えてしまい、最悪の状態に陥っているように思える。

　人間誰しも一人では弱い。スポーツ選手も政治家も芸能人も教育関係者も、強く生きているようであっても、実際は心と身体はガラスのように壊れやすいものである。自分だけが弱いと思い込み、他人をうらやましく思いがちだが、他人も弱い人間である。一人で悩んで最悪の結果になるようなら誰かに相談しよう。悩みを相談するのは恥ではない。

　同じ人生、考え方を変えると、人生は変わる。笑っても一日、泣いても一日、私だったら笑う。

229 夫婦の思いやりとお返しの心

　昭和生まれの団塊世代は、林住期に入った。人生、仕事仕事で無我夢中で家族のために働いて、気がつけば定年退職。身体は疲れ、シワも増え、苦労の45年だ。還暦の言葉はまさに「喜びも悲しみも幾年月」。61歳からは人生の折り返しの林住期。85歳からの遊行期は、人生へのご褒美、遊びに生きる。

　一生の中で、どの時期が絶頂期だったのだろうか。人生の黄金の年は何歳だろうか。それとも、これから歳を重ねるうちに最高の人生が来るのだろうか。

　45年を振り返ると、夫婦の苦労がよみがえるだろう。男として妻に何をしてあげただろう。何をして喜んでもらっただろう。幸せの笑顔が続いた日々がどれほどあっただろうか。もし、山ほどの反省と後悔とが残る人生であるならば、これからでも遅くはない。妻に恩返しをし、感謝の態度と姿勢を見せよう。

　感謝の気持ちを示すなら、今でなくては。今日一日、妻に何をしてあげられるか。思いやりと恩返しの心で実行しよう。妻には朝食から、洗濯、掃除と、毎日身の回りの世話をしてもらっている。どんなお返しができているだろうか。食べたお茶碗を洗いましたか。洗濯を手伝いましたか。布団を敷いて、湯たんぽを入れて、妻に「お疲れさま」と声をかけていますか。

　あまり書くと男から反発が出そうなので、ここでやめます。妻たちも夫に喜びを見せてほしい。51対49で、少し良いことが上回れば、最高の人生かもしれない。

230 必要なのは心の余裕

　北国の冬は大荒れになることも多く、皆家に閉じこもる。豪雪地帯の私の田舎の友人は、毎日が雪との闘いだと文句を言っていた。埼玉はうらやましいとのこと。しかし、私は時々、秋田の人にうらやましさを感じる。

　毎日が雪との闘いであるけれど、それが終わると何もすることがないのが日常。要するに暇でしょうがない。それでいて、食べ物は秋に収穫した保存食で春まで暮らすというのんびりムード。

　くよくよしないで、食べて寝て、雪寄せの繰り返し。都会と違って財産を貯める意欲も、金持ちになる計画もさらさらなく、ありのままの田舎暮らし。都会にいて味わう「友達いない」「孤独の人生」「生活に悩み」「仕事に追われる」などの生活の厳しさや環境の苦しさとは大きな差。

　今の世の中、時間はあっという間に過ぎ去ってしまうが、人生を決めるのは自分自身だ。必要なのは心の余裕、心の持ち方。幸福なのか不幸なのかは本人次第。

　欲望を捨てると、人生は楽になると私は思う。秋田の田舎暮らしにも少しの苦労はあるだろうが、都会の厳しい環境での暮らしよりも、田舎暮らしのほうがよっぽど心の余裕がある感じがする。

　吹雪の風の音を聞きながら、ストーブを囲んで、無言で窓を眺めている姿が目に浮かぶ。幸せはここにある。

231 今ある人間関係は宝の山

　人間関係というものは、断ち切ってはなかなか生きていけるものではない。

　周りにはさまざまな人がいる。仕事の関係の人、過去につながりのあった人、親密な関係の人、関わりの浅い人。どの人もなんらかの縁で結ばれているのだから、会うこともするし、その人のことを考えたりもするし、もちろん話もする。嫌いな人でも、何かのはずみで、急接近することもある。

　親友でも、血のつながりのある親族でも、自分との何らかの関わりがあれば人生をともにしていかなくてはならない。時には嫌いになったりして、離れることもあるだろう。別れて険悪な関係になり後悔するよりは、その前にその人の良さを見出すことが大事だ。もしかして心の支えとなり、身体の心配までしてくれる重要な人かもしれないのだ。

　自分の周りを見渡せば、宝の山の人々がわんさかいるのではないだろうか。「なんでこんな人と出会ったのだろう」「この人は私に何をしてくれるのだろう」「隣にこんな人がいた」「いつか助けてくれた人だ」……いろんな思いがあるだろうが、どれも、何かの縁だ。今親しくなくても、将来、関わりができるかもしれない。助け、助けられの世の中だ。人間が宝の山になるかどうかは、自分次第。

　人の絆は大切だ。人生の幸福は、人間関係づくりから始まるのではないかな。

232 前向きな考えで人生変わる

　人間は誰しも自分を正当化する。自分に自信をもっている。これがなくては弱々しいものだ。個性があるから生きていておもしろいのである。性格に違いがあるから怒ったり笑ったり。人生に正解はないのだ。

　自分が正しいと思っても、別の人にはその人なりの見方があるし、気持ちも生き方も全然違う。このことに気がついて初めて、世の中のバランスが取れるし、人間同士の波長も合ってきて、平和と幸福も見えてくるような気がする。

　ある人が相談に来た。自分の欠点、対人関係に悩み、自分を殺して孤独な性格になっていた。わかってはいるけれど素直に自分を出せない。人に対しての思いやりや感情を表すのが下手な人だった。

　ところが、この人は前向きの人生を生きるよう努力して大変身。夫婦仲も良くなり、家庭に笑顔が戻り、子供さんにも愛情を素直に表せるようになった。

　こんなにも簡単に前向きの人生になれるのだ。光が見えて、明るい日が差す。その光にさらに前向きの人生と幸福が続く。自分の人生がこんなに変われば、世の中変わり他人も変わる。

　このように努力して人生を変えた人がいることをお知らせしたい。どんな人も、自分を捨ててはいけない。自分の心の中身が大切なのだから。

233 ないときの辛抱、あるときの倹約

今日は朝から雪がちらちら、寒さの逆戻りもいいとこ。陽も出るのに、一日中寒い。

桜見物なのに、寒さに震えた。春の衣装がまたセーターに逆戻り。防寒着も出し直しの気候だ。

世の中は景気の悪さに、失業率の高さ、雇用の悪さ。バブル時代は誰しも喜びに湧いたが、近頃は、不況が目に見えて重なり合って、押し寄せてくるような気がする。

私への相談も経営悪化の相談が多い。なんとか知恵を絞り、苦しみから救ってやらなければと思う。

「ないときの辛抱、あるときの倹約」。この頃の相談者にはこれが欠けている。計画性の欠如、放漫な経営のツケが回って、慌てて相談に来ている。

いつまでも好景気が続くと思う勘違い、飲めや歌えやに浮かれた生活、世の中の先を読めない経営方針、経理の内容を読めない経営者。

今頃慌てている社長さんたちは、単純な楽観主義者に見える。世の中、苦と楽が回っていることに気がつかない、鈍感な感覚の持ち主のようだ。

春と思っても、この寒さの雪模様。これも自然の誤差だ。経営能力の誤差と同じかも。

234 理に勝って、非に落ちる

　日常生活でよくある話だが、学校の保護者会や会社の会合、町会の会合、グループの話し合い、どれをとっても相手があることだから、結論や答えを出すときに、言葉の発し方が問題となることがある。

　正義は正しい、正解は正しい、間違いはないと、自信満々で発表しても、人々が全員、賛成し拍手喝采ということがあるでしょうか。誰が見ても誰が聞いても間違いがない、正しいとして確信し、正義の名のもとに断言しても、利害関係によって、対人関係によって、あるいは立場の違いなどの理由から、反感をもつ人が必ずいることに注意しなくてはならない。うかつに強気な姿勢で発表し、理屈の上では相手を負かしても、実は損なことになりかねない。その結果、不利な立場におかれることも、世の中にはあり得ることだ。

　本当は正しいことを言っていても、答えが正解でも、世の中にはひねくれ者がいることを忘れてはいけない。私は理屈にも強弱をつける。白が正解でも相手がグレーと言って争うなら、私は一度か二度言って、あとは相手にしない。険悪になる前にうやむやにする。相手は必ず後で「間違ってました」と反省してくる。実は、この瞬間こそが大切である。親友でも仲間でも、上司でも他人を切り捨てるのは、一生の損になることがある。「理に勝っても、非に落ちる」こと、「うぬぼれ、でしゃばり」は用心用心だ。

235 自分の幸せ見えず、左見右見(とみこうみ)

　自分の存在感、幸せ感を、皆さんは、はたしてわかっておられるでしょうか。

　私のところに相談に来られる方々がよく口にするのが、幸せ感だ。「自分は不幸だ」「不運な人生だ」という話しぶりからは、自分に慰めの言葉を要求しているように思われる。同情を求めているのか。その人の言葉と考え方に「そうだそうだ」「あなたは正しい」と、お世辞でも言ってやれば喜ぶかもしれないが、そうはならない。

　人間の不幸と幸福は、どこに一線を引くのか。自分の幸せ感をどの高さに置くかによって、大きな差が生まれる。

　人生は悩んだり笑ったりして続いていくものである。私は、自分が幸せなことに気がつくようにと、アドバイスする。プラス思考を取り入れようと努力することも大切な秘訣。

　周りの夫婦を見ていると、馴れ合いの生活のなかでマイナス思考のため、相手への批判と愚痴ばかりになっている夫婦が最も多い。要するに、愛情と思いやりの薄さが、わがままな自分を保身しようとするのだ。左見右見なのだ。きょろきょろと落ち着かないという意味だが、そういう人は心も不安定に揺れている。

　自分の幸せは必ずあることを信じること。心の持ち方の修行次第で、幸せがすぐ脇にあることが見えてくる。

236 見えない言葉、見える言葉

　今の文明の進歩の早さは驚くほどだが、それで良いのでしょうか。昭和時代は、手紙が何よりも言葉を伝える手段であった。特に恋文などは文字一つひとつに愛があり、手紙には恋心のワクワクがあったと思う。時代が変われば変わるほど、人間の心の厚みが薄れていくような気がしてならない。切実な恋文や感情の込もった文章は、その背景も見えて、相手の心の奥まで伝わったように思う。

　今の携帯メールで簡単な絵文字だけで済ませる人々。確かにわかる人はいるでしょうが、愛情の本心は伝わってこない。文字一つひとつの書き方、筆跡によっても人間性が現れ、感情が出た言葉にもなるし死んだ言葉にもなる。

　同じ愛でも、向かい合って目を見て言う愛の告白は大きな人生の幸福になるが、メールでの絵文字での単純な愛の告白には、重みも真剣さも感じられない。

　「見えない言葉」と「見える言葉」の違いは大きい。

　人間であれば、心に響く感情のこもった愛の言葉は、常に見える言葉であってほしい。人が向かい合って交わす心の言葉は、文明がどんなに早く進もうが、時代がどんなに変わろうが、その価値は変わることはない。

237 歯亡びて舌存す

　人間、強すぎて、早く消える人生がある。存在感があり、生き方が派手で地位も名誉もある光り輝く頑健な人が、案外先に亡びる。軟弱な者のほうが、かえって後まで生き残ることもある。

　近頃、本屋さんで目につくのが、生き方の本だ。弱者の味方の参考書だと思うが、読むと落ち込んでしまいそうな本ばかり。これが正常なのか異常なのかは買う人の決めることだが、これでいいのかと、不安に思う。「怠け者の人生の生き方」「私はなぜ働くのか」「ゆるい生き方」「面倒くさい」などの言葉が並ぶ。出版社は売れるから出すのか、これが注目を浴びる題名なのか、これが時代なのか。

　「歯亡びて舌存す」。ある老人が友人を見舞いに行った。友人に歯がないのを見て、「歯がだめになったのは歯が固かったからだ、舌が残っているのは舌が柔らかいからだ」と言ったとか。強いもののほうが早く亡びることもあるというたとえだ。

　人間に当てはめると、固く生きるのも、柔らかく生きるのも人生、死後の世界をいろいろ言うのは自由だが、柔らかく生きたいと思うのも無理はない。苦労して苦難を乗り越え、努力の積み重ねの頑固一徹も疲れるかもしれない。

　書店で本の題名に目をとめた瞬間、人間の生き方が変わってきているのかなぁと思った。俺は固くてもいい、短命でも自分らしく生きて満足であればいいと思う人間もいるだろう。

238 人ある中に、人なし

　人生の中で、本当に良い人、信頼できる人は周りに何人いるでしょうか。69年生きてきて、善良なる人、信頼できる人、親友と思える人は200人くらいか。

　親族、知人は多いが、歳とともに消えていく人、失う人、亡くなる人もある。いろいろな人に巡り会っても、数百人とまでは増えないものだとつくづく思う。

　子供時代から社会人時代まで、取り巻く環境の基準をどこに置くかで決まる。初老になると、また新たな巡り会いもあり、人間関係の層も厚くなるが、その分、仕事関係の付き合いは減り、親睦の機会も少なくなる。社会生活のなかで世代も交代してゆく。

　周りを見渡すと、遊び仲間、奉仕活動の知り合い、趣味の人間関係など多少の違いはあるが、人間の脳には受け入れる量に許容限度があり、本当に信頼できる友人、家族を何百人もつくれない。もしかして20人とか、あるいは5人程度かもしれない。

　その中に立派な人の数が少ないのは仕方ないと思う。

　現実に、自分の身の上に不幸が起きたら、何人の人が駆けつけてくださるのか。励ましの言葉、お金の支援、涙流しての同情をたずさえて、何人の人が近寄ってくるであろうか。不幸なときには人間の付き合いが自然と遠ざかる。虚しく悲しいが、これも人生か。

239 志ある者は、事竟になる

よく「今の若者は……」などと、大人たちは言う。

日本の文化の進歩と経済の発展が、今の若者たちに甘さを与えた結果、忍耐、気力、努力の心掛けが薄くなったように見えるからだろう。

昭和のころは、労働の価値観が違った。中学を卒業したばかりで就職した若者は、金の卵と呼ばれた。雇用の重要性は、この20年の間に変化し、企業では機械化が進み、工場はロボット化、コンピュータ化という、目を見張る発展を見せ、企業ではかつての労働者雇用形態が崩れた。

しかしながら、まだまだ日本は捨てたものでないと私は思う。「志ある者は、事竟になる」。確固たる志をもつ者は、どんな困難に遭遇してもくじけないから、いつか必ず事を成し遂げるという意味だ。若者は、夢を成し遂げる望みをもつべきであり、現にがんばって実現している若者たちが大勢いることを忘れてはならない。

好条件だけを選びたいのはわかるが、世の中、そんなに甘くはない。どんな職種でも、その社会に飛び込み、苦労を重ねることが人間をつくる。努力なくしては生きられない。対人関係を避けていては、生きるのは難しい。

何事も自分次第だ。世の中に屁理屈を言っても始まらない。生きるのは自分、人生も本人次第、行動にチャンスありだ。

240 落花情あれども、流水意なし

　人の生き方はさまざまだ。思いどおりにいかないのが人生ならば、花も同じで、花なりの思いがあるのではないか。無言の一輪の花にも表現があるだろう。

　愛情、思いやり、情念、さまざまな条件の中で生きる厳しさ、苦しさ、寂しさを、時には激しく、時には優しく、時に執念も諦めの境地も見せて、花の命は無言に揺れる。そよ風に何かを語り伝えたいかのように。

　「花の心念を持ち続ける花一輪」

　花を撮影していたとき、レンズの中の細身の花に感動した。その感動を急いで詩に書いた。

　　カメラの趣味が私の心を揺さぶる
　　今にも折れそうな細身に　風に揺れる
　　もしも女の花ならこんな思いで
　　野に一輪咲く身の心かな
　　恋しく思っているのに
　　相手にその気が薄れているような寂しい花
　　心の執念と悲しさの情念物語

　「落花情あれども、流水意なし」。流水にともに花は流れたいのに、水は無視して、川はそ知らぬ顔で流れていく——の意味。

241 親父の背中は生きた教材

「親父の背中を見て育つ」

今のこの時代に、この言葉は当てはまるでしょうか。

私の育ての父の背中はまさに親父の背中であり、苦労と汗と涙を刻んだその背中を見て、私は育った。仕事の苦労を顔に出さず、嘆きの態度を見せたことも一度もない。努力して生きれば結果が得られることを教えてくれた親父の背中だ。

父親の背中が生きた実践を教えてくれたものだが、今の世の中では、父親の背中を生きた教材として、子供に見せることは難しい。

不況を嘆き、仕事の不満に愚痴をこぼす父親、リストラと不景気の厳しさ辛さを、子供の前で嘆いていたら、子供は親の背中に不安を見、不信感を覚える。見本の背中になるはずが、見本にもならない。

だから、子供に尊敬されない弱い父親が多いような気がする。母親が子供の前で父親に対する嘆きと不満と悪口を言い立てるようでは子供は親父の背中を尊敬しない。尊敬される父親が、今の世に何パーセントいるだろうか、わからない。

家庭教育は親がする。背中を見せて育てる強い父親になればまさに親父の背中は生きた教材である。

242 自分を探す、内観法

　私の知人に、内観法の先生がいらっしゃる。この先生には、2年前に初めて出会う機会があった。

　内観法とは、自分が今までどう生きてきたか、自分を見つめるために、「していただいたこと」「して差し上げたこと」「迷惑をかけたこと」、この3点について、過去から現在までの具体的な事実を反省し、感謝する生活をし、自分で自分の心の中を観る、というものである。

　新しい自分探しに適していると思う。自己を発見して、人生をリフレッシュすることができる。私は、子供の不登校や夫婦の不仲、非行の問題の解決に適しているのではないかと考えた。

　自分の身近な人々、両親、親代わりに育ててくれた他人に対して、していただいたことは？　恩返しは？　お礼は？　迷惑かけたことは？　とさまざまなことを、自分の内側から観る。

　反省と感謝の訓練の修行をたまにしてみると、心の曇りを取ってくれる。日常内観と集中内観の2通りがあるが、どちらか一つから始めてもよいのでは。

　西洋心理学と違う、日本独特の和製心理学といえるかもしれない。昔、刑務所の受刑者にお坊さんが使った心理学の手法の一つである。

　「こだわるな　こだわるなと　私はこだわっている　どうにもならない　私のしょうである」（山頭火）

243 花一時、人一盛り

　人生の最盛期は、皆さんいつのことでしょうか。これから来るのか、もう過ぎ去ってしまった過去のことか。今の今が最盛期の人々もいるでしょう。人生の最盛期の期間をできるだけ持続させる努力をしたい。

　本当の最盛期の花盛りは、花も人間も終止符が打たれるその瞬間にある。思い出すと、あの時、その時、この時に人生の最盛期があった。それは一生のうちのわずかな瞬間であり、花の見頃も、ほんの数日に過ぎない。盛りは短いものである。

　人は他人の行動にはよく気を配りすぎるくらいに気を配る。他人の批評も公然とする。自分のことは、内観法で心の内側を透視して見る訓練が必要である。自分を見つめなおす人間学の勉強も、決して悪いことではない。

　行動に反省はつきもの、ワンマン独裁者でない限り、自分を見つめることはできる。

　私が69年生きているうちに、私の目の前から、人生に敗れて疲れて、散っていった人々。その人々の最盛期を私はよく知っている。人生に失敗は許されない。立ち直るときには、何十倍もの努力と根性がなくては這い上がれない。これが現実。

　常に自分の身の丈を知る、自己重要度を高め、軽挙妄動せず、悪しき好奇心を捨てることが危険に巻き込まれない人生のコツのような気がする。普通の幸せを感じることが大切だ。

244 後生(ごしょう)は徳の余り

　山形県の山寺の階段を、一段一段登った。緑と仏像とお墓の山寺。昔の人々はどんな生活をしていたのか。縁があって、山寺の地域に眠っているのであろう。

　「後生は徳の余り」。昔は、死後、再び生まれ変わることを信じて信仰したが、現代の忙しい生活の中では、後生など考える暇もないし、考えもつかない。

　「今生(こんじょう)」は今の自分の世、死んだ後が「後生」。その後生を考えるゆとりがなんなのか、山寺で考えてみた。見学参拝者の皆さんは、何をお願いしているのか。仏門の悟りの世界の入り口を探しているようにも見えるお年寄りの姿があった。

　私の正直な考えをいうと、今の生き方が大切だと思う。自分の生い立ちを振り返ると、現実に生かされて、生きられているのである。今を、今日をどう生きていくのか、過去よりも、明日の未来よりも、今が大切な一日。

　千年の時代が過ぎても、生きている人間の心と魂は同じだろうか。同じ生き方であろうか。

　千年先を思ってもしょうがない。今をどう生きるかが問題であるという答えに達した。

　幸は自分自身の心の中にあります。

245 苦労、厳しさ、熱意があって、幸せ感じる

　戦後間もない生まれの私たち昭和の世代は、戦後の貧乏社会の生活の中で、苦しさ、厳しさ、熱意を体験してきた。

　物不足の時代に、不満を言う前に、工夫して、物を大切にした。鉛筆は短くなってもアルミのサックに差して2cmになるまで使い、下駄も歯が擦り減ると、歯を差し替えて何年も履いた。魚は乾燥させて保存、野菜は塩漬けにして冬の間の貴重な食べ物となり、春まで食べた。

　冬の零下の寒さの厳しさを耐え抜く辛抱と忍耐を、故郷秋田の山奥で経験した。親の教えと厳しい環境があったからこそ、今生きていられるありがたさに感謝する。

　老人の私が語ると、嫌味に聞こえるかもしれないが、今の子供たちにとって、スクールバスが幸せなのか、子供部屋で静かにゲームをするのが幸せなのかと考える。

　私たちは4kmの道のりを友と歩いて学校へ通い、がき大将の周りで大勢の子供が集団で遊んだ。そこで自然と人間関係を学んだ。学校で教えてくれない社会生活の中から学んだ哲学が、いつかは生きる。

　今年の笠間の祭りでは、一人の人間の熱意が情熱となって伝わる姿に感動させられた。人間の苦労と厳しさと熱意に幸せを感じた。

246 一心不乱の姿

　祭りで神輿を担ぐ人間のエネルギーはどこから湧いてくるのだろうか。その情熱は計り知れない。

　「一心不乱」が、まさしくここにある姿だ。何事にも揺れず、世間に惑わされず、そのことに集中する力、忍耐力、やる気、気力が「一心不乱」の原点のようだ。

　お神輿の重さは１ｔもあり、とうてい一人の力ではどうにもならないが、多くの人々によって宙に舞う。一人ひとりの真剣さと熱意と生きる姿の勇ましさに感動する。このような人たちは、心が落ち込むことなどないでしょう。

　暑さに、汗が滝のように流れようと、気にもしない精神力。ひ弱な人間、引きこもり人間、わがまま勝手な人々は、この一心不乱の姿の人たちから何かを学んでほしい。生きた教科書がここにあった。

　秩序ある社会での対人関係や人間の生き方を通して、やり遂げた満足感が、心の自信につながる。学力でも学歴でもない。

　自分自身が迷路に入り込んで苦しんでいる人々、迷いの世界にいる人々は、１年に何回、一心不乱になれますか。１か月、１週間、１日でも、一心不乱の熱意と集中を思い浮かべて反省することが、心の修行にもなるのではないでしょうか。

247 日本の家族の絆の崩れ

　暑さの中、降って湧いたような、所在不明の100歳以上の高齢者の問題。皆どこへ消えたのか。家族も高齢者の行方不明にそ知らぬ顔だ。今日だけでも不明者は全国で52名、自治体の調べで、まだまだ不明者は増えるでしょう。

　秋田の私の生まれ故郷は、過疎の町であり、一人暮らしの高齢者は日本一多いのかもしれないが、地域ごとに交流と親睦があり、病気になるとすぐ皆さんの助けが入る。

　家族であるなら、自分たちの両親がどこにいてどんな暮らしをしているのかわからないはずがない。誰かが面倒を見るのが人間として当たり前。老人になると若い人に嫌われて、追い出されてたらい回し。子供たち、孫たちの高齢者に対する愛情のなさは、情けないのひと言だ。

　親にも責任がある。親に老後の蓄えも余裕もない場合がある。子供や兄弟にゆとりがあれば面倒も見るだろうが、都会では住宅の狭さ、生活の厳しさがある。誰かが高齢者を引き取っても、親が押しつけがましい態度をとれば、子供も兄弟も消えてしまえとばかりのたらい回しの末に、高齢者の行方不明が多発する。家族制度のしっかりしているところは、教育も絆もしっかりしている。これが日本のあるべき姿だ。

　悪意ある子供は親の死亡を隠し、遺族年金を詐取する。働きもしないで親の年金を頼りに生活する子供、孫たちの現状は社会の大きな問題に発展しかねない。

248 失敗から学ぶ訓練

　私の失敗は数え切れないが、失敗には立ち直れる失敗と、立ち直れない失敗がある。立ち直れずに心が病んで、命を消滅させてしまった仲間もいる。

　失敗には原因が二つある。自分のミスによる失敗と、他人の失敗が自分の責任になってしまう失敗である。後者をわかりやすい例でいえば、他人の保証人になることだ。

　1回の成功が完全な成功とは思わない。若いときの成功者が、晩年になって失敗すると、これは立ち直りが難しい。若いときには熱意も気力もある。失敗を反省し、四苦八苦の経験が成功を導くこともある。経営哲学の基本は考えること、反省と行動、努力と忍耐だ。

　今から34年前、ある不動産会社が倒産し、社長が逃げた。我が社は不渡り2400万円の損害を受けた。その社長を信頼していたのが大失敗、途方に暮れた。しかしこの不渡りをきっかけに、自社で不動産業を始め、不幸をチャンスに変えた。

　失敗から学んだからこそ今頑張れる。諦めていたら、あれで終わっていただろう。忍耐と努力は身体で学んだ。お金の価値をいやというほど味わった。銀行の冷たさも知った。一方、人間の温かさも教えていただいた。支援、協力していただいた方々への感謝は忘れない。このときの経験を生かして、人助けに貢献している。失敗から学ぶ訓練は人間を大きくしてくれる。失敗の積み重ねが成功に到ることもある。

249 温もりの選択

　人生の選択の方法は、人それぞれだ。親が子供にスパルタ教育を選ぶ。会社の上司が部下の教育に、恐怖の指導を選ぶ。少しオーバーかもしれないが、教えの概念を超えるほどにヒステリックに当たり散らし、部下は上司のストレスの八つ当たりの被害者となることも。

　指導といいながら、指導を受ける側の心を思いやることもせずに、ただガミガミ頭ごなしに怒っては、指導にも教えにもならない。

　寒い日の窓に凍りついた霜を取るのに、ナイフで霜を削るという短気な行動に出ても、確かに霜は取れるだろうが、まばらになるだけではないだろうか。じっくり考えてみれば、窓の内側を暖めることで霜はゆっくり溶けて、窓は見通しが良くなるはずだ。

　それと同じように、子供も社会人も、指導するときには、相手の心を読んで、思いやりと温もりをもって接すれば、意図を理解してもらうことができるのである。

　飴と鞭の両刀使いで指導すれば、尊敬と信頼が得られ、いつか恩返しもしてもらえる。

　ただし例外もある。熱意の指導を受けても上の空という人もいる。かえって憎しみを募らせる人もいる。

　正論ばかりぶってもうまくいかない。ほどほどが自分のためにもなるのではないか。臨機応変も選択の一つかもしれない。

250 明確な目標は成功の源

　地球上にはいろんな生き物が生存しているが、明日の目標を立て成功に向かって進む知能と能力は、人間だけに備わっている。

　ネコもイヌもニワトリも、動物は将来の計画を立てたり、明日に夢を見たりすることはないのではないか。その点、人間は与えられた脳の働きによって、「今」を意識し、明日の予定を立てることができる。これは人間に与えられた最高の能力である。この能力を発揮して、計画を実行するかしないかは、個人の考え方や性格によるのでしょう。

　しかしながら、誰しも幸せになりたい、裕福になりたい、成功したいという気持ちはあるものだ。1億3千万人の日本人の中で、「明確な目標」を聞かれて、即答できる人は、5％だそうだ。

　皆さんは、この5％のうちに入りますか。今日一日の目標、今月の目標、今年の目標をひと言で言えますか。今は言えなくても、目標をもち、この5％の中に入ることで人生の成功者になることができるのではないでしょうか。

　成功だけが幸せというわけではないが、行動することで、潑剌とした楽しい毎日を生きることができるのではないでしょうか。

251 人間の優しさと悪意

　東京都千代田区の公園で、ホームレスの男性に熱湯をかけて１か月の大やけどを負わせた中学３年の少年が逮捕された。あるまじき行為にも、少年に反省はなし。「石を投げればよかった」という発言、幼稚すぎる。小学生でもこんなことはやらない。どんな親の教育を受けて、14歳まで生きてきたのだろうか。好奇心では済まされない犯罪だ。放っておけばもっと恐ろしいことをやっていたかも。今回逮捕されたのは良かったと思う。

　私にもホームレスとの出会いがあった。２月の寒波がやってきた寒い日のこと。夜遅く、ホームレスが高速の橋の下で、あまりの寒さに身体を小さくしていた。声をかけたら逃げようとしたので、「いいから待っていなさい」と言って、家内とコンビニで温かい肉饅頭とおでんとパンを買ってきて、ホームレスにあげたら喜んで食べ始めた。生まれは横浜とのこと。風呂には何か月も入っていないのだろう、すごい体臭が鼻をついた。

　事件のあの少年は、なぜ弱りきった人に優しくできなかったのだろう。家庭環境、家庭の育て方が性格まで変えてしまう。もし、少年に優しい心があったら、父親の古い衣類を持っていき言葉をかけられたのに……。虚しさと悲しさを感じる。

　学校は学問だけを教えるところではない。もっと社会の道徳倫理を生徒に教えるべきではないのか。不満やストレスがあふれる世の中だが、両親が日常の親子の会話の中で、愛情や思いやりや優しさを教えるのが家庭教育なのに。

252 神の小池のような心を

　北海道の摩周湖の近く、道から少し入ると小さな池がある。これが「神の小池」である。

　観光客も見逃してしまうようなところ、素通りしそうな林の中だが、本当に神が宿っているような池なので、「神の小池」と名づけられた。流れ込む川も、出る川もない不思議なカルデラ湖の摩周湖に近い場所だ。

　神の小池は、水が青い。白神山地の青池とよく似ている青さだが、神の小池は水が澄んでいる青さ、白神山地の青池はインクを流したような青さだ。

　ちっぽけな池だが、毎日何万tもの水が湧いているという不思議な池。透き通る清らかな水の色を見ていると、邪心や欲望や汚染や嘘にまみれた人間は、神の誓いの純白の心に負けていると思った。人間敗北だ。

　周囲220m、深さ5m、もう少し時期が遅くて紅葉を背景に見られたら、もっともっと神の小池の見方も変わったでしょう。

　水に映る森林の影、コケは水分たっぷりで生き生きとしていた。私どもも、そのような生き方でありたいと思った。みずみずしい植物と素晴らしい環境に囲まれて、幸せいっぱいの神の小池。観光客の皆さんも、水の清らかさ、青さに感動したようで、ため息が洩れていた。

253 言葉のすり替えが幸福を呼ぶ

　日常生活の中で、言葉一つ、文字一つの使い方によって、心が明るくもなり、暗くもなり、人生に夢と希望が生まれたり、堕落の道や妄想の暗闇にも入りかねない。言葉の使い方次第で、判断が明暗を分けることもある。

　言葉一つ、文字一つで、考え方が変わるなら、誰だって良い方向に進みたいし、進むべきである。なにも頑固に、ひねくれて個性にこだわってまで悪魔のささやきに誘われなくても、自分自身で自問自答して課題に対処すればいい。

　たとえば、「きっと」と「どうせ」。どちらを使うかでプラス思考かマイナス思考に振り分ける。考え方の問題だ。

　「きっと良くなる」「きっと幸せが」の「きっと」は、プラス思考の考え方。「どうせだめだろう」「どうせ僕は不幸」の「どうせ」は人生のマイナス思考の考えだ。

　「今さら」の「さ」を「か」に変えるだけで、「今から」未来が見える。夢も希望もあるワクワク人生。「今さら」は、人生の負け犬言葉に聞こえる。

　皆さん、言葉の使い方の訓練で、幸福が見えるから、実行してみてください。

　言葉で生きるか死ぬかは、言葉の大切さに気づくか気づかないかにかかっている。

254 相手を気遣う言葉の大切さ

　日常生活の中で何の気なしに使った言葉が、相手の心に傷を負わせていた、ということもある。

　こんな話がある。ある奥さんとの会話で、「あの○○さんは、とっても美人で肌もきれいで素敵な方」「他の人より若くて素敵」「あんな人はいないわよねー」と言った。聞いている女性はお客の立場、言ったのはセールスの女性で、相手に気を配るどころか、お客様の友達を褒めまくる。聞いていた女性はプライドが傷ついたことでしょう、しまいには怒り出したという話でした。

　仮に有名な女優とか歌手を褒めるならともかく、身近な知り合いの女性のことなので、自分と比較されたと思う女の嫉妬心が騒いだでしょうね。気配りをしない女、相手を思いやる慈愛の言葉が足りなかったというお話。

　知らぬ間に嫌われ者になってしまいかねない、軽率な言葉には気をつけること。受け取る人にもよりけりだが、その人の立場や場合によっては、「侮辱」にもなりうる。

　人は誰も、自分では何か良いものをもっていると信じ、それを小さな誇りにして生きている。だから言って良いこと、言ってはいけないことは、よほど注意深く判断しなければならない。相手の受け取り方次第では、大切な親友までも失いかねない。言葉には細心の注意を。

255 不得手な人にも愛語

　人間の性質が性格をつくり、個性に表れる。自分だけが正しくて、自分だけが正解であるとして他人をはねのける性格、幸せだけを願い、苦難も不幸も避けて通ろうとするのが、人間の本質かもしれない。それが当たり前なのかもしれない。

　しかしながら、人間はそうやって生きていていいのでしょうか。一時の裏切りや暴言で嫌いになった相手でも、そのままでいいでしょうか。相手側は反省の気持ちをもっていて、仲直りや謝罪の気持ちが生まれているかもしれない。

　人間が本来もっている愛情と思いやりで、心の温もりを与えることができるのなら、不得手な人間にも愛語で心を知らせるべきでしょう。

　自分にとっての苦手な人間、不得手な人間は、必ずしも相手だけに原因があるのではないはず。自分の側にもなんらかの不作法があったのではないか。人生にはよくある話だ。

　私のところに相談に訪れる人の多くは、自分だけを正当化して、相手に原因があると決めつけてくる。その人に何ができますか。何かやってあげましたか。喜ぶようなことをしてあげましたか。嫌いだから、苦手だから、性格が嫌いというのは避けているだけ。好意と思いやりの気持ちで、信頼しようと努力することもしないで、ただ逃げている小さな心は情けない。

　人生の終わりに天国へ旅立つとき、「多くの人に出会ったけれど、誰一人嫌いな人はいなかった」と言える人間になりたい。

256 鏡と微笑(ほほえ)み

　自分がうれしいときには、素直に笑える。笑おうと思っていなくても、幸せで楽しい生活をしていれば自然に微笑がこぼれる。幸せなことを考えていたら、人は笑える。平凡な生活が心と身体と魂を喜びに変えることができたら、誰でも顔が微笑む。

　いつも悪循環のマイナス思考をしている人も、考え方で人生が変わるのではないか。

　そうであるなら、楽しくない日も、悲しい日も、それ以上の幸せの行動を起こして、気分の切り替えに挑戦すれば、その勇気の行動に何か必ずプラスの考え方が起きて、微笑が始まる。考え方の訓練が、心の修行の革命へと続いていく。

　喜怒哀楽は、生きている限りあるものだ。その中でも良きことを考える方向に進むべきだ。自分の考え方が変われば、他人も変わる。人生まで変わる。

　毎日鏡に向かって、笑う練習をしたことがありますか。笑いたくなくても笑えるのが鏡の法則。笑った自分に幸せを感じられたら、自分の幸せを見つけられたら鏡の中で心が笑い出す。心が笑ったら身体が笑う。大きな声で身体が笑ったら、真の心の笑いが生まれる。お金では買えない笑いの幸福だ。

　人生の心の修行として、鏡で微笑みの練習をしてみよう。くよくよしないで、自分一人で楽しく笑顔に。鏡の中で1本1本の人生のシワが笑いとともに動くことに気がつくだろう。

257 人間文化の絆の変化

　時代は常に流れ、変化して、今年にあっという間に流れ着いて、今ありのままに気楽に生きている。皆さんもなんとなく生きている。社会に問題はあれど、それなりに苦労しながら楽しみながら、生き続ける。

　自分の人生を振り返ってみると、時代の流れとともに、世の中の絆が破壊されてきているように思う。昭和25年から35年頃の私の少年時代は、戦後からの復興に躍起になり、家族が団結し、朝の暗い時間から夜寝るまで、祖父母、父母、兄弟が力を合わせて働いた。親子の絆は大変強かった。

　家の中では、祖父母が堂々と上座に座り、全員が尊敬し、父母さえ逆らうことのできない大黒柱だった。居間の囲炉裏では鍋を囲んだり、栗を煮て食べたりの家族団欒（だんらん）を思い出す。

　外でも子供たちは常に団体行動で、隠れんぼや野球、缶けり。先輩は後輩の面倒を見た。大人も地域の人々の仕事を手伝い、苦楽をともにするのが当たり前だった。

　現代では、子供の教育も環境も変わった。裕福ゆえにわがまま放題、厳しさを忘れ、甘やかし、真綿でくるむような子供の教育。子供は苦労なしでも親の財産が自然に入る。働かなくても住む家あり、お金あり。親の弱みにつけこみ、大人になれない子供が増えている。学校教育の場でさえ、教師と生徒の絆、教師と保護者の絆が壊れかけている。

　自分さえ良ければいいのか。絆と信頼はどこへ行ったのか。

258 心の曇り止め

　人は、自分の生き方について考えることが、毎日多かれ少なかれあるでしょう。考えない人間なんて、誰もいないと思う。自分だけは幸せに生きたい。自分だけは健康で長生きしたいと。

　82歳まで生き続ければ、3万日生きられる。長い人生だ。しかし、一日に1時間、つまり人生の24分の1は、嫌なことがある。悩みもあるのでは。苦難は一瞬にして襲い掛かり、長々と心の底に住み着いて、身体までむしばむ悪魔である。しだいにストレスとなり、心と身体を衰弱させる。心臓の奥まで入り込む。目には見えないが、固体でもないし、液体でもない心の霧や傷。いったいどう治療すればいいのか。

　車のフロントガラスならクリンビューでも吹きつければ済む。スイッチ一つでワイパーが作動し、すぐ解決。人間の心の曇りはなぜ簡単に取れないのか。

　私はこれまで何度も「心の曇り止め」を試みたが、一度取り払ってもまた曇り、また取り払う日々だった。それから仏教の勉強をするうち、「煩悩を断じて悟りの世界」を学んだ。要するに、自分の欲望は全部は取り払えないが、世の中を理解し、気づき、感じ、謝罪し、感謝する心が迷いの解決につながるということ。心にゆとりをもち楽に生きる心構えが、心の曇りを追い払う。曇りの水滴がつく前に、心の防水液をかけることで曇りを防止することもできるのである。

259 塵も積もれば山となる

　日本国の人口は約1億3千万人。私どもは何人と出会い、何人と語り合えるものだろうか。過去を振り返ってみて、皆さん、どうでしょうか。

　満足な人間関係もあれば、仕事だけの付き合い、遊びの人間関係、子供中心の人間関係、はたして、500人か、1000人か、5000人か、まだまだですか。それとも万単位かな。

　「塵も積もれば山となる」。人間生まれて、誰かと知り合い、話しかけ、人間の成長とともに生活環境も人間自身もどんどん変わっていくのが、世の常である。

　しかしながら、友人、知人でもその名前や特徴を正しく覚えているのは少数に限られる。顔がわかっても名前が思い出せない。相手は自分のことを覚えていても、自分は覚えていないということが現実によくある。考えてみると、人との付き合いには限度というものがあるのではないか。

　塵も積もれば山となる。だが、私が69年の歳月で築いた人間関係で、覚えているのは10分の5か10分の3か。脳の働きには限界がある。この少数の中に愛する家族や友人知人がいて、その人間関係の中で感謝と人生の歴史が、私の自分史として残るのだろう。

　塵が積もっても、本当に愛する人は何万人の中の一人、親友も何十人の中の二、三人かも。皆さんの場合、心の底から信頼できる人、何人いますか。

260 環境と植物と人間

　昨日は大学の受講日。午前中の講義を受けてきた。テーマは環境と植物。どうも私には難しい内容であったが、植物も人間も環境によって左右されがちであるという話だ。

　太陽の光をさんさんと浴びることで植物はまっすぐに伸びる。茎を横にしておいても、太陽に垂直に向かう性質がある。根は自然に土の方向へと進むのが自然の法則。植物は重力の方向を感知して反応する。温度によっても大きく変化する。

　通常は、温度、日照り、土質、肥料、水分が植物の育つ要素だが、油断はならない。害虫の被害や予想外の災難が植物に降りかかる。環境の問題、人間の愛情も植物に影響がある。

　人間社会も同じだ。立派な両親に育てられ、裕福で、良き家庭の条件がそろっていても、それに加え、他人との接触、自分自身の性格、能力が大切だ。そして人間社会に対応できる人間になること。仲間、友達、親、他人まであらゆる人々との付き合い方が、社会ではいちばん大事なことだ。仲間に悪友がいたら、それを消毒してくれる仲間がほしい。

　植物も人間も同じ。強く生きるには、太陽に当たり、水分を補給して、栄養のバランスを考えることが大切。人々の愛情をいっぱいもらえる人間にならなくては幸せはつかめない。一人でわがままに生きることもできるかもしれないが、寂しい孤独な人生になるだろう。

261 無縁社会からの脱出

　今の社会で生き抜いていくことはとても難しい。

　夕方、ある人に声をかけたら、「今日、言葉を交わしたのは、あなたが初めてだよ」と言われたことがある。朝起きて10時間、誰とも話をしない孤独な人たちがいる。それなりに理由もあるのでしょうが。

　昔は、会社に入ると、終身雇用制度に守られて定年まで働けた。今は実力社会でもあるし、不景気で雇用も減り、大学を出ても就職は容易ではない。多くがフリーターとなり、結婚もできない。たとえ結婚できても3組に1組は離婚する世の中。年間3万人を超える孤独死の予備軍がそこにいる。

　夫婦だからといっても、いずれどちらかが先立つもので、そんなときは孤独を嘆くのではなく、周りの人々に接することだ。会社時代の地位は忘れ、プライドも見栄も捨てなければ、誰も寄ってこない。気さくに明るく振る舞える人間に変身すればいいのだ。

　「恐れず、驕らず、侮らず」に自分の身の丈を下げる勇気が大切。そうすれば町でもサークルでも旅行先でも、周りに人は集まってくるはず。無縁社会からの脱出法は、人との交わりがいちばん。それが最も効果的な心の栄養素になるでしょう。

262 人は人なり、我は我なり

　人にはそれぞれ生き方がある。他人の生き方に自分の幸福論を押しつけてはならない。しかし、一方で、おせっかいかもしれないが、指導はしてやりたいと思う気持ちもわかる。

　面白い話がある。あるとき、一人の男が木の下で寝ていた。ある人が話しかけた。
「寝ていないで、働いてお金を貯めなさい」
「お金を貯めてどうするの」
「家でも建てたら」
「家を建ててどうするの」
「嫁さんもらいなさい」
「嫁さんもらってどうするの」
「旅行したり、別荘でも建てたら」
「別荘建ててどうするの」
「別荘の木の下でのんびり昼寝でもしたら最高だよ」
「俺はとっくに木の下で寝ているよ」

　この会話をどう考えますか。私は講演でも、この話をする。人間の考え方、身の丈の基準の違いがこの話にはある。

　結局、どちらも幸せなんですよね。話しかけた側は自分が幸せだから他人にも幸せになってもらいたいと思った。でも、それをおせっかいと受け取った昼寝の人。素直に感謝し、思いやりの言葉と受け取ったら、話しかけた方も幸せだったかも。話すほうと受け取るほうの心のすれ違い、世の中、大いにある。

263 ぜいたく不況

　世界中に不況の風が吹き、日本も不況の嵐。これからまだまだ不況の風が強くなるのではないかというのが、国民の不安の一つだ。企業の経営悪化により、リストラ、契約社員や派遣社員の雇い止めを招き、家族は心配だ。経済が生活の中まで不安にさせる今日この頃だ。

　新聞やテレビの報道では、毎日のように、企業の「赤字」が伝えられるが、ハローワークに仕事を求める人が案外あふれていないのは、なぜだろう。

　派遣切りされた人、契約解除された人、フリーターの人々は、生活の危機感がないのか。働く気力がないのか。

　私から見ると、今の不況は、日本人のぜいたくな考え方による「ぜいたく不況」である。家には車が２台、３台とあり、食べ物も２割近くを無駄にして処分、学校に行き、スポーツジムでメタボの脂肪取りにお金をかける生活。痩せたらお金をかけずに済むことなのに。

　日本人は、親の世代が金を貯めて子供に良い教育と環境を与え、育て上げてくれたことに感謝しなければならないのだ。これからの人生は自分でしっかりとつくっていくべきだ。

　経済は動く、動くだけならまだましだが、揺さぶりもあることを予期しなければならない。そんな日本経済の揺さぶりに左右されない強い自分づくりは自分でやるしかない。今が努力と忍耐の時期かもしれない。

264 百花繚乱

　今日は朝から春うららの好天気なので早起き。急だが筑波カントリーにゴルフに行くことにした。

　日中は、セーターもいらないほど暑くなった。昨日は嵐であったが、今日は打って変わっての天気だった。ゴルフ場では、春初めの花、マンサクが咲いていた。これからもっときれいに咲くでしょう。

　帰宅すると、我が家の庭では、小さな植木鉢の桜が四分咲きになっていた。普通の吉野桜よりも小さな花びら。可愛い桜なんです。なんという桜の種類かわからないが、ツボミをいっぱい付けて、私どもを楽しませてくれる。

　いろんな種類の花が見られる花園などに足を運ぶと、見事な「百花繚乱」である。人間にたとえると、優れた人材、個性ある人たちの業績が一時に多数出現した感じである。

　1本の桜の木から、一斉に花が咲き出すことに感動する。人間も桜の精神を見習いたい。差はあるとしても、それなりに遅かれ早かれいつかは花が咲く。いつか花咲く日が来ることを信じて、根性と熱意を認められる日が来ることを信じることが大切ではないのか。

　世のため人のために、小さくても咲く花の命の大切さを思う。「他人は時の花」という。花は一度は咲くが、季節とともに散る。咲く時は咲く、散る時は散る、その心意気。他人の行為も長くは続かないという、桜の命の教えだ。

265 治に居て乱を忘れず

　日本の国は今や平和そのもの。なかには、不満をもっている人や不幸に思っている人もいるだろうが、一般には、普通に生きているなら、食料もあり、ある程度の資産財産もあり、金銭の蓄えもあるだろう。物品も豊富で、むしろ物余り状態。世の中の余り物がリサイクルショップにあふれているのだ。何が良いか、何が悪いかの考えにもよるが、生活にはあまり不満はないのではないだろうか。

　会社でリストラに遭った不運な人々もいるが、ぜいたくをいわなければ、働き口はいくらでもあると思う。辛いとか、仕事が合わない、俺には向いていないなどの不満は、自分自身の問題であり、国はやすやすと援助はしてくれないのが現実である。

　それならば、平和な時こそ、世の中が乱れたときに備えて、覚悟と準備を常に考えておかなくてはならない。万一の場合を想定して生きなければならない。日常生活に不運が押し寄せてきても困らないように、用意を忘れず対応する心構えが重要である。

　常に慎重に行動し、常に身を安全に保つことである。平和な世の中で暮らしていても、不景気や生活の混乱に備える心がけを忘れてはならない。いざというとき、慌てないためにも。

266 彼も人なり、我も人なり

　私は、近頃よく言われる。「仏像、よく作れたね」「本、よく書けるね」と。私は、やる気があれば誰でもできることだと思う。やる気がなかったら、前には進まない。

　「彼も人なり、我も人なり」だ。人がやっている行動なら、自分でもできるという思いをもつことだ。だから私は「俺にできたんだから、あなたにもできるよ」とよく言う。

　素人だろうと、人生の積み重ねのなかで経験を積めば、プロに近づくのではないのか。いちばんいけないのは、行動する前から俺にはできないと諦めることだ。行動してみて、失敗して初めて無理だったかどうかがわかるのに。行動もしないで、挑戦も努力もしないで諦めるのは、人生で何事においても負け犬になってしまうような気がしてならない。

　「彼も自分と同じ人間なのだから、彼にできることは自分にもできる」という自信をもち、努力しよう。そうすれば、満足な生き方が見出されると思う。

　私は何にでも挑戦してみたい。そしてやり遂げてみたい。勝ち負けよりも、まず行動してみて、自分の満足が得られればそれでいいのだ。自分自身を励まし、発奮させ、何事にも好奇心をもつことがワクワク生きるきっかけになる。他人にできることは自分にもできると思う心の強さと行動が大切だ。ただ、あまり意地になって、人を踏みつけたり傷つけたりするような行動には注意。

267 忠言耳に逆らう

　人の話を素直に聞く人もいるが、反感をもってしまい、人の話など聞こうとしない人もいる。とくにプライドの高い、地位にあぐらをかいて人を見下している人、自分の能力を自慢し、酔いしれているバカな人間は、忠告されたり、欠点を指摘されたりして、痛いところを突かれても、同調する気も反省する気もない。逆らいの心は、損である。

　人間はいつでも素直さがなくてはいけない。間違いは誰にでもあり得る。絶対ということは言い切れるものではない。素直に受け止める心が、必ずいつかはその人のためになることを忘れてはいけない。

　忠告を素直に受け取ることは人生の勉強にもなるし、教養も身につくのではないのか。人間はおかしなもので、自分が自信をもっていることに対して疑いのまなざしを向けられたり、忠告されたりすると、プライドが傷つくのか、役に立つ忠告であればあるほど、その人の耳には痛烈に感じられ、喜ばれないことがある。注意しましょう。

　なかには、意地悪く人の欠点を指摘するだけでなく、人の心に傷を負わせ、鬼の首をとったような言動をする人がいるが、そのような人間にはなりたくないものだ。すごく醜い、心の狭い人間に見えてしまう。

　「忠言耳に逆らう」の言葉を常に心に置いて、人様から信頼される、人望の厚い人間になりたいものだ。

268 心の犠牲計りきれず

　タレント清水由貴子さんの悲しい自殺の報には、日本中の注目が集まった。一人で考え、苦しんだ末の決断だったのでしょう。長年の母の介護と、芸能活動との両立の悩みのなか、一瞬の心のゆがみで、環境の犠牲になってしまった。犠牲者は本人なのか、介護されていた側の母親なのか。神が決めた宿命なのか。どちらも犠牲者なのではないでしょうか。

　また、51歳の無職の娘が、92歳と80歳の両親を包丁で刺し殺してしまった事件の裏には、生活の困難や、家庭内の事情があったと思う。介護の疲れ、さらには親御さんの身体が不自由ゆえに苛立ちの暴言が娘さんに向けられたこともあったのかもしれない。介護する娘さんの努力、両親にも思いやりの心がありながらも、発作的に殺意が芽生えたのではないかと推理する。

　介護の大変さは、介護経験のある人でなければわからないのではないだろうか。介護する人の疲労、心の悩み、殺意まで生まれてしまうほどの苦しみがあるのだ。

　自殺も、現実問題として、世の中の助け合いによって防ぐことができるのだろうか。近所でも起きてしまった。犠牲者は他人に弱音を吐かないものである。これが現実で、どちらも犠牲者。

　私も、母の介護を経験した。病院や老人介護センターで、人間の悲しさを教えられた。

269 石の上にも三年

　今日の関東地方は、また冬に戻ったような寒さで、セーターを引っ張り出す。朝からどんよりの天気に、桜も散り終わり、八重桜が咲いている。それでも吉野桜の後に咲くせいか、桜見物とか宴会はない。八重桜が満開でも、人々の関心は薄い。そのほかの春の花が咲き乱れていて、かわいそうな八重桜。

　桜見物をする人と、見物される桜とを見ていると、幸せも悲しみも感じる。人間でいうと、モテる方とモテない方の違い。日当たりにある花、日陰にある花。一方は忍耐が必要だ。人間の生き方の重要なポイントではないか。

　性格もあるだろうが、人が寄ってこない嫌われ者もいれば、人徳なのか派手でもないのに不思議に人気のある人もいる。だいたい後者は、隠れたところに何かの魅力があり、人生の忍耐の経験を積んで、苦しみも悲しみも味わってきた人だ。

　「石の上にも三年」。この言葉は、祖父母から伝えられて、現在に到る。今の若者たち、子供たち、そして大人たちも、忍耐の忍の字を忘れかけているように見える。これは日本経済の発展の悪影響のようだ。最近の子供の遊び方、若者たちがすぐ仕事を辞めること、短気でキレやすいこと、他人に責任を押しつけること、負け犬の遠吠えなど、皆我慢がない。

　「石の上にも三年」の修行が自然に身についている人は、それが魅力の原点になっているような気がする。

270 好機逸すべからず

　人生は「好機逸すべからず」。人の周りには、チャンスが腐るほど取り巻いている。目には見えないかもしれないが、チャンスをつかむ人には、見えすぎているくらいに見えている。その感覚を身につけ、行動して、自分に引き寄せる力が、その人にはあるのではないか。

　1秒のチャンスをつかめる人は、大きなチャンスもつかみ、幸福をつかみとることができる。チャンスが来るのを待ってつかむ人も、チャンスを迎えにいく人もいるでしょう。どちらにしてもチャンスをつかむことに変わりはないが、時間と確率の差は、大きいかもしれない。反面、その差が逆の結果として現れることもある。

　私ども経営の立場からいうと、成功も失敗も結果次第だ。要するに、チャンスをつかんでも必ず成功するという保証はないし、幸福の保証もない。結婚がいい例だ。失敗と思ったが、成功につながる事例もある。チャンスなしの一生も、その人の人生、選ぶのは自分自身だと納得して生きるのも自分の考え方である。

　ただ、私の経験からすると「行動にチャンスあり　不動にチャンスなし」だ。これが私の人生論。

　皆さんの人生論はいかがでしょう。

271 愚か者に福あり

　私は普段、愚か者になりすますよう心がけている。人前でも、子供たちの前でも、気軽に愚か者になれる。見栄にも地位にもこだわらず、プライドもなく、欲や野心も抱かないから、人に憎まれたり、妬まれたり、恨まれもしない、愚か者でよいと思う。

　人間の醜さ、腐敗、貪欲、勝ち負けのばかばかしさに、この歳になって気がついた。愚か者になりすますことは、大変なことであるが、簡単なことでもある。偉ぶらず、名誉にぶら下がることなく、平穏無事に一生を送れたら、最高の人生と思わなくてはならない。

　皆さんも、時には、愚か者の時間と空間をつくってみてはいかがでしょうか。何も考えない、無心の心境になれれば、幸福が生まれるかもしれない。そのために、自分を磨いて、自己重要感を高めておかなくてはいけない。

　自分の身の丈を知ったうえで、愚か者に自分を下げられるかどうかが問題である。自分の身の丈を知らずに自分を下げれば、ひがみ心が大きくなるだけかもしれない。

　愚か者に幸福が与えられるなら、その人生で良しとしたい。

　人生、気楽な生き方は工夫次第。

　笑える自分であれば、それで良し。

272 融通無碍(ゆうずうむげ)

テレビを見ていたら、未婚の男女が討論会をしていた。私はテレビは長く見ないので、最後の結論はどうなったのかはわからないが、少し感じたことは、男は女に対して思いやりが少ないということ。また、女に対してなにか行動すると、セクハラと言われるのではないかと心配する男性がいたことに呆れ返った。

これでは恋愛もできないではないか。こうすれば刑法に触れるのではないかとか、女は怖いというような考え方では、一生結婚は難しそうだ。女のほうもいろいろな意見があったが、今は何も申し上げないことにする。

自己中心的な考えも時には良いでしょうが、結婚は二人で築く生活。もちろんお金も大切ではあるが、お互いに愛情と思いやりと信頼がなければいけない。

なにものにも囚われない自由な考え方で、状況に応じて自在に処理できる人間にならなくては、恋愛には踏み込めないのではないか。融通無碍に生きることである。「融通」とは臨機応変に処理すること。「無碍」は何事も妨げるもののない状態。

要するに、あまり難しくて理屈っぽい話にこだわらない、明るく元気、健康な心と身体をもつ人間になれれば最高である。少しわがままでも、優しさをもって行動し、人から好かれる人間づくりをしよう。そうすれば、個性と運勢と出会いが実を結ぶのではないだろうか。

273 人事を尽くして天命を待つ

　私たちの夢や人生設計は、どれほど計画どおりに実行できているでしょうか。振り返ってみて、本当に思いどおりに生きてきたといえるでしょうか。

　満足な道のりであったかどうか、反省しながら振り返ってみても、心の中でぼんやり靄のようになってはっきりとしない。今も生きていることで、無理やり納得するより答えが出せない自分である。

　「人事」は人間のあらゆる心の広さ、「天命」は、天が人間に与えた運命の条件。

　人は日々の生活の中で、一人の人間として、やれることはすべてやり尽くしただろうか。あとは天命を待つのみの心境になっているかどうか。

　どれだけの人間と関わり、どれだけの努力をして、どれだけの奉仕をしたか。どれだけ人々のために尽力して今まで生きてきただろうか。現状に思いを馳せると、どれだけのことができたのか、はっきりしない。人のためとはいいながら、おせっかいだったかもしれないし、役に立っていたかもしれない。相手によって捉え方もさまざまだろう。

　人事を尽くしたかどうか、過去に不満足だったら、これからでも遅くない。人事を尽くして未来に進んでみるのもいい。まだチャンスが残されている。生きているのだから。

274 普通の言葉を言える人はどこかに自信が

　私の所には善良な人たちが寄ってくる。寄って来てくださいと言っているわけではないが、運性が人を連れて寄ってくる。恵まれた人材環境に感謝ですね。皆それぞれ個性もあり性格もさまざまだが、それなりの良さも味もある。人は人なりである。

　「飾らない」「驕らない」人に対して、私は「侮る」ことはしない。人前で、地位をひけらかさず見栄も張らず「普通に言える言葉」を普通に話す方は、私から見たら素晴らしい人だ。名誉も欲しがるわけでもなく、冷静に物事を見て普通に話す人物にはいつも敬意を表している。

　そういう人は時々世の中にいるものだが、ほとんどの人は前に出て自分をアピールしたがる。しかし肝心なときにだけ責任ある発言をする人には、重みを感じる。その存在感がオーラを発しているからだろうか。

　自分を自慢しない人間は、心のどこかに自信があるのでしょう。反対に、自信がない人間ほど、見栄を張るしプライドも高い。自分の身の丈を知らないために自分を追い詰めていく人間を私は多く見てきた。

　人はどんな立場に立っても、いつも「普通に言える言葉」を心掛けていきたいと思う。それは教科書から学ぶことではない。実社会でそうした人物と出会って学ぶものだ。

275 家族と親子

　昨日は、大学の講座に出席。大学教授の「家族の心理学」、ゲストはA先生だった。

　私どもの家庭のあり方は、一般の家庭とは全然かけ離れているような気がした。現代で教科書どおりに家庭づくりをしても、現実は夫婦の絆の崩壊と離婚が多い。不信感で夫婦が決裂し、家裁で争う時代になっている。なぜ、平和で幸福であるべき家族が崩壊するのか。原因は大人のわがままと、理不尽な個人の自己主張。もともと夫婦は他人同士だから、いったん亀裂が生じるとなかなか戻れない。冷めてしまうと、話し合いをしても復活は難しい。

　家族とは、居住を共にすることによって一つのまとまりを形成した集団だ。昔は、祖父母、父母、子供たちが、「生み、生まれる」という関わりのなかで親子の血縁を基本とした小規模の集団をつくっていた。それが家族だった。

　それなのに今は、夫婦が自分から家庭を壊す。一度は固く誓った結婚宣言が不満の応酬に。呆れた男と女に早変わり。子供は犠牲者だ。子供の幸福を祈るなら、両親がやたらに離婚するのは問題だ。子供の教育に生きた見本となるのが親であり、家庭なのではないか。ただし、これは基本であって、現実にはやむを得ない理由があるのだろう。他人に批評はできない。離婚で幸せになることもあるのだから。しかし、幸せを願う気持ちは皆同じではないのか。

276 やればできる何事も

 たまに自分の人生には終わりがないような感覚をもつことがある。目標に向かって夢を追う今が初老の青春、健康に感謝して家族や家内に感謝して、周りの人々に感謝して、今なお元気に動けるだけでも幸せ、笑えるだけでも幸せ、生きていることが最大の喜びと感じながら、今日のこの1秒1秒が過去となっていく。

 空は曇りでも自分の心だけは快晴につくり上げる。何事にも挑戦してみて自分の尺度でやれるものはやってみよう。今さらその歳で何になると言われるが、自己満足でも良いから挑戦の熱意は失わないようにしたい。

 夜学の高校二年の中間試験が迫ってきた。昨年は努力して優秀賞の賞状を生まれて初めて貰いうれしかった。中学校は大嫌いで学校も行きたくなかった自分だが、田舎の恩師たちも笑って褒めてくれた。

 自分の寿命が目に見えているとき、心残りのない人生を生きようと夜間高校に入り、60年前に座るはずだった机で孫たちのような生徒に助けられて授業を受けている。「やればできる何事も」「努力は天才に勝る」という言葉を信じてやるしかない。

 テストが終わると、先輩の3年生へ「社会の現実の厳しさに耐える」の講義依頼があった。人のため世のため生徒のために頑張らなければならない。今後の楽しみが増えた。

277 自殺防止支援「蜘蛛の糸」

　私の知り合いで、自殺防止支援の活動をされている佐藤久男さんという方がおられる。ＮＰＯ法人「蜘蛛の糸」を全国展開し、テレビにもよく出ている。本部は秋田県秋田市にある。会社経営に失敗して自殺を思いとどまったご自分の体験を生かし、自殺防止に全国を飛び回っている。会って話しているだけで、自殺をやめてしまう心境になる雰囲気をもっている人だ。

　2009年上半期の自殺者は、前年をはるかに上回る1万7076人にまで膨れ上がった。71％と圧倒的に男性が多く、1万2222人。年間の自殺者は、11年連続3万人を超えている。

　30代、40代の働き盛りの男性が目につく。景気の悪化、雇用問題、仕事を失って耐えてきたものの、貯えもなくなり、自殺を選んでしまうケースが少なくない。話し相手になってくれる相談相手に巡り合うチャンスがあれば防げたのにと思う。

　政府の対応も確かに悪いが、その前に、自分で勇気をもって、裸になって、死んだ気で汗をかいて働いてもらいたい。働く場所は、選ばなければ何か見つかる。

　このままだと、前年の自殺者数をはるかに超えてしまう。なんとか国民の皆さんが一体となって、声をかけて、見てあげなければ。国のせい、親のせい、社会のせい、友のせい、他人のせいにして、逃げては良くない。自分の命は自分次第、生き抜くことが大切だ。

278 天を恨まず人を咎(とが)めず

　人間は何かにつけて、自己保身に走る心理が働くのは自然なことだ。しかし、たとえどんなに不遇であっても、決して天を恨んだり、人のせいにしたりしてはいけない。

　現在、自分は生かされ、生きている。自分の置かれた立場に不平不満を言うのではなく、反省する精神を築き、修養を積むことが先決であり、心の修行と訓練の積み重ねで、人間をつくり変えることができると私は思う。

　過去の憎しみや恨みにとらわれ、いつまでも過ぎ去った時の流れに執念深くしがみついているのは、マイナス思考。いろいろ考えても、心がゆがむだけだ。笑顔が消え、幸福も逃げ去り、孤独な人間になりかねない。

　私のところに相談に来る方の中にも、夫の過去の過ちを執念深く追い詰める妻がよくいる。天を恨み、嘆き、怒るのではなく、未来に夢を託し、自分の純白な心を取り戻すことが何よりも大切なことではないのか。

　どんなに嫌いな人であっても、もしかして自分の思い過ごしかもしれないし、誤解があったのかもしれない。時が解決してくれることもある。

　そのためにも、「天を恨まず人を咎めず」の言葉の意味を理解し、実行してくれることを期待したい。

279 虚仮(こけ)の一心(いっしん)

　今日は真夏のような暑さだ。風が少し吹くと、暑さは少し和らぐ。梅雨はあと何日くらいで明けるのか、楽しみでもあるが、暑さの苦しみもある。

　今日、我が家の朝顔が3種類咲いた。どれも特徴のある朝顔だ。花の大きさは、2㎝、6㎝、11㎝。一所懸命咲き続ける。花の命は短いけれど、けなげに咲いている。命を懸けて、人々に「見てくれよ」と言っているようだ。私も「よく咲いたね。きれいだよ」と声をかける。朝顔は喜んでいたが、昼になって暑さにしぼんでいる悲しさに、「ありがとう」の言葉しかかけることができない。満開の桜や、ひまわりの大輪の花や、菖蒲の花に比べて、色や姿は劣っているかもしれないが、小さな朝顔も立派な花である。

　先日の大阪市のパチンコ店放火事件で逮捕された41歳の男。怒りと情けなさが込み上げる。事件に無職が絡む。金融からの借金、面白くない人生、生きる望みなし、誰でもいいから殺してやりたいというのか。

　生きることは大変なことではあるが、生まれてきた以上、幸せにもなれる命だ。愚か者でも心を集中して懸命にやれば何かをつかみ取ることができる。それが「虚仮の一心」の意味だ。

　朝顔は何も語らずとも、誰かに虚仮にされようとも一所懸命咲いている、そしてまた明日も咲く。

280 一念、天に通ず

　人生は、日々努力を積み重ねていても、順風満帆の日々が続くとは限らない。山あり谷ありの苦難の道を苦労して進むことで人間に味が生まれ、尊敬の念を抱かれるようになる。正直に歩めば、愛情や恩情が正義となって、人生を成功に導く。

　若いときの失敗の経験は人間を一回りも二回りも成長させる。人生は結果から見ると、晩年成功型がいちばんかもしれない。晩年の苦しみと失敗は取り返しがつかない。他人も遠ざかる。若いときの失敗には、まだ光がある。他人の協力も得られる。危機を経験して初めて、経営の難しさを知る。このとき、人の愛を学ばなければ、学力だけでは人生の成功は決して得られない。

　成功者には、人格、性格の良さはもちろんのこと、決断力、行動力、先を見通す力、経済の流れを先読みする力がある。動物的勘といってもよいほどの経営の勘も優れていなくてはならない。そのためには、何事も体験の積み重ねが重要だ。うぬぼれには危険が伴う。

　人生の足し算では、1＋1は必ずしも2にはならない。正解は5になったり、7になったりする。人生の正解をつかむこと、これが人生経営の哲学だ。「思いどおりにならないのが人生」。それでも「蟻の思いも天に届く」「専心と勤勉が運を天に運ぶ」。今日、ある経営者から相談を受け、アドバイスした。「努力は天才に勝る」と。

281 花も人も運は天にあり

　東北のいろいろな花を見ていると「運は天にあり」と思う。

　山奥で一輪寂しく咲いていて、誰にも切られず、踏まれず、森林の水分を十分に与えてもらい、害虫も寄ってこず、生き生きと咲き、ふと人の目に留まり、褒め称えられる花。

　一方、タネを蒔かれ、一人前に花を咲かせても、切られて売られ、人から眺められて褒められるのも花である。

　たった1日しか咲かない短命の夏椿は、未練を残しながら花びらを落とす運命にある。これも花だ。

　花の命は天任せ。「運は天にあり」だ。花も人も運はどうしようもない。すべては短命長命の運によって決まる。人が生かされて生きる運命も、人生の宿命なのかもしれない。

　花は、どんな人に出会って観賞してもらい、「きれい」という言葉をかけてもらえるか、そこに幸せが生まれる。一輪静かに咲き、出会いもなく、静かに散っていくのも、その花の運と使命かもしれない。

　人生も運だと思う。人生が失敗だったのか、成功だったのかは、その人生に終止符が打たれる時にわかるのではないだろうか。「運は天にあり」。実力も努力とがんばり次第で身につくが、運が重なり合って、さらに運が開けることも忘れてはならない。

　運をつかむチャンスはどこにあるのだろうか。もしわかるものなら、生き方を修正して、人生を変えてみたい。

282 天は自ら助くる者を助く

　今日、ブログ仲間から、仏教の言葉が入ってきた。

　幸福を呼ぶ運がつかめない、自分ではどうしようもなく、何がなんだかわからない人生の宿命に迷い込んでいる。気がつかないうちに心が動揺し、人への憎しみや皮肉に心が支配されている。仏教の三毒に苦しんでいるという。

　仏教の三毒とは、「妬み、愚痴、怒り」である。人生を嘆き、動揺し、憎しみを抱いている人の人生には、この三毒が潜んでいる。自分を正当化するために三毒に気がつかず、自己満足が他人を傷つけ、人を陥れ、人が離れていく。

　反省の心の泉に気がつけたら、目の前に最高の人生が待っているはずだ。人に頼らず、自分で努力し、苦労する者には、天の恵みがある。

　努力してこそ道が開けることを信じる大切さ、素直さが先決である。人事を尽くして天命を待ち、人を妬まないこと、愚痴らないこと、怒らないこと。

　しかめ面に人は寄ってこない。つまらない愚痴を言っていれば周りは離れていき、ため息で幸せも離れていく。生きるなら、三毒を見直してみませんか。幸せはそこにある。

　今、お客様からゴーヤをいっぱいもらってきた。笑顔笑顔、三毒なしである。

283 子供の心、伸ばすつもりでダメにする

　昔、中国の農村で、植えた苗が早く大きく生長するようにと、ある人が方法を考えた。そして、苗を伸ばそうと、1本1本上のほうに向けて引っ張った。ところが、後でその家の人が畑に行ってみると、植えた苗がみんな枯れていたという。

　「心に忘るることなかれ　助け長ずることなかれ」（孟子）

　「助長」という言葉は、このような故事に基づいている。「助け長じる」というのは、「手を貸す」という意味ではない。もともと生長を助けようとしていたが、余計なことをしたばかりに物事をダメにしてしまうことを指す。

　植物や動物だけではない。人間の子供にも、とくに気をつけなければいけない。親のおせっかい、焦り、無神経さが子供の心を破壊してしまう。子供は親の人形ではない。親が、親の夢や願望を押しつけてはいけない。

　先ほどの孟子の言葉の意味は、「事を成すにあたっては、それに集中すべきだ。時を待たずして、無理に成長を早めようとしてはならない」。

　親なら、子供が成長しやすい環境づくりをして陰で支えること。苗木なら雑草を取り払い、肥料と水を与えて、愛情と真心と思いやりを伝えるのが、自然ではないのかなあ。

284 考え方と習慣の改め

　人間は、生まれてきた環境とそこで培われた性格によって、人間性が出来上がる。満足、不満足は、その時々の心の表現となって現れる。

　不幸続きの人は、自分自身に腹を立て、人生に不満をもち、逃げの姿勢で、苦情たらたらである。幸福のときは、人生に苦しみや悩みを探してみても出てこない。

　性格の違いもあるだろう。神経のこまやかな人間もいれば、ふてぶてしい無神経な人間もいる。人間の心を簡単に直すことはできない。しかし、もし自分の欠点や短所に気がつき、素直に直すことができたら、人生はすっかり変わっていくだろう。

　たとえば、職場でリストラされ、失業したとしても、自分の心一つで何かしら仕事は見つかるのではないだろうか。こびりついた長年のクセを改めることにも大きな意味があるのではないか。考え方を見直すことだ。

　厳しい時代をどう生き抜くか、老若男女を問わず、考えてみるべきだ。続けてきた習慣も、過去の甘さも反省すれば、前進となる。成功のイメージづくりとやる気が成功への道だ。

　未来の設計図は、自分自身の考え方にある。物事を否定的に考えるクセ、自分を卑下するクセは、マイナス思考の始まり。人生には必ず良いことがある。思考をプラスに変えることで未来も変わること、自分自身で改めることがポイントのような気がする。

285 子供の引きこもりに力を注ぐ

生きる力／知恵の力

　私の知り合いに、10年ほど前から世の中に貢献しているＦ先生がいる。私が初めて会ったのは、筑波の研究所を退職後、子供たちのために立ち上げた「子供支援引きこもり相談会」だった。私の出演したＮＨＫラジオ深夜便・心の時代の放送を聞いてくれて、引きこもり支援活動の拡大に相談に来られた。東京大学出身のＦ先生は理論面での支援だが、私は実践面での支援。引きこもり支援の理論と実践で二人は力を合わせることになった。

　社会実践は私の役目で、彼は解決策を考案したり、学習指導をしながら現在も活動を続けている。また脳科学も取り入れ、非行や引きこもりまで面倒を見ている。先日も小学生の不登校に悩む母親の相談に、Ｆ先生の支援を依頼した。

　親と話し合いをするのはＦ先生で、私は外部にて子供たちと行動を一緒にする役目。お互い協力し合って引きこもりの子供たちの相談に乗るが、彼はとても頼りがいがある。何事にも一人より二人が強い。

　Ｆ先生は、世のため人のため、自分のためにも、一人でも立ち直れるよう支援をしていきたいと話をしている。子供たちと料理を作ったりして心を開いてもらい、誰でも気軽に話せるような環境づくりを進めている。世のために頑張る先生からは、必ずご報告のお便りが来る。毎回、楽しみにしている。

286 自分が変われば人生変わる

　人間の脳の働き、知恵の働きは、動物の中でもずば抜けている。そこが人間の長所であり、他の動物と区別されるところでもある。この脳の働きによって、人間の個性も性質も形づくられる。

　しかしながら、人間の高い能力はわかっていても、プライドや見栄や地位や名誉が心の中で絡み合い、夫婦でも友達同士でも、自分から頭を下げて謝罪や感謝の言葉を言うことができず、暗闇の世界、孤独の生活へと自分から飛び込んでしまう人々がよくいる。

　「ごめんなさい」と「ありがとう」。この11文字の使い方で、自分が変えられ、相手も変わり、人生も変わり、宿命も変わる。

　簡単な言葉だが、迷いの心が消えて、人間を変えてしまう力をもっている。

　なにも頑固一徹でなくてもいいのではないか。身の丈に合った自分を再認識する。それで家族が仲良くなり、嫁姑の争いもなくなるのなら、それでいいではないか。自分を正当化する醜さも消える。

　相手に思いやり、優しさ、愛情、信頼が伝われば、自分も変わるのではないか。勝ち負けではない。自分の心の余裕が幸せを呼ぶ。常に相手の身になって考えることが、自分の幸福につながる。

287 類をもって集まる

　昨夜は「類は友を呼ぶ」で、友が集まった。

　自分は嫌われ者であると思い込み、周りに溶け込めない人がいる。性格が周りと少し違うから嫌われていると思う心が、人を孤独にする。他人は、そんなことを思ってもいない。自分一人だけの妄想かもしれない。嫌われていないかもしれない。

　人の集まりで、人の輪に自分から入らず、遠くからちらちら眺めながら誰か呼んでくれないかと待つ姿勢、自分から溶け込もうとしない性格が悲しい。わかってはいるけれど──。

　では、どうしたら、皆さんから好かれる人気者になれるか、人の集まりに溶け込んでいけるか。いっぺんに大勢から好かれるのは無理難題。しかし性格や趣味が似ている人が周りに一人はいるはず。そこが基本。趣味の合う人同士は、一人、二人、三人と仲間が集まり、サークルができている。性格の似た者同士もひとりでに寄り集まるから、そこがコツだ。

　手っ取り早く人を引きつけるのは、陽気な性格の人。リーダー的性格の人は、面倒見が良く、人を傷つけない。自分が楽しく、笑顔であることが大切。嘆くところに人は寄ってこない。人生の孤独に悩むなら、今から自分を変えてみては。きっと変えられる。人生も他人も宿命も変えられる。幸運も寄ってくるから、人生が楽しくなる。自慢話や地位や名誉やプライドのひけらかしは、社会では嫌われる。奥様から嫌われ、友からも嫌われる。そんな人生は誰も望まない。人生、馬鹿が最高かも。

288 有為転変は世の習い

　私たちは、一日24時間の中で生きている。その使い方は人さまざまであるが、私は3分の2は動き回っている。予定が予定でなくなってしまうのが人生。一生の計画も、夢の実現もままならない。今日一日をとってみても、予定がめまぐるしく変わるが、それが当たり前と思えば、ストレスも溜まらない。そんなときこそ、臨機応変に対応しなくては、人生は馬鹿馬鹿しくてやってられない。その対応と決断で、また何かが見えてくる。日々これ好日である。

　昨夜から、茨城笠間の別荘にいて、朝、筑波カントリーへと向かったが、今日は関東地方は快晴のため、急に遅いスタートに変更となり、家内と孫たちと横浜へと車を走らせた。

　道路規制が敷かれており、横浜国際女子マラソンがもうすぐスタートとのこと。生で見るマラソンに胸躍らせ、カメラのシャッターを押した。観衆の皆さんも応援の拍手と声援。選手の一所懸命走る姿に胸が熱くなり、感動した。

　水上バスでみなとみらいから赤レンガ倉庫へ、そして山下公園へと遊覧。思いがけなく楽しい一日だった。

　有為転変は世の習い。この世はすべてが留まることなく移り変わっている。それが世の常であると思うこと。世の中ははかなく、予定どおりにはいかない。だからこそ、めそめそすることも、悲しむことも落ち込むこともない。深く考えないことが肝心だ。

289 功成り名遂げて身退くは天の道なり

　俳人・小林一茶は、葛飾派に属する流山の秋元双樹と知り合い、流山から布佐、守谷、我孫子、手賀沼、柏と北総地方を旅して、数々の俳句を残したと伝えられている。一茶は流山の秋元家を第二の故郷として何度も訪れ、俳句作りに励んだ。功成り名遂げて、現代でもその名と俳句が残っている。

　今日、その秋元家の別宅で俳句の会が催され、私も仕事帰りに寄ってみた。大勢の参加者があり、俳句が大声で読み上げられて、皆さんで楽しまれていた。一茶と同じ屋根の下で俳句を詠むことに感銘を受けておられるように思えた。

　庭には一茶の「夕月や流残りのきりぎりす」の句が石碑に刻まれていた。きっと秋の句だろう。流山に残る俳句の数々。皆さんも一茶の足取りを辿ってはいかがかな。

　平成の今日、文化人の方々には、名を残すことを考えている方もおられるでしょう。しかしながら、人生ほどほどで身を退く考えもよいのではないのか。立派な仕事を成し遂げて名声を得たなら、ほどほどのところで引くのも身の丈。人に妬まれ、禍や不運が身に及ばないうちに、その地位から退くほうが自然の摂理に適った身の処し方かもと思う。

　流山の一茶双樹記念館に足を運び、心を静めて、一茶の俳句にあやかってみてはどうでしょう。将来名が残るかも。

290 学ぶ門に書来る、経営哲学に成功来る

　昨日の経営セミナーには、熱気あふれる若い経営者の方々、将来独立したいと考えている職人さんたちなどが参加した。

　今の世の中、不況とか不景気の二番底とか言われているが、皆さん熱心にこれからの経営のあり方や、利益効率の向上について勉強し、質問も飛び交う会場には熱気があふれていた。真剣な表情の経営者の卵たち、すでに現役の社長、未来の社長を夢見る若者たちのファイトに私も胸が熱くなった。

　「学ぶ門に書来る」という。目標をもって打ち込んでいると、自ずから好機会が巡ってきて、必ず道が開ける。学問の好きな人のところへは自然と本が集まり、書物が増えていくという意味だ。だから経営哲学の基本は、自分自身で学ぶ経験の積み重ねである。

　セミナーでは、日本経済の不況が原因で仕事がないという不満の声も聞かれた。しかしながら、国の責任とか世の中が悪いとかいうよりも、仕事は自分の努力と思案と行動により開けるもの。自社で考案、自社で販売、自社で価格設定、自社独自の企画には、ほかからの注文も来る。他社には真似のできない内容なら、不況知らずの経営哲学となる。

　考える経営、先読みの経営、安定の経営、「小さな経営、大きな安定」これが私の経営の基本哲学である。経営の善し悪しは経営者次第である。

291 人の七難より我が十難

　世の中、他人の欠点にはすぐ気がつくが、自分の欠点にはなかなか気がつかないものだ。人の欠点に気がついて、たまらなくおかしくなることがある。本人は自分の欠点がわかっていないのか、気がついているのか。わかっているならすごいことなのだが。

　癖も欠点と同じもののような気がする。欠点は心の問題で、癖は身体から発するもの。短気、無気力、のろま、対人関係が下手などは、皆欠点だ。修正には心の修行が必要。

　癖となると、どこかに触る癖、食べるときに音を立てる癖、文字の癖など、癖は人間に腐るほどある。言われて初めてわかる癖は、人間の育てられ方の影響か。

　人の欠点は見えるが、自分の欠点は見えにくい。わかりそうであっても、プライドからか見栄なのか、素直に欠点をさらけ出して改めることは難しい。それに、相手の欠点を面と向かって言えるものでもない。

　言ったところで、反感をもたれて、喧嘩にもなりかねない。欠点を注意してくれる友達、親、妻（夫）、世間の人々の助言を素直に聞き入れることができれば、完璧である。

　人生の成功者のたとえに「人の一寸　我が一尺」というのがある。他人の欠点や癖よりも、自分の欠点、自分の癖を直そうと思う心がけがなければ、一生改革も発展も望めない。自分を探すには、心と身体と魂を一致させる心がけが大切だ。

292 鶴の脛（はぎ）も切るべからず

　学校の講演で大勢の生徒に出会い、生き方や生活の仕方、将来の夢と希望などを聞く機会がある。顔かたちはそれぞれ皆違うように、性格も考え方もさまざまだ。

　とくに中学３年生になるころには、親の意見よりも生徒自身で夢を語れるようになっている。親の希望もある程度採り入れるでしょうが、子供は自然と成長している。気がつかないのは親のほうかもしれない。

　生徒の考えはそれぞれだ。父の姿を見ている生徒、友人との話の中から自分の進む道を見つける生徒、生まれつき好きなことを将来の職業に考えて向かう生徒もいる。案外、心の中ではしっかりと将来を描いている生徒が多いが、家庭の事情で希望を失っている生徒がいるのも事実である。

　「鶴の脛も切るべからず」の脛は、鶴の足のすねのこと。鶴の足は長い、カモの足は短い。しかし、鶴の足は鶴の足、カモの足はカモの足、子供の夢を叶えようとする親心は大切だが、どうも親の見栄から、親が先走り、子供の考えを無視して親の考えを押しつける傾向がある。

　鶴は鶴、カモはカモ、鳩は鳩。どうすればその個性と性質と能力を伸ばせるかを考えて、進学先選び、就職先選びにあたれば、子供にとって人生が楽しくなり、将来も幸福がつかめるのではないかと、私は生徒たち、教師、親たちにいつも呼びかけている。

293 苦楽は生涯の道づれ

　今日も天気予報どおりに、昼から雨降り。時には強く降り、寒さを増す12月だ。今日もカレンダー配りに、急ぎの走り。まだまだお客様を回らなければ。

　この苦労が来年、花咲く。「苦楽は生涯の道づれ」だ。私たちが生きている社会にも、家庭にも、さまざまな苦楽の差がある。それでも、人間は一所懸命生きる。努力と我慢と忍耐で。「苦は楽の種　楽は苦の種」ともいう。

　この言葉を信じて人々は、幸福に向かって今も生きている。一生苦労だけで終わる人生は決してない。あったとしたら、状況を変えようと思う気持ちが薄いのである。人間の宿命は変えられる。変えられたら人生も変わる。

　私の経験からしても、人間、苦労があって楽がある。69年の生き方で学んだ。苦も大ありだったが、変えられた。変えてやろうという考え方と努力が基本であることが見つけられた。それを今、子供たち、青少年、大人たちに少しでも理解して幸せをつかんでもらいたいと思っている。小さなアドバイスで喜んでもらえれば、私は幸せだ。

　幸せの三福、「惜福、分福、植福」。幸せは、惜しみながら使い、他人にも分け合い、自分の幸せを感じて、子供たち、孫たちのために、将来の幸せを裏山に植えておこう。

　思いやりの幸せ、これが幸せ三福の基本かな──。

294 不運を努力で変える

　私の生まれ故郷の知り合いに手紙を書いた。家庭環境に恵まれなくて、東京に出て、働きながら高校の夜学に通い、大学も働きながら教育学部をみごとに卒業し、教師になった。そして大学教授になり、今は大学の副学長にまで出世している。
　この人の努力と熱意と忍耐は、この人の生い立ちが物語ってくれる。この人の生き方は、なかなか真似のできるものではない。世の中に、一人か二人はいるかもしれないが、そうはいないだろうと思う。運勢を努力で変えた素晴らしい人物だ。
　この人の人生を、詩と歌に書いてみた。

　運がなくても　生きられる
　不幸なんて　どうにかなるさ
　運なんて　変えられる
　つかむ心が　運を呼ぶ
　行動が　チャンス呼ぶ
　不運だろうと　不幸だろうと
　やれば　何とかできるさ　幸せに
　努力と熱意と考え方で
　なんとかなるさ　人生なんて

　　人生　幸運不運のつかみあい　努力重ねて　今　人生
　　　　　　　　　　　　　　　　　　　　　（詩と歌・白川）

295 下種の1寸、のろまの3寸

　皆さんは戸をどのように開け閉めしていますか。人は七癖と言うように、戸の開け閉めに性格が現れるそうだ。几帳面な方はピタッと閉める癖がついているようだが、常識の薄い人は1寸（3㎝）くらい閉め忘れ、のろまは3寸も閉め忘れるらしい。性格のいいかげんさが現れるわけですね。

　つまり戸を閉めようともしない人間は、人の話を聞かない馬鹿に過ぎない、言われたことを守りもしない常識はずれだから、戸を閉めようとも考えない、ということか。わがまま放題の人間がそうらしく、確かに学校の生徒を見ていてなるほどと思う。しっかり閉める生徒もいるが、中途半端だったり、戸を閉めようともしないで出て行く生徒たちは、家庭でもどこでも閉める癖がついていないのだろう。こういう人間は、時間にもルーズかもしれない。

　反対に性格の良い人は、時間も厳守して物事にも真剣に取り組む精巧な人間でしょう。時間の使い方の上手な人は、社会常識のある人、どんな困難なことにも耐えられ根気があり、何事にも諦めず取り組む姿勢があるから、会社では優秀な成績を残せる人間になる。

　戸を閉めない性格はどう見ても責任感がなく性格も良くなく、わがままに育ったに違いない。結婚しても横柄、無頓着、無責任で世の中を甘く見ているから、結婚後は苦労するでしょう。

296 人間に大切な性教育

　学校で「生涯通ずる健康と性」の授業が始まった。性に感心をもつ思春期の生徒たちの教育に盛り込まれるのは当然のことでもある。性について親が教える家庭は60％ほどでしょうか、女の子には母親の指導もありえるが、どの家庭でも男の子に性教育はほとんどしないと思う。

　今の「現代保健」の授業は、先生がしっかりと月経排卵日から避妊の仕方や妊娠、精子や卵子の役目まで、ミクロの細やかさで教えるので、生徒たちにもきっと役に立つでしょう。昔は、自然に仲間や先輩から教わったり、先輩に連れられて風俗に行って体験したものだ。

　思春期に異性を感じない若者たちが増え、結婚をしない若者が今の社会現象になっている。異性への感心が薄い若者の国はどうなるのだろうか。心配が残る。

　人はそれぞれの考え方もあるし、条件もあるでしょうが理想の追い過ぎは時を逃がすことでもある。ある程度の恋愛関係で妥協して、結婚してから愛を深めても遅くはない。そんな夫婦の思いやりや情の深さが大切だと私は思う。

　結婚後は、「妥協と我慢と努力と諦め」が長い夫婦生活のコツのような気がしてならない。結婚生活は、この教科書の基本をしっかり勉強して、お互い支え合って思いやりの絆を深めていってほしい。それが家族の幸せにもつながっていく。

297 詫びる心には見栄もプライドもいらない

　人間、間違ったときには素直に謝る心がけの大切さを、私は十分に知っている。

　夜間高校の家庭総合の授業で、私の思い過ごしから、教科の担任の先生に失礼なことを言ってしまったのだ。日本では今、3組に1組が離婚しているという先生のお話に疑問を投げかけてしまった。私はまさかと思った。私の周りを見ても3組に1組の離婚率は到底当てはまらない。各学校の40人クラスでも4人くらいは離婚家庭であることを知っているが、3分の1とは絶対に間違いではないかと、まだ新任で初めて会った先生に言ってしまった。

　私は家に帰りネットで検索してみてビックリ、先生の指摘が正解だった。こんなに離婚率の高い日本はどうなってしまったのかと考えてしまう。沖縄は離婚率が高いけれども再婚も早いのは、情熱の県民性でしょうか。2度3度の再婚は当たり前の地域のようだ。我が故郷、秋田や寒い日本海側の離婚率が少ないのは我慢強いからでしょうか。

　ともかく今日は先生にしっかりと謝罪をしなくてはならない。「私の思い違いでした、失礼いたしました」と。

　謝ることには慣れている私なので、見栄もプライドも何にもいらない。間違いは間違い。早い謝罪は効果があると思う。

298 信じるは自分なり

　年配のお客様が永眠された。寂しいですね。若いときの潑剌としていた元気な姿が浮かんできます。

　人はいつかは死を迎えなくてはならない。わかってはいるものの、寂しさと未練が心の中でさまようのではないのかな。

　人が死ぬということは、どんなふうに進んでいくことなのか。本当に天国があるのだろうか。もしかして、地獄があるのかもしれない。はたして、仏教のお坊さんの話は真実なのか。まやかしかもしれない。

　しかしながら、日本の神仏は何百年にもわたってその歴史と伝統とともに、ご先祖様から伝えられ、引き継がれている。日本に生まれた以上、地域の風習は引き継がなければならないが、自分は本当はどう思うのか、何を信じたら自分の心が安らぐのかと考えるとき、真の自分をなかなか見出せない仏教の難しさに、誰しも迷いが生じるのではないだろうか。

　一年を通してみると、正月は神社へ、お彼岸にはお寺の墓へ、結婚式は神仏かキリスト教で、お盆は仏教、クリスマスはキリスト教。

　考えてみると、私たちはこれで幸せなのかもしれない。いずれ死んでお墓に入るのなら、世の中のあらゆる神々のお許しを受けて、人生を楽しく笑い、満足のいく幸福を得られるのであれば、どの宗教でもよいのではないか。決めるのは自分自身だから。

299 言葉の善悪

　相談にのったある方からお礼の電話をいただいた。
「少しきつく言われたけれど、考えさせられました」とのこと。
　またがんばろうと勇気が出てきたそうで、元気そうな言葉を聞くことができてうれしかった。たいしたアドバイスはできなかったが、相談に来られた方の受け取り方を見て、本当に効果があったのかどうか、少し心配していたのだ。
　たった一言、たった一語の言葉が、ある時は人を助け、ある時は人を殺す。人は日常、身の回りで、なにげなく気にも留めずに、他人に傷を負わせ、他人を落とし入れていることに、なかなか気がつかない、それが人間であり、自分であり、もしかしてあなたかもしれない。
　言葉が一瞬で人を傷つけるなら、言った本人はもっと傷を負うべきなのに、気がつかない。気がついたら偉いものだ。これが生きていくうえでの人間の試練かもしれない。強く心を鍛えるのも自分の使命かもしれない。戦わず、心に残さないようにするのも、自分である。
　戦国時代の武将、山本勘助の言葉に「刀で人は切れるが、人の心までは切れない」とある。この言葉を思い浮かべた。

300 親の鑑（かがみ）と子供の目

　人には誰にも悩みがある。幸せそうであっても、悩みは人それぞれ抱えていて、つくり笑顔で苦しみに耐えながら生活し、自分は幸せですよと心に言い聞かせながら頑張っている。しかし、外見上からはなかなかわかりにくい。

　今日相談に来られた方は、幸せなのに気がついていない。自分は不幸だと決めつけている。何事に対してもマイナス思考。これをプラス思考に変えられるかどうかは、本人の考え方次第である。

　父母の行動を、子供の目が追いかける。目で見て、頭で考えてから行動を起こす。はたして、成功するか、失敗するか。このとき、好奇心いっぱいで動き出す子供と、動かない子供がいる。この二人の子供の考え方の違いはどこにあるのか。日ごろの親の教育にあるのではないだろうか。親たちが、子供の前で、「どうせ」とか、「面倒」とか「おもしろくない」などの言葉を使っていませんか。

　世の大人が鑑となって、子供に手本を見せて教えなくてはいけない。「やればできる、何事も」この言葉の上に「きっと」をつけると、子供たちは何事にも耐えられて、楽しさも、喜びも笑いもついてくるのではないだろうか。

　「きっと良いことが」「きっと楽しい」「きっと成功」の言葉で、親の前向きな生き方を子供たちに示そう。

301 植えぬ種は生えぬ

　雨の日はのんびりムードで「晴耕雨読」がいいという方もいるでしょうが、私は庭いじりが楽しみ。暑くもなく花粉も飛ばずちょうどいい雨模様のなか、箱に朝顔の種植えをした。天気が良いとゴルフか写真撮影かドライブか、家にいないタイプなので、こんな雨の日でなくてはできない。

　いつか芽が出ることでしょう。楽しみの朝顔大輪の3種類、芽が出てきたらまた箱に分けて人に差しあげよう。

　「植えぬ種は生えぬ」のは、何も朝顔だけではない。今まで人様に貢献をしてきたことが、今になって芽を出し私の前ににこやかに表れ、とてもうれしい。会社の発展も、過去に種をまいていたからこそ、今につながっている。

　私たちの社会では、今だけ良かれでは後に続かないものだ。過去の実績、過去の出会いや助け合いが、未来まで続くことの原点にある。「種まきに始まり花を見る」幸せは自分でつくり上げるものだと思う。

　東海道を旅行中の家内から、愛知県のブログ仲間に初めて会ったとの連絡があった。本来だったら私が挨拶しなくてはならないのに、家内が連絡して会ってくれた。長いブログの種まきが、今回の機会をつくってくれた喜びは、何ともいえない感動でした。ありがとう見知らぬ人、そして家内にも感謝。

302 困難を乗り切るのに無駄はない

　今までいろいろな場面で困難にぶち当たっては乗り越え、泥沼に足を取られてもまた乗り越え、そういうことが何度あったことだろう。会社経営の困難に出くわすたびに、協力会社が結束をして危機を回避してきた。

　人間とは弱いものだ。いろいろな修羅場を潜り抜けての積み重ねが、初めて人間をつくり上げていく。

　建売不動産屋の夜逃げ、強烈な台風被害で新築住宅の2棟倒壊、バブル期の不景気倒産のあおり……その都度、当社も甚大な損害を被ったが、協力会社の結束が会社を救った。ありがたい、感謝。

　昭和後期から平成初期、日本の景気の絶頂期に陰りが見え、時代は不況へとなだれ込んだのを機に、建売業から一次撤退したことが幸運を呼んだ。バブルの破裂で日本経済が一気に悪化して多くの仲間たちが消えていった。先を見て決断した私の判断は間違ってはいなかった。「困難は結束を育て、人を育てる」。多くの困難を乗り切って、時代の流れ、空気の動きをいち早く見極めて察知する勘を身につけていたことが幸いしたようだった。

　「小さな経営大きな安定」は、こんな経験から生まれた私の心掛けの言葉。無借金経営は絶対の強みであるという私の経営哲学の原点はここにある。

303 天才秀才型に劣らぬ社会実践型の強み

　先日、学生のときから弁護士を目標に夢を追い続ける人に会った。親の援助のもと、40年諦めずに今なお挑戦を続ける60歳。私立有名高校から大学へ進み天才とも言われた少年が還暦になっても夢を追い続けている。

　別の話だが、高い能力の持ち主が、社会に適応できずに会社に入ってはすぐやめてしまう、再就職してもなんだかんだと弱音をはいてまたやめてしまう、この繰り返しに親もあきれて何も言わない。そんな若者たちがいると聞いた。なんとか支援の手を差し伸べたいものだ。

　家庭教育、学校教育、社会教育をうまく使いきって、生きるための教育ができないだろうか。

　学校教育の基本は、生活で必要な読み書き計算や体育や友達づくりなど、生きるための最低限の方法を教えることにある。道徳倫理などは家庭の教育と社会に出てからでも学べるものだ。

　周りで起こっていることの空気を読めない人物、関心がないものには無頓着で落ち着きなく動き回る人間も増えている。頭が良いから社会生活がうまくできるとは限らない。社会で生きるためには、熱意がなければならない。熱意があれば技術に生きることもできるし、労働で汗をかく生き方もある。別に秀才でなくても、馬鹿でも生きられるものだと私は思う。

　この世の中、能力で生きるか労働で生きるかは人それぞれだが、天才や秀才より社会実践型の人に成功者が多い気がする。

304 自分の心と運の強さ

　関東地方は春を思わせる暖かい好天に恵まれ、気温は10℃にまで上がり、やはり地球は温暖化が進んでいるのかと、少し心配になってきた。

　何億年も前の氷河時代から平成の今日までの地球の変化。自然の力には、人間の能力と科学の進歩をもってしても、どうにもならないのか。

　一人ひとりが人間の限界に挑戦し、努力し、少しでも地球の温暖化を止めなくては。それが、子供たち、孫たち、ひ孫たちの時代の日本のため、地球のため、人類の未来のための、私たちの役目かもしれないと考える。

　人は、ちょっとしたことで物事を変えられる。少し考え方を変えてみるだけでも、見る目を変えるだけでも、手足を少し動かすだけでも変わる。一言、二言、三言が、自分を変え、相手を変え、宿命も運勢も変わることに気がつかねばならない。

　考えを行動に移し、何かをつかみ、それをチャンスとしてさらに即行動し、タイミングとバランスを測れば、幸運を呼び寄せられる。自分づくりで常に自分を磨いていなければ、幸運は逃げてしまう。一つの行動が努力につながり、他人の協力が力になり、人々が予想外の運を連れて周りに集まってくる。それをあなたはつかむことができますか。それを自分の心でつかむか、逃がしてしまうかは、あなた次第だ。悔いのない人生はあなたが決める。他人のせいにして逃げてはならない。

305 ありのまま、人間一生

　人間は、貪欲(どんよく)の心を誰しも少なからずもっている。もっていなくては生きていけないのかもしれない。当たり前のことだろうが、しかし、人間はほどほどでいいのではないか。他人を踏み潰してまで、他人に迷惑をかけてまで、嫌われてまで、頂点にのし上がりたいという、人間の心の醜さはいかがなものかと思う。

　幸せになりたい気持ちは誰しも同じなのだから、ありのままで、すべてを愛して、人々に感謝して、忍耐強く、楽に生きられたら、それでいいのでは。人は裸で生まれ、裸で死んでいくことを思ったら、そんなに焦らなくてもいい。

　大金持ちになりたくて、朝の暗いうちから夜遅くまで働き、家庭を顧みず、子供の顔も妻の顔を見ることなく、「会社、会社、金、金、金」とストレスを溜め、笑うことも楽しむことも忘れて、自分が苦しくないですか。そんなに頑張らなくてもいいのではないですか。

　それも人生、と言われたら、それもいいだろう。金のない人間のひがみと受け取られるかもしれない。

　私は講演で、「長者の万灯より貧者の一灯」という言葉をよく使う。金持ちのたくさんの寄進より、たとえわずかでも真心のこもった貧者の寄進のほうが尊い、という意味である。

　人間の一生、ほどほどで満足であると思えるかどうかが、その人の幸福への道である。

306 子供に真の教育を

　学校を講演して歩いてみて、感じること。

　今の子供たちは、当たり前のように生活し、当たり前のように食べて、当たり前のように親に文句を言う。正しいのは自分のほうで、間違いや嫌なことはすべて他人のせい。他人に八つ当たりし、ふてくされ、自分は生まれてきてやったかのように言い、文句たらたらだ。

　子供たちには、世の中を生きていくための人生道徳をしっかり教えないとだめになりそうだ。

　学問だけを優先し、勉強さえできればいいと考える親子も見受けられるが、はたしてそれでいいのでしょうか。

　私は疑問に思う。勉強に落ちこぼれても後で取り返すことができるが、社会から落ちこぼれてしまうと、立ち直るのはかなり難しい。それに早く気がついてやらなくては、子供をだめにする。

　両親、先生、友人、他人、すべての人が愛情と思いやりと信頼をもって語りかけることが、子供のためになる。

　子供が悪の道に入るきっかけの一つには、家庭環境への反発か親への憎しみがある。子供の態度から危険信号を発していることに気づいたら、そのときこそ、親であれ教師であれ、注意をして適切な指導を行うことが社会教育上、大切である。

307 親苦、子楽、孫乞食

　人は、何に責任をもって生きねばならないのか。自分の役目は何なのか。

　先祖代々からの時代の流れの中で、自分が好運であるのか不運であるのかは目に見えない。自分の運勢がわからないのが人間だ。

　親が優秀で、その子供も幸せいっぱい、不自由のないわがままな生活をしていれば、人生を楽をしているうちに無駄に使い果たしてしまう。その結果、孫の代には貧乏になり乞食の生活まで落ちていく。

　要するに親が苦労して溜めたお金を、子供が使い果たし、その孫は乞食のようになってしまうということだ。この親子３代のうち、自分は果たして何代目に当たるのか。親の代か、子供の代か、孫の代か。汗と努力の苦しみの代か、幸せで好運な代か、不運の代なのか。

　先祖が大金持ちでも資産家でも、３代目で駄目になるという話はよく聞く。日本では、民法に定められた相続税が大きな打撃をあたえることになる。

　ただ世の中、これとは関係なく、何代も幸福が続く場合もあるし、反対に代々不幸が続くこともある。世の中はさまざまだ。

　世渡り上手になるには、謙虚さの心を忘れず、堅実で真面目な生き方をすることがいちばん大切だ。「小さな経営、大きな安定」に尽きる。

308 老いては子に従え

　人は誰もが歳をとる。歳老いて、今まで生きてきた経験が自信となって固まってしまい、頑固になる方がどうしても多いような気がする。

　子供が何歳になろうと、歳老いた親から見たらまだ子供とどうしても上から目線で見てしまう。親子関係を長く続けてきた習慣が身についてしまっている。私が親もとにいる時代も、親たちは私を子供と思うからなのか、押しつけがましいことをよく言っていた。考えてみると、親たちは一所懸命に子供の教育のためにそうしたのでしょう。

　今、私は親のありがたみがわかる。そして今は、親として子供に押しつけ教育ではなく、子供を信じて、「老いては子に従え」で良いのではと思っている。

　子供夫婦には、何事も信頼と思いやりと愛情をかけて、幸せになってくれることを祈っているが、遠くで見守ってあげるのが親の役目かもしれない。

　それならば親馬鹿にならず、子供に重圧をかけず、子供からも嫌われずに済むだろう。そうした心がけが大切だ。

　親の考え方が幸福をつくるのではないだろうか。

　親の名誉も地位も見栄も、子供にはなんの関係もない。子供を信じる親心が子供に通じれば、親を尊敬することだろう。

309 運・根・鈍

　成功者は、なぜ、どうして成功したのか。

　若いうちから青年実業家などといわれている人。長い月日をかけて晩年に成功をおさめた人。

　他人から見て、何であの人が成功して、なんでこの人が成功しないのかがわからない。

　成功したと思うと倒産して夜逃げをする人。傍目(はため)に大きな会社が、実は赤字で火の車だったり。どれが成功者でどの人が負け犬なのかわからない。

　要するに黒字で安定した小さな会社でも、それが成功といえるのかいえないのかは、見る側の視点によっても違ってくる。

　しかしながらいくら努力しても、「運、根、鈍」のうちの、どの一つが欠けても成功はしない。

　「運」のない人は成功から見放される。「根気」よくがまん強く続けなければ成功はしない。そして「鈍い」くらいの粘り強さが必要だということだ。

　成功者はこのポイントをしっかりつかんでいるに違いない。

　世の中、一人だけで成功はできない。大勢の社員や仲間を幸福にして初めて成功といえる。

　「小さな経営、大きな安定」。夕食時に家族そろって食事をできる幸福こそが、一生の成功者かもしれない。

310 大器晩成

　よく母親より聞くのは、うちの子供は何をやっても駄目だ、勉強もスポーツもできない、家の手伝いもしない、親の言うことも聞かない……という愚痴だ。子供の教育と躾に疲れ果てた親の嘆きがよく表れている。

　冗談かと思うが母親は真剣である。そんなに子供が悪いのかと思うが、親が思っているほど子供は真剣に考えていない。

　今は、子供は勉強もスポーツもできないかもしれないし、親の考えに逆らっているかもしれないが、子供自身はそんなに心配もしていないし、問題にも思っていない。それが今の子供たちである。

　きっと我が子は大器晩成型なんだろうと、子供を見る目を変えてみれば、親にもゆとりが生まれ、子供を見る目が変わってくるものだ。

　子供に対して、晩成型であることを祈り、毎日、愛情と思いやりと信頼のもとに育てればいい。別に大器などにならなくても、子供がゆっくりと伸びて幸せになってくれればそれで良いとしましょう。学生時代が駄目でも社会に出て大成するかもしれない。

　未来は透明な夢物語。子供には今すぐの結果を求めなくても良いのでは。小さな晩成に大きな夢を。

311 心のねじれ現象

　近頃、無差別殺人事件が多すぎる。目に余る光景を新聞やテレビなどでよく見る。いつも思うのは、何がなんだかわからずに迷いのなかで被害者は傷つき死んでいくのだろうということ。どうなっているのかもわからずに。私たち他人は、ただ報道に注目しているばかりである。

　身近な身の回り、もしかして隣近所に加害者になるような人物がいたら恐ろしい。事件を起こした犯罪者の多くが無職で、なかには、精神疾患を抱えた者もいるようだ。世の中には真面目にアルバイトをしているフリーターも多いのに。

　仕事もせず、いい加減な考えで親に迷惑をかけたまま、当たり前のようにわがまま放題に育った人間が犯罪者予備軍となってしまう。そんな彼らを育てた家庭教育にも問題があるように思う。

　もしかしたら、犯罪者も、間違った教育を受けてきたという意味で被害者かもしれない。すぐにキレる後先考えない気短な性格は、子供のときから親の愛情を受けずに育ってきたからかもしれない。思いやりとたっぷりな親の愛情があれば、子供は安らかで優しく落ち着きのある心の強い人間になれるのではないだろうか。

　犯罪者を少なくするには、悩み、苦しみ、ふてくされ、投げやりになって「心のねじれ現象」を起こしている若者を、大人の皆が力を合わせて支えていくことしかない。

312　思いやりと気配り

　人間はもちろん、この地球上に生きているすべての動物、植物など、あらゆる生き物が平和で戦争もなく、どんな小さな争いもなく、いじめも虐待も苦しみも悩みもない毎日の生活を送るために欠かせない言葉があるとすれば、それは、「思いやり」と「気配り」だろう。

　簡単な話が、この二つの言葉を忘れたところから、多くの問題が起こっている。

　多くの人は日常生活の中、家庭、学校、職場で、何気なく他人を傷つけ中傷し合い、落とし入れて、自分だけが生き延びればいいというような勝手な考えをもって生きている。

　弱い子供には大人が気を配り、老人たちには若い者たちが皆思いやりをもって「お互い様」の合言葉を心に思いながら生きていけば、世の中、どんなに変わるだろう。

　「思いやり」と「気配り」の世界。

　当たり前といえばそうだろうが、なかなかそう簡単には変わらないものかもしれない。

　育ててもらった親に、老後は思いやりと愛情で恩返しをしよう。幼いころ、急病のときは病院に抱きかかえて駆け込んでくれた親の、子供を思う気持ちに大きな感謝を込めて。

313 仏千人 神千人

　今日は春の彼岸。あいにくと朝から雨降りで、皆さんお墓参りも足が鈍るでしょう。彼岸の中日、秋分の日の休みに雨が降るとは残念。それでも行くのが皆さん。

　彼岸とは、仏教では「向こう岸に至る」の意。世の中の煩わしさや悩み苦しみを払い捨てた世界。一切の迷いを離れた不生不滅の涅槃(ねはん)の境地。

　生きているこの世の中で、いろいろなことに迷いながら人間は生かされて生きている。

　春の彼岸と秋の彼岸、一年に2回はお墓参りでもして、先祖供養でもして悟りを開きなさいということだ。7日間、あの世とこの世の向こう岸を思い、禅の心で生きる。

「仏千人　神千人」

　必ずこの世には助けてくれる味方、強力な人々がいることを信じなくてはいけない。

　悪い人もいるでしょうが、一方では神仏のような人、善の人も多くいることを信じましょう。

　不幸だとか、運勢が悪いなどと思わなくてもいい。きっと良いことが来る、きっと幸せになれると、自分を信じることがいちばんのこの世の修行かもしれない。

314 才能は努力を継続する力

　人間の「能力」、「才能」、「天才」……似たような言葉、親戚なのか、仲の良い友達のような言葉。

　どれが一番で二番で三番か。頭の賢さの順番はどれなのか。

　私は今まで生きてきてはっきり言えるのは、どの言葉も、努力を継続して初めてそれぞれの言葉を使えるようになるのではないかということだ。

　確かにいくら天才だろうが、才能があろうが、努力の継続なしにはその状態を維持できない。日々の社会生活のなかでは、努力に勝るものはない。

　私の知っている人で、子供のときも学生時代も成績優秀で才能抜群な人がいたが、社会人生に出遅れてしまい、才能が発揮できなかった人間がいた。そういう例もある。

　だから人生諦めることなく、こつこつと努力を続け、自分を落ちこぼれないように、捨ててしまわないようにすれば、いつか必ず成功と幸せをつかめるはずだ。

　もし自分に才能があって自信があるならば、努力を継続していけば大成するでしょう。

　「継続」は自分の心の宝であり、「努力」は天才に勝るのだ。

315 無気力

　この1億3千万人の中で、働きもしない、勉強もしない、人間関係をつくっていこうとしない、動こうともしない、話もしたくない、一人部屋に閉じこもり食事もとりたくない……こんな無気力に等しい人々が多くいることに呆れかえる。

　このごろの相談で最も多いのが、そんなようなことだ。まったく呆れててものも言えない。

　原因の大半は家庭の問題。親の教育がなっていない。心の躾、体の躾ができていない。子供のときから、努力、忍耐、根性の大切さを厳しく教えてこなかった。子供に甘い教育をしてしまい、子供の無気力を大人社会がつくってしまったのだ。

　そうして育ってきた人間は、「さぼってばかりいる」、「ずるい」、「半端者」などと悪口を言われるので、立ち上がろうとしてもなかなか行動が起こせなくなってしまう。

　「なにくそ」と歯を食いしばり「負けてたまるか」というガッツの根性やハングリー精神を家庭も学校も教育できていないのが、いちばん悪いのではないだろうか。

　それに加えて、日本経済の豊かさが親を変え、子供も社会全体も変えてしまった。その甘さが今の社会をつくった。

　無気力の人々を早く立ち直らせなくてはならない。

　「行動にチャンスあり　不動にチャンスなし」

　まず自分の足で立ち上がり、その足で第一歩を踏み出すことが、無気力からの脱出法だと思う。

316 継続は力なり

　人間の集中力は無限で、計りしれないものがある。人は好きなことに向かっていると、食事も取らずに時間も忘れて熱中することができる。

　この根気と集中力と熱意があれば、なんでもできると思う。しかし、日々の生活、仕事、学校、家庭の中で、一つのものごとに集中せず継続できずに、投げやりになり、諦め、放棄し、ふてくされてしまう者がいかに多いことか。

　頑張ればできることはわかってはいるが、その気持ちに身体がついていかない。

　自分の好きな仕事、学校や家庭内のいろいろな手伝い、そのなかに毎日を生きる原動力がある。誰でも進んで取り組めば、人生楽しくわくわくの暮らしができるはずだ。

　この人生の方程式に気がついたら、自分でいちばん好きなことに集中すればいい。好きなことなら、継続でき、幸福にもつながっていく。

　子供の教育も、子供本人と親や先生がじっくり向き合い、何に興味をもっているのかを見つけてあげられるかどうかが問題である。

　また、自分の個性の良いところを見つけて、その性質をどのように最大に生かすことができるかをいつも考えているように習慣づければいいのだ。

317 辛抱の人

「石の上にも三年」

何事にも辛抱しろとよく父親から言われたことを思い出す。

やっていることに嫌気と飽きが来て根気を失い、我慢の限界に達する。つらい仕事に、毎日、毎日、来る日も来る日も、今日やめようか、明日やめようかと、心の中の悪魔と辛抱の戦いが続いた。

確かに人間は苦しむことから逃げてしまえば楽になるのはわかっている。でもそれから逃げないで、我慢と辛抱ができて初めて明日の光と将来の幸福がつかめる。

今、各学校を回って子供たちを見ていると、辛抱、我慢、忍耐が辛いことは皆わかっているが、それをやり遂げる子供と、すぐ諦めて放棄してしまう子供に分かれることに気づく。

この差は、社会に出たときに、取り返しのつかない大きな差となって本人にはね返ってくる。

この子供たちを、立派な社会人にするための教育の基本は、家庭であり親である。

私から言わせれば、子供にも現代人にも「辛抱」できる心を教えることが最も大切だと思う。今の子供や若者には古臭い言葉に聞こえるでしょうが、いつの時代でも「辛抱」することの大切さは、教え続けていかなければならないと私は思う。辛抱と我慢は兄弟のようなもの。辛抱あって将来の幸福がある。

318 人間は不完全

　人間は常に、完璧な行動と完璧な答えと完璧な人生をやり遂げようとして一所懸命努力するが、しかし世の中、なかなか思うようにはいかないのが人生だと思う。

　やる気があっても、いくら考えて血と汗と涙を流しても、これだけ頑張って行動を起こして努力しても、なんの結果も報いも報酬も得られず、幸福につながらず、涙も枯れ果てて、ということもあるかもしれない。

　それによって自分自身が心の病気になってしまうようなら、そこまで完全主義を貫こうとすることもせず、ほどほどにしておくのもいいのではないでしょうか。

　人間たまには不完全燃焼があってもいい。

　完璧で完全な人生には、いつか必ず疲れが押し寄せる。その点、私は常に不完全だから人生に疲労なし、楽しくうれしい毎日を送っている。自分の身の丈は、私自身、いちばんよく知っている。

　だからありのままの人生、楽に生きる人生を私は知っている。

　日常生活のプラス思考は、その場その時の判断、決断で、臨機応変に生きることだ。そうすれば心の負担も少なくなる。一生、完璧主義を通すのは無理なこと。人間、不完全で良いのではないだろうか。

319 恩と仇

　人間、一生のうちにどのくらい人様から恩を受けることでしょう。

　知らず知らずのうちに気がついていて、ありがたく恩を受けた方々にお礼と感謝を述べられたのか、その恩にありがとうと言えたでしょうか。そのありがたい恩に私どもはその都度、報いられたのでしょうか。

　人の恩にすぐに報いられなくても、時間とともに一生かけても人の恩を忘れずにいつかはお返しをする心の準備を心がけていると、必ずや受けた恩に対してふさわしいお返しをする時期が来るものだ。だから覚えていなくてはならない。

　今の日本人は、他人から受けた恩情に対して「当たり前」という感覚なのか、非常識なのか、鈍感なのか、時代の流れなのか、真剣に考えようとしていないように見える。恩に対する気持ちが薄れてきているのではないか。その恩を忘れて気にもしないどころか、恩を仇で返す馬鹿者も多い。

　学校の先生と生徒、社長と社員、親と子、そして夫婦でも同じである。

　恩の重さは計算できるものではないが、恩の受け取り方とその返し方は自分自身でしっかり考えねばならないことに気づいてほしい。

320 楽は苦の種、苦は楽の種

　人は生きていく定めに逆らわずとも、前世からの運命、宿命に生きる。

　楽と苦は、もつれた糸のように絡み合い、どこから解くのか人生の毎日。

　現在の楽は、やがてやってくるかもしれない苦の世界かもしれない。

　その逆に、苦があるとするならば、次に必ず楽が来るのではないかと。

　苦と楽は、人間の思いの心の世界。自分自身の問題が大きく人を変えてしまうのでは。苦と楽は、人の世の原因と結果で左右され、それに心は動かされる。

　それが因果関係だと思う。だから苦しみの次には楽が必ず来ることを心に思い、耐える我慢が必要。

　そして楽の次に来る苦の苦しみを予想して、強い人間づくりを。

　苦をはね返す心と体を磨いておくのも人生かと。

　「人間万事塞翁が馬」という故事があるが、まさにそのとおり。そして「楽あれば苦あり」だ。人生何が起きるかわからないが、楽と苦はいつも一緒で離れることはないだろう。

321 忍耐と辛抱

　世の中を生きていくには、苦労と我慢がつきものである。

　似たような言葉で、これも生きていくためには必ず必要な言葉が「忍耐と辛抱」である。

　人それぞれ違いがあるでしょうが、大小はあれど人間の心の力にはなくてならない「忍耐」力。これは忍びない耐久力。昔の侍が刀を抜かずに１本の棒を刀に差して心を入れ替え「忍」と耐える武士道の忍耐心。

　これは私が簡単に解釈した作り言葉です。

　辛抱にも限度があるでしょうが、辛の字は、つらい心が苦しさと無情を表している。

　辛い字に１本の線を加えると、幸せに早変わりする。辛いと幸せ。

　人間一人ひとりがどこまで辛くて、どこから幸せなのか。それは本人だけの心の中。不幸と幸福の段差はどこにあるのかは、考え方次第。

　忍耐と辛抱、苦労と我慢、どの言葉も努力次第、あなた次第で大きく変わってくるのではないでしょうか。忍耐と辛抱は大人になってから体験するより、幼児期に親が教えこむことが重要だと思う。

322 向上心

　人間は生まれたときから死ぬ瞬間まで、向上心を忘れてしまったら何事にも進歩がない。何のために生きて、何のために自分の体がこの世にあるのかを考えなくてはならない。

　少しでも自分を大きく大成させよう。学力も体力も能力も鍛え抜いて。

　自分のため、家族のため、子供のため、人のため、世の中のために自分に厳しく。

　努力して、忍耐強く、何事にも向上心、向上心──。

　それでこそ、必ず結果が後についてくる。だから生きていて面白いのでは。

　生きていれば失敗も成功もあるでしょうが、結果を恐れていては動けない。

　私は向上心の言葉として、「きっと」「きっと」と言い続けることが大切だと思う。

「きっと成功するだろう」

「きっとこれをやり遂げたら幸せに」

「きっと体を鍛えたら努力が実る」

「きっと学校も頑張った分、成績が上がる」

　何事に対しても、向上心をもつのは自分自身である。

　やればできる何事も。心と体と魂を磨くことだ。

323 泣き人生

　人の個性はなかなか変えられないのか、変えようとしないのか。長い人生を、楽しく幸せにつくり上げれば、一生悔いのない人生を送れるのに、そうしない。頑固者かへそ曲がりなのか。

　自分を曲げて軌道修正したら、幸せも寄ってくるのに残念な人。性格も性質も直すのは自分次第で、いかようにも簡単に直ると思う。

　何につけても泣き人生は難しい。自分をつくり、ややこしく人に反感をもたれ、素直な心を人に見せないで、自分一人孤独で寂しい泣き人生。

　ぐずぐず働かず、他人に八つ当たりばかり。周りが、世の中が、あの人が……と他人のせいばかりでは、人も寄ってこない。誰も近づかない。

　自分の行動がいちばん悪いのだ。悪いのは、そのことに気がつかない本人である。宿命が、運勢がなど、そんなことは何の理由にもならない。

　努力するのは自分。幸福をつかむのも自分。泣きの人生なんてやめてみてはどうですか。

　誰でもできる「行動にチャンスあり　不動にチャンスなし」。

　泣きの人生には、周りに人は集まってこない。人生の軌道修正は必ずできる。自分の性格を変えることに大きな意味がある。

324 三つの年齢

　生まれたときから死を迎えるまで、一人ひとりの人間には三つの年齢があるという。

　その一つは、個人が生まれてから天寿を全うするまでの、実際に生きてきた実の年齢。どんな人生を送ろうと、この年齢は万人に平等のものだ。

　二つ目は、その人の生き方による頭の脳年齢。

　脳を活発に使う人はいつまでたっても若々しい脳年齢を維持している。だから個人差がある。歳をとっても、青春時代に戻れるくらい、頭をフル回転で使えば、場合によっては脳は実年齢より10歳は若返るという。

　三つ目は、鍛え方によっては若々しくもなる体力の肉体年齢。

　まず、それには第一に、自分自身が健康でなくてはならない。自分の体の強弱の特徴を自身で覚えておき、心身を一体化させて健康を保っておく。悩みと苦しみだけの毎日では、体は壊れてしまう。体を鍛えて体力をつけておけば、弱った心を支えることもできる。心と体を鍛えようによっては肉体年齢がみるみる若返る。心身の年齢、まさに肉体年齢。

　さて皆さんは、三つ合わせて何歳でしょうか。

　私は今、夜間高校に在学中だ。人生に悔いを残さないために勉強中である。まさに脳を使い、身体を鍛え、今が青春。馬鹿でも生きられる人生を経験してやればできることを知った初老の青春。

325 盲亀の浮木

　盲亀の浮木とは、人が80〜90年生きたとしても、人との出会いはきわめて難しいという意味。

　良い人と出会えば幸福になるが、悪い人と出会えば毎日が修行となる。あなたの場合は、良い人と悪い人、どちらの出会いが多いですか。幸せな人生ですか。

　生まれたときから最高の両親に出会えたことはもちろん、兄弟、家族、知人、友人、先生、会社の仕事仲間たち……多くの人々との出会いが人間を大きく変える。

　しかしなかには、好条件が整っていながら、自分自身で人生を壊してしまう残念な人もいる。反対に悪条件でもそれをはね返す頑張りの人もいるが。

　長い間海底にいて目の見えなくなっていた亀が、百年に一度だけ海面に浮かんだとき、波間に浮かぶ１本の木に出会う。亀は木の穴に入ろうとするが、入れなかったという仏教の説話。

　要するに、ものごとはなかなか思いどおりには進まないということのたとえだ。人間の男女の結婚がまさにこのことであるような気がしてならない。

　出会いの縁をつかむ人、逃してしまう人。人の運勢は右往左往の無限の世界。つかみ取れるのは自分だけだ。

326 ため息3に不幸が3

　おもしろいもので、ゴルフは実力と運が噛み合わないと好成績が望めない。プロの選手でも、実力だけでは勝てない。その日のタイミングと天候に大きく左右されて、運をつかめる選手、運がついてくる選手。

　ベテランの中島プロ、尾崎プロ、石川プロでも、その日の体調やいろいろな条件がそろって初めて好成績が残せる。特にプロと名がつく選手は、グリーンの一打のパットが人生を変えてしまう。我慢と忍耐のできるプロでもアマでも変わりがない。自分の気持ちをしっかり保ち、辛抱することが大切。

　よくプレー中にため息をつく方が多い。今日はだめだ、入らない、曲がる……。ため息の連続。何をやってもため息では、自分を暗くするだけ。自分で不幸を呼んで、自分で不幸をつくり、自ら不幸と堕落の道へと進んでいく。

　人生もこれとよく似ている。すべてを運命のせいにして、自分は人生から逃げる人がいる。まだまだ自分を磨いて強い人間になっていないのだ。心の弱い人間がため息をつくほど、不幸もその数だけついてくる。

　ため息をつこうとする自分の心の弱さを磨いて鍛えるのも人生かもしれない。ため息つかない人生を目指しましょう。

327 孔子も時に遇わず

「孔子も時に遇わず」。聞きなれない言葉かもしれない。日本人１億３千万人のうち、何人の方が「時」に出会わず、嫌われ、見放されて、恵まれずに生きてきたのだろうか。「時」との出会いが多かったのか少なかったのかは、すべて本人次第。

才能のある人でも、機会に恵まれずにチャンスとタイミングのバランスが悪く、運勢に見放されるときもある。というか、ツキのない人間は、才能があってもその能力が発揮できない。

素晴らしい天才でも、人との出会いのタイミングが合わず、運勢がつかめずに人生を終わる人もいる。行動が伴わなければ、せっかくの才能を活かすこともできない。

中国の孔子のような立派なお方でも、優秀な才能の持ち主でも、時勢に乗れず不遇に終わることもある。

私は一つ下げて、自分の身の丈を知るというところで納得している。そうすれば「時」に出会わなかったといってショックも受けることもないし、落ち込むこともない。

これが人生。強く自信をもって自分を探すこと。

身の丈、尺度、自分を知ることだ。

328 千載一遇
せんざいいちぐう

　千載一時ともいうが、千載一遇の意味は大きく、千年に一度といってもいいくらいの大きなチャンスが到来し、夢を実現する可能性が目の前に現れるという意味。

　それまでの努力の積み重ねと、運勢と宿命が一致し、どれもこれもが最高の状態が出現する千年に一度のチャンス。

　人間は一人では生きられない。悲しみも喜びも、大勢の人たちがいるから面白い。生かされて生きてきて、先祖がいてくれたから今があることに感謝しなくてはいけない。

　だから千載一遇のチャンスを逃してはならない。千載一時の積み重ねが、積もり積もって千載一遇の出会いのチャンスを生むのだ。

　小さな幸せを感じる人は、大きな幸せをつかむチャンスも大である。人生で、日頃から今日の日を最高の日と思える心持ちが大切である。

　人間、82歳まで生きて3万日。その3分の1は睡眠である。人生の3分の2を生かすか殺すかは、自分の心の内側にあるのではないでしょうか。千年に一度のチャンスは、常に目の前を通っていることに気がついてほしい。

329 指切り拳万針千本

　日本の童謡は、時に何げなく口ずさむが、よく見ると怖い詞もある。「指切り拳万針千本」は、確かにお互い、約束をするときにこう言って指切りをするが、事の由来は、大正時代に遊女と客が、愛情の不変を誓う固い約束の証として小指を切断したことにあるらしい。

　それが世間では一般に約束をするとき、小指を絡ませ気軽に口ずさんで、必ず約束は守りましょう、という意味になっている。

　もし約束を破ったら、握りこぶしで１万回殴るのが「拳万」の意味で、さらに約束破るなら「針千本」飲ます、という詞なのだ。

　社会生活では、できもしない約束は簡単に小指で指切りしてまでしてはいけない。嘘までついて軽く指切りしてはいけないということを戒めた歌だと理解しなければ。

　現代の子供教育で、約束の意味を理解させるには、最高に適している歌ではないだろうか。この約束事がいかに重要かを考えさせて、道徳の一環として教えればいい。

　この童謡の意味する怖さが、子供の心を引き締め、良き躾にもなると思う。そうすれば大人の社会に入っても立派に人生を渡っていき、幸福もつかめるのではないのか。

330 人生に無駄なし

　生きていくなかで、何が無駄で何が必要かは、その人の考え方次第。自分で経験を積み重ねていって判断し、無駄をなくすようにすればいい。

　たとえば魚料理の場合。鮭(シャケ)の食べ方は、料理の仕方で捨てるところは一つもなく、皮から頭の骨まで酢でつけると全部おいしく食べられる。しかし多くの方は、食べ方がわからない、料理の方法がわからないといって半分は捨ててしまう。もったいないことである。人の生き方は、この鮭の料理にも似ている。

　自分は人生のつまはじき者、他人は自分に温かく接してくれない、寂しい……と、自分から人間関係を断ち切り、他人を逆恨みし、世間を憎み、復讐感覚を溜め込んでいく情けなく馬鹿げた人間がいる。

　しかし、誰かの小さな囁きが、心に少し明かりを灯すこともある。小さな明かりが笑顔を生み、笑顔が大笑いとなって他人の輪が自分を取り囲むようになる。

　何事も行動にチャンスあり。人生のつくり方は自分次第。聞くのも勇気。他人の力は宝なり。自分の反省は未来の輝くダイヤモンド。

　考え方を変えれば、人生に無駄はない。良いことは必ず来るから大丈夫。

331 桃李不言下自成蹊
とうりふげんかじせいけい

　世の中には、さまざまな個性や特徴をもった人間がいる。そんななかで、どうしてあの人の周りには自然と人々が寄り集まってくるのだろうか、と思わせる人がいる。

　性質の良さか、面倒見の良さなのか、人格が優れているのか。そんな不思議な方もたまに見受けられる。その人の魅力は、多くの人を惹きつけ、まるで太陽のようなところにある。

　そのような人のことを、故事で「桃李不言下自成蹊」（桃李もの言わざれども下自ずから蹊（こみち）を成す）という。桃やスモモは言葉は発しないが、花や実に誘われて人は集まり、その下には自然に小道ができる。立派な人のもとには自然と人が慕い、集まることのたとえ。

　人々が大勢寄ってきて、話し声や笑い声が満ちるうらやましい人生。人間の生き方としても、そうあるべきだろう。

　徳のある人は、取り立てて特別に何もしなくても、その周りに人々が自然になんとなく集まってきて幸せな人生を送れる。私どももこの言葉にあやかりたいものですね。

　自分の生い立ちの過程に通り道をつくってきたでしょうか。歩く後に雑草だけでは情けない人生だ。通ってきた一本道を残したいものだ。

332 怒りと叱り

　家庭内での子供の教育にしても、学校教育にしても、会社内であっても、「怒り」と「叱り」はしっかり区別しなければならない。

　この二つの言葉は似通っているが、たとえば兄弟ではなく親戚のような言葉といえようか。

　私どもの社員が何かミスを起こしたときは、怒りと叱りの区別をつけて教育している。まず怒りのときは、相手よりも自分が納得できるように、自分の思いを相手に押しつけて、感情のおもむくままに、時には血相を変えて怒る。そういう怒り方になる。

　反対に「叱る」は、教育的配慮と躾の意識をもって、失敗の反省と注意を促しつつ、怒鳴りながらも教えの叱りで長々と相手の心に叩き込むこと。愛情込めて涙を流しながら熱意をもって教える。

　これが人間として、人として、強い社員をつくり上げることになる。それにも耐える心をもつ人間をつくり、社員をつくることが立派な社会生活を送ることにつながると思う。

　「怒り」も「叱り」も本人のためなのだ。これは学問でもなければ学歴とも関係ない。私ども職人の伝統ある教育である。

　時には厳しく、時には優しく、誠実に将来のための心構えを教えこむのが叱りの大切なところだ。

333 親馬鹿子馬鹿

　秋葉原で震い上がるような大事件があった。日曜日の歩行者天国で、一人の若者が無差別に人々を車で轢き殺しナイフで刺し殺した。近頃、このような事件が多すぎる。なぜ加害者の若者はここまで悪人になり心も体も魂まで腐ってしまったのか。もっと早く手を差し伸べて止められなかったのか。生まれたときから悪魔が取り憑いていたわけでもないだろうに。

　生まれた家庭環境と育てられ方が若者の心を変えたのか。子供を溺愛する親は盲目のように子供を育て、子供は無心で親の愛に甘え、世間知らずのわがままに育ち、思いどおりにいかないとすぐキレてしまう。そんな子がいつかは事件を起こすという予感はなかったのだろうか。そんなことは考えもせず、子供の行動をただ見てきたのではないのか。そうだとすれば、親馬鹿子馬鹿である。

　どこから道を踏み外したのか。親たち、家族、社会の周りの人々はなぜ愛ある思いやりをもち話を聞いてやれなかったのか。

　悪いのは加害者本人だが、きっと寂しい孤独な生活のなかで生きることに投げやりになり、社会には不満だらけ、生きる勇気も夢も消え、自分で自分の心に傷をつけ、他人を信じる心もなくなったのだろう。

　若者教育の受け皿や愛情ある手助けが必要だと強く感じる。平和な社会づくりを願う。

334 親の口出し

　世の中には、子供が何歳になってもああしろこうしろと、ただ口うるさいだけの親がいる。特に母親は、子供かわいさのあまり、もう大の大人の子供を捕まえて口を出したがる。そんなに心配なのか。子供を信用できないのか。子供は親の玩具ではないのにと私は思う。

　ある親は子供のことを信じられないのか、信用できないのか、子供が親から離れていくのが寂しくて悲しくて、べったり。また別の親は、熱心な教育と厳しい躾で子供に親の偉さを押しつけている。

　はたしてどちらの母が良いのか、子供はどう思うのか。おそらく子供はどちらも選ばないのではないでしょうか。子供は自分自身の人生設計をもって成長しているものだ。

　たとえば結婚が良い例である。子供は結婚した妻を愛し、子孫をつくり、平和を求める。ところが世の中よくある話だが、親の横槍、口出しで、金か財産をちらつかせて子供の家庭を揺るがすが、たいてい親の予定通りには事は進まない。

　子供を信じることだ。陰ながら愛情を注ぐことは忘れず、常日頃から、子供への思いやりを忘れないこと。

　それだけでいい。親の協力は、陰から後ろからで十分なのだ。

335 人間の悩みは努力して初めて解決

　人間生きているからには、悩みはつきもの。悩みのない人は99％この世にはいないだろう。悩みはあって当たり前。悩みがないと言えるなら大きな気持ちの持ち主か、心も体も鈍感か、悩みがあっても心の修行で心を鍛え、悩みを取り払った自信の人だろう。個人の性格と性質によっても大きく開きがあるでしょう。

　考え方が変われば悩みなどなんてことはない。小さな悩みは解決訓練の積み重ねで、人間の年齢とともにたいしたことではなくなってゆくものだ。

　仏教の世界では、悟りを開けば迷いが解けて真理を会得する。このことに早く気づけば、自分の心の悩みも努力して解決することができる。醜く貪欲な気持ちを捨て去ればいい。小さな夢でも満足な人生であれば人間最高であるような気がする。

　今の世の中はおかしい。悩みを解決しようとも思わず、まず人のせいにする。責任を他人になすりつけて自分を正当化する。無差別殺人事件も親のせい、先生のせい、社会で落ちこぼれたことまで他人のせいにしてしまう。

　情けない世の中だ。人間の悩みは努力して初めて解決に向かうものではないのか。

　悩みの解決方法は絶対にあるものだ。不可能はない。小さな突破口さえ見つかれば解決案は見えてくる。それを信じることだ。

336 夫婦の絆は愛情と思いやりと信頼感

　家内といっしょに笠間の別荘に行った。下駄箱をきれいに片付け、庭の手入れもして玄関の飾りの瓦もきれいにした。掃除は良いものだ。そんななかで知り合いから電話があり、ご夫婦で遊びにきていただいた。

　家内同士は初対面でしたが、男の私たちはゴルフで一日のおつきあいの仲。信頼ですね、たった6時間くらいのゴルフ遊びで信頼が生まれていた。その瞬間を大切にする人と人の出会いがこうして結ばれる。

　それにしても仲の良いご夫婦に感心させられた。言われなくてもご主人の好きなゴルフ番組の録画を奥さんがするという。ご主人が喜ぶことを常に考えての生活。その気配りにご主人が恩返しの気遣いをする。お風呂場掃除に台所手伝いもやるそうです。夫婦仲の良さがヒシヒシと伝わってきました。

　夫婦愛は気配りと信頼度の絆でしょう。「なーおかあさん、おかあさん」と笑顔の絶えないご夫婦。

　この日は良いご夫婦に出会い、夫婦愛を見習うことができた。笠間に来ていなかったらこんな幸せな出会いはなかったと思う。感謝の出会いです。

337 千畳敷に寝ても畳1枚

　人間も欲の塊が度を過ぎると醜い人間になるが、それをわかる人とわからない人がいる。わからない人は、世の中で自分だけが幸せになればいい、お金持ちになればいいという物品への欲望に支配されている。

　物は必要なだけあればそれでいいのだが、誰も心に欲があるから、それが生きる夢につながっているのかもしれない。

　しかし人間は、年齢とともに欲望も薄れ、寝るのも畳1枚、1帖あれば健康で楽しく、笑って生きられればそれでいいのではと思えてくる。

　昔の人はよく言ったものだ。「千畳敷に寝ても畳1枚」と。なかなか良い言葉である。

　歳をとってもまだ欲張りを通して生きている人間もいる。人生をどう考えているのやら。億万の金を集めても死ぬときは裸で死ぬのに——。

　食べ物の言い伝えに「千石万石も米五合」というのがある。人間は誰でも一日5合のご飯があればそれで足りる。欲の塊の人間になる必要などない。日常生活を普通に生きられたらそれでいいのでは。

338 寸善尺魔

　世の中の人々は、苦しくとも楽しくとも皆それぞれに生きている。生きていれば幸せなこともあるし、苦難の道のりもある。それが人生だ。

　しかしながら人間はわがままなもので、なかには身勝手な人たちもいる。自分はすべて正しいと、自分の身の丈を知らず偉ぶる人間。自信過剰なのか、他人のことなど耳も貸さず見ようともしない。鈍感な人間なのだろう。他人がどうなろうが、一生気がつかずに自分だけを大事にする小さくて孤独な人生を送るのだろう。気がついたときには、周りに誰もいない寂しく情けない孤独な人生。

　昔から「寸善尺魔」といわれる。人生は良いこと（善）は寸善（1寸＝3㎝）、悪いこと（魔）は多い（1尺＝30㎝）ということ。それほど人生は悪いことが多いといったような故事であるが、私は違うと思う。そんなに悪いことだらけではない。時代も変わり考え方も変わった。今は良いことも多い。

　人間諦めず、辛抱強く努力して自由に学べば、頑張り次第では良いことが80％くらいは達成できるだろう。自分の評価は自分で創りだすもの。幸せは向こうから寄ってはこない。拾って見つけ出すのだ。

　私は「寸善寸魔」、人生は五分五分だと思っている。良いこと半分、悪いこと半分。それを人生と思うことが大切だ。

339 親の心 子知らず

　親と子の関係は、時が流れても一生変わらないものと思っていた。親は子供に愛情尽くし、子供は常に親考行をする。学校教育でも社会教育でも、親と子の原点は固い絆であったが、日本の高度経済成長とともに日本人のものの考え方が変わってしまった。

　尊敬される教師や校長が少なくなった。学校の信頼も揺らいでいる。子供の身勝手な行動は誰が止められるというのか。ましてや親の恩を感じる子供が少ない昨今。これだからまさかの事件、バスジャックのような犯行が起きてしまう。

　学校では活発で行動的、頭の良かった子が、なぜ事件を起こしてしまったのか。たかが親に怒られたことくらいで、事件を起こすだろうか。日常の親子の会話がなかったのか。その子も誰かに相談できなかったのか。

　普段から子供に対する厳しさと愛情があったら、子供もふてくされた身勝手な行動をしなかったと思う。今頃は反省の日々であろう。親がなぜ怒ったのか、なぜ注意されたのか、よく考えると子供がいちばん悪いと思う。

　親の心子知らず、子の心親知らずの時代になってしまったのかもしれない。

340 人生は一日にしてつくれず

　やけのやんぱちで人生のドンデン返しを狙い、一発勝負の暴走に人生の夢を見て、無謀にもの大成金の幸福と名誉をつかもうとする人間がいる。他人などさらさら眼中になく、自分だけが良ければ人のことはどうでもいいという考え、出世だけが生きがいの馬鹿な人生。

　これがまさに、九州大分県の教員汚職事件。教えの立場にある教育者たちの犯罪で、日本の文科省の大恥となった。県教育委員会の参事が、特権を利用してワイロを受け取り、教員採用の合否を決めていた。教育現場の根元が腐り切っていたということだ。頼む側の校長も、生徒の前では綺麗事を並べていたのだろう。他県の教育関係者の中には、次は自分かとハラハラドキドキで眠れない者もいるのでは。

　人生焦っても急いでも、人生は一日ではつくれない。テレビの水戸黄門を見てみろ教師たち。人生ゆっくりと、焦らず慌てず行こうと歌っているではないか。

　自分の身の丈を知る心がけが大事。頭でっかちは醜い。偉そうな教師は苦しく、自分を不幸に陥れるな。いつかはメッキが剥がれる。

　人生は経験の積み重ね。それが自分をつくっていく。

341 大器小用

　ふだんの社会生活で人間一人ひとりを見ていると、この人の特技と特徴で、こんな仕事に就けば最高に自分を発揮できるのに……と思えることがよくある。つまり能力と仕事が一致していない人をよく見かけるが、これも人生の定めでしょうか。

　しょうがないといえばそれまでだが、何かその会社、あるいは社会で、その人の得意分野を割り当てれば、きっとその人は毎日、生き生きと張り切って仕事をするだろう。その仕事に生きがいを見出せるのだ。

　会社の社長や上司、周りの方々、社会の指導者たる年配の方が、他人の性格や特徴を見抜いて適材適所に人材を配置すれば、この社会で苦しみも悩みも減り、職場放棄もなくなり、自殺や殺人まで起こさないのではないだろうか。

　優れた才能をもつ人物に、人の嫌がるつまらない仕事しかさせず、せっかくの才能を十分に発揮させられない。大器小用の指導が人の運勢を分けてしまう。

　自分に自信と度胸がある人は行動力もあり、能力も発揮できるかもしれないが、そうではない人には他人の協力が必要なのだ。

　経営者は社員の特徴、性格、個性を知り、能力を伸ばすこと。経営哲学として必要だと思う。

342 果報は寝て待て

　私の子供時代から、よく聞きなれた言葉である。何気なく「果報は寝て待て」と聞き覚えながら生きてきた人生69年。

　しかしこの現実社会で生きていく私たちが、ゆっくりと生活をしながら寝て待っていても、はたして果報は訪れるでしょうか。この世の中はスピード時代。遅れを取るのではないか、幸運が遠ざかるだけではないのか……と、落ち着いてゆっくり寝てなんていられない。「行動にチャンスあり　不動にチャンスなし」という私のつくった言葉こそ、現代に当てはまるのではないだろうか。

　慌てず、じっくり腰を据えて果報を待てばチャンスが巡ってくることもある。幸運は求めようとしても得られるものでもないから、気長に運を待つのがいいときもあるのだ。「果報」は良い巡り合わせ、幸せの意味である。

　よく似た言葉に「待てば海路の日和あり」というのがある。いくら荒れている大海でも、待っていると必ず静かな凪の日もやってくる。だから辛抱強く焦らずに待っていてもいい。

　さて、待つのか、それとも行動するのか。それはあなた次第だ。その時の判断が未来を大きく変える。自分を信じることだ。

343 駑馬に鞭打つ

　世の中には、何をやっても行動が鈍い人間がいる。生まれつきのろいのか、鈍感なのか、親の教え、家庭の教育、学校教育影響なのか。大人になっても社会人になっても、世の中の動きに遅れてしまう。この、のろまの動きのことを、「のろい馬」の意味で「駑馬」という。

　一人の人間には限度がある。その人の能力、気力、行動力など、さまざまな個性や特徴がある中で、その人の能力以上の最高の力を引き出そうとするときのたとえが、「駑馬に鞭打つ」であるが、言われた本人はどれだけ努力するでしょうか。今の社会は、我慢や忍耐ができずにキレる人が世を騒がせている。

　人は生きるためには精一杯努力して、自分の限度はこれまでと、早目に諦めてはいけない。忍耐の後には幸福が続くと考えたら、苦しさや悩みなんてたいしたことはないのではないだろうか。

　自分の能力の限界もわからずにわかったふりをして逃げてはいけない。まだまだ駑馬に鞭打つチャンスあり。

344 捕らぬ狸の皮算用

　世間の人々は、少なからず誰もが先読みの計算をしていることでしょう。お金のこと、仕事のこと、ましてや結婚相手のことならなおさらで、その結婚生活までも、あーしてこーしてあーなって、これで人生儲け儲け――というように。

　ところがどっこい、商売はずれ、仕事はご破算、結婚相手は当て外れ、思うとおりにいかないのが人生。このことに昔も今も変わりはない。

　「捕らぬ狸の皮算用」とはよく言ったものだ。まだ手に入れていないうちから儲けだけを計算したり、あれこれ計画を立て成功確実と決めつける。会社拡大、出世確実、先行投資……よくある話だ。

　まだ捕ってもいない狸の皮を売りに出した場合の計算をし、先に利益を見積もって儲けはいくらと、そろばんを弾く。笑い話だが、誰しも心の奥に、そんな「皮算用」の欲望がひしめいている。

　世の中なんて、馬鹿でも偉くても、皆、考えることは同じだ。欲望の塊(かたまり)は失敗につながりかねない。目先だけの考えより、一生の幸福論を考えたほうがいいのではないだろうか。

345 勝者と敗者の差

　オリンピック、パラリンピック、国体……いろいろな大会に参加することに意味があるなどと綺麗事を並べてみたとて、要は勝つか負けるか。

　勝負の世界に、国や個人や団体が、目の色変えて勝者になるために血のにじむ努力をし、身を粉にしてまで鍛えぬく。勝つか負けるかの結果次第では、心が深く傷ついて帰国する敗者、一方で満面の笑顔で堂々と手を振る勝者。勝者だけが英雄気取り、帰国後の空港ではフラッシュの雨。

　あれだけ頑張ったのに、実力が運と重なり合わずに負けてしまう人。テレビや新聞から負けた選手は姿を消してしまう。この差は何だろう。負けた悔しさをバネにして、今度は見返して頑張れ。努力はもう始まっている。

　しかしながら、心の傷は時間がかかるでしょうね。この勝者と敗者の劇を見せられて、人生でも勝たなくてはならないと実感させたれた。勝った人には大勢が寄り、負けた人からは離れる人々。情けないがこれもわかる。

　勝てば官軍、負ければ賊軍。昔からよく言ったものだ。戦いに勝った方が結局、理屈抜きで正しく、負けた方が悪いことになる。負けてしまえば善悪は語れない。

　今日の涙は明日の栄光。敗者よ頑張れ。

346 人間の生きるコツ

　生きるコツは、人によってさまざまでしょう。国が定めた生き方があるわけでもない。個人の自由で、方法もそれぞれでしょう。千差万別か万差億別ですね。

　これは当たり前のことであるけれども、人に愛されること、人に好かれること、人に情をもらえること――良い人で一生を過ごしたいなら、この三つは生きるためのコツといえる。

　さらにいえば、人生には三つの「ゆ」が大切。それは、ユーモア、ゆとり、勇気。

　いつでも笑えるし、人を笑わせられるユーモア。人生のゆとりは、背伸びをせず、身の丈の自分を知るところから生まれる。心のゆとり、体のゆとり、物事のゆとり。そして判断するときには、勇気が大きく必要となる。

　何も頑固に片意地張って見栄も張らず、地位も名誉も棄ててしまえる考え方であれば、生きるコツに近づくのではないでしょうか。自分の灰汁を洗い流してしまうと、楽しい人生、幸福な人生になり、人の愛情を素直に受け入れられるようになる。

　そんな自分をつくってみてはいかがなものでしょう。これも生きるコツ。

347 若者よ大志を抱け

　日本の1億3千万人の一人ひとりの生き方。子供は子供の考え、勉強中の学生たち、社会に飛びこんだ若者たち、家庭の主婦、独身者、さまざまな大人たち、人それぞれの生き方や条件、環境のもとに、幸福と不幸が生まれ、人生に大きな差が生じる。

　けれども時代が変わると、若者まで生き方が変わってきた。良い悪いは本人次第と他人は突き放すから、若者は知らず知らずのうちに勝手気ままになる。幼児期から小学校、中学、高校、大学へと進むなかで、心の教育、道徳教育、精神の教育があまりなされなかったようだ。

　仕事が見つからない、働きたくないというニートはあいかわらず多くなっているので、社会に対応できる人間づくりはますます必要だと思う。若者には大きな志と遠大な夢と希望をもってほしい。若々しい好青年に立ち上がってもらいたい。

　やる気があるならきっと、社会も会社も、周囲の人たちも必ず応援する。

　社会に出たら、自分に仕事を合わせるのではなく、自分が仕事に合わせることだ。希望どおりにはいかないかもしれないが、堅実な人生計画をつくるなら、自分を変えてでも社会で生きることを優先させるべきだろう。

348 粒々辛苦(りゅうりゅうしんく)

　人間の生き方はそれぞれだが、向かう先の最後は幸福。人は生き続ける。そのために夢を追いかけ希望に燃える。希望の炎が赤々と燃えたとて、いつかは消え去る。早く消えるか遅く消え去るのかはその人の問題。

　短い人生の炎でも満足であれば、それで良しとしなくては。長さの問題ではない。生きている間の心の満足感。事を成し遂げるために、こつこつ努力し苦労を積み重ねる。

　「粒々辛苦」。本来は米作り農家が、米一粒一粒を辛苦の末に作り上げた苦労からできた言葉だ。まさに「苦労なくて成功なし」である。

　幸せの「幸」と辛いの「辛」は1字の違い。一時（字）の努力で、辛いが幸せに変わる。

　忍耐の「忍」は、刃に心。危険な字だが、刃から1字取ると刀に収まる。刀に収めてじっと耐える我慢が忍耐の始まり。

　誰かみたいに無責任ではない。忍耐と努力が見えず、根性の弱さが情けない日本のトップ、政治家たち。

　自分の身の回りのことは、社会や政治の責任ではない。自分がしっかり地に足をつけて歩くことから始まるのだ。

349 無気力な子供に向かう親の熱意

　今、日本でニートは70万人、引きこもりは120万人、不登校の生徒は13万人いるという。これら子供たち若者たちの無気力は何が原因だろうか。確かに世の中の景気も悪く、就職率も雇用率も悪化の一途をたどる状況が背景にはあるだろうが、私はそれだけではないと思っている。

　引きこもり支援の会に頼まれて講演に行ったりするが、どうも親たちが子供から逃げているように見受けられる。子供の無気力さに諦めのため息をつくだけで、根性や努力の気持ちを教えて行動に駆り立てようという意志が感じられない。イライラしてしまう。

　私がその子供に会って直接、指導しましょうと言っても、それもさせてくれない。いきなり見知らぬ他人を連れていって会わせても、暴れるのではないかと心配するのだ。

　そこまで子供を追い詰めたのは、親の育て方、家庭環境の問題でしょう。社会の厳しさを教えてこなかったからだ。今こそ、親は勇気をもって子供に立ち向かうことが必要だろう。父親も「今になんとかなる」「放っておけ」と逃げていては取り返しがつかなくなる。

　助けてあげたいのに、頼まれなければ、私が勝手に押しかけるわけにもいかない。残念である。

350 目で語りかける無言の会話

　何の罪もない人が次々とナイフで刺されていくような事件が増えた。犯人は「俺は真実を見た、世間の人間が間違っている」と責任を社会になすりつける。こうした事件に精神鑑定の申し立てをする弁護人の援護はいかがなものか。

　計画性と実行力はきわめて正常で、刑事責任能力に問題はない。裁判制度に正義を実行してもらいたい。今の弁護士は自分の利権だけを守るのか。国家の司法制度の中で何を勉強したのか、考えてほしい。

　親が子を、子が親を、子が祖父を殺害するような事件が多い。殺人の陰には必ず親子関係の悪さと、犯人の自堕落で自分勝手な考え方がある。

　人間同士、どんな人も言葉で言わなくても互いの心が通じ合うものだという安心感を常にもっていなくては、この世の平和が保てなくなってしまう。

　「以心伝心」とは、理解する心を以て相手の心に伝わる真の無言の会話のこと。

　親と子なら無言でも相手の心が理解できるし、夫婦ならなおさらそうでしょう。無言の会話を大切にしたい。

　人は目で語りかけ、身で判断する。顔で幸せを表現し、身体で幸福を感じる。

351 精励恪勤(せいれいかっきん)

　任務や職務に精を出す、真面目に仕事に努め励む、スポーツ選手なら常に自分を奮い立たせ闘志を燃やして我を忘れてエキサイトする、というのが「精励恪勤」の意味。

　学校の先生の「精励恪勤」は、時に教育熱心のあまり、生徒への暴言や体罰にも発展し、それが先生への厳しい罰則処分となることもある。

　私から見ると、生徒に熱意と正義感が伝わらず、真面目すぎて世の中の常識を使い分けできない先生もいらっしゃる。何年か前、教師が生徒からちゃかされて暴力事件を起こしてしまった例もあった。56歳の教師が、7歳の生徒を何回も床に押しつけて頭に怪我をさせたのだが、そこまですることもなかったのではないかと思う。

　報道は教師の悪い部分だけを取り上げ、校長は学校の立場で保護者に謝罪した。教師もその生徒と、日頃から何らかのトラブルを抱えていたかもしれない。

　教師の暴力行為は絶対悪いが、教師の言い分もいっぱいあるでしょう。学校の事件は、教師の釈明より謝罪が何よりイの一番となっているのは、教育委員会が怖いのである。こういう事件は、「精励恪勤」の悪い面ともいえるだろう。

　学校教育の全責任は校長にあり、校長は逃げてはならない。教師の言い分を理解したうえで、校長は戦うべきだろう。

352 老馬の智

　平成の世に入っても、日本の景気はなかなか良くならない。近頃は定年が年々早くなっているようで、会社経営も大変な時代に入ったことを感じさせる。このままいけば青年退職時代が来るのではないだろうか。それ以上に仕事にありつけない社会人も増えているし、仕事から逃げて就職したくない大人も目につく昨今である。

　ある会社では60歳定年の後、また採用するようになった。経験豊富な人脈と技術をもった腕のいい職人は、まだまだ若者に負けないくらいのファイトと根性、熱意がある。

　埼玉県のある高校にベテラン教師が赴任し、教壇に立った。経験豊富で自信あふれる教育には生徒たちも圧倒されて熱心に講義を受けていた。若手の教師も見習うことが大いにあったと新聞には書いてあった。歳老いても立派に役目を果している。経験を積んだ方は確かな知恵を身につけているから、判断を誤ることが少なく、尊重すべきだろう。

　昔、中国で、道に迷った村人が「老馬の知恵を利用しよう」と、老馬を放した。老馬はちゃんと帰る道を覚えていて、村人は老馬に連れられて無事村まで帰ったという。

　「老いたる馬は道を忘れず」。世の老人たちよ、奮い立て。あなたがたの知恵と経験を世の中は待っている。

353 心の豊かさ、物の豊かさ

「豊かさ」とは何かについて、皆さんどのように考えているでしょうか。統計によると、「物」と答えた方は7％、「心」と答えた方は75％で、「どちらもいえない」が18％だった。やはり人間の豊かさの原点は「心の豊かさ」にあったようですね。

20代で心の豊かさを求めた方は66％、物は13％と、年代が違っても、心の豊かさが大事と思っている人が大勢いることに安心した。

今は物が豊富にありすぎる。この時代に育てられる子供たちは贅沢三昧。食べ物にしても、あれ嫌いこれ嫌いのわがまま放題で食べ残し当たり前のような感覚。裕福な親に育てられ、子供の教育も満足にできない親たちは、子供の悪い行動に目を背ける。

これでは将来の子供の道徳倫理は、ますますひどくなるばかりだ。我慢、忍耐、努力、根性などの言葉の理解ができずに、社会や親たちに責任を負わせて自分を正当化し、悪い方向に走る子供たち。そして事件が起こる。

物の豊かさが子供を駄目にする。豊かさにも限度があっていいのではないだろうか。人の愛情、恩情、感情、心の豊かさを子供のときから教えるべきである。

教育は、家庭教育、学校教育、社会教育の三本柱で成り立っている。どの一つが欠けても、子供は育たない。

354 生きている 幸せ喜び

　幸せは自分が決めるもの。他人の幸せばかりを喜べる人はそんなにいないだろう。しかし自分が幸せでないと、他人を幸せにしてあげることはできない。

　今の世の中、自分が不幸であるから他人も不幸に陥れてやろうと考える狂った人間もたまにいるのは困ったものだ。

　「生きている　幸せ喜び」。毎日を泣きながら悩んで暮らすより、うれしく楽しく生きたい。感動のない日常よりも、感動の涙を流し、生きている喜びを実感したい。大人になって誰もが忘れてしまった小さな感動、湧き上がるような感謝とありがとう。

　「生きている　幸せ喜び」。素晴らしい喜びの毎日、そんな毎日は自分自身がつくるもの。他人のせいにするのではなく、まず自分を磨いて、心と身体と魂を鍛えよ。

　生きる喜び、楽しい人生、笑いの生活、幸福と思う心の持ち方、幸せを感じる心は、すべて自分次第。地位も名誉もプライドも棄てて、お金も財産も腐るほどはいらない。今、幸せを感じられたら、明日もあさっても幸せづくりに努力して、生きることに夢託し、まず今日を精一杯生きること。まずはそれから。

　未来のことは誰もわからない。今日のことさえわかりはしない。そのためにも自分を棄てるな。諦めるな。

　それが人生の「生きている　幸せ喜び」なのではないかな。

355 身から出た錆(さび)

　生活をしているうち、知らず知らずの間に自分自身の身から錆が出ていることに気づく。また反対に、気がついたら、栄光の座に収まり五光が輝いていたということも。

　誰しも錆に気がついたら、早いうちに手入れをして修正し、錆をとらねばならないが、なかなか自分から出た錆は自分では気がつかないのかもしれない。むしろ他人から錆が出ていると注意されて初めてわかることもある。

　最近の犯罪で感じるのは、実に身勝手な理由で殺人を犯す人間たちの多いこと。転がり落ちるような人生の堕落に「身から出た錆」が見えてくる。

　真面目なサラリーマンが退職金を貰った後、ギャンブルにのめり込み、妻とも離婚。母親から相続された家も売り払い、マンションも売り、職を転々として身から出た錆が中身まで腐らせてしまった人生。

　生活保護を受けてギャンブルに注ぎ込む人間もいるのは、行政の審査の甘さが原因かも。

　借金に追われる生活で、生きる望みも消え無気力となる。自殺への衝動が他人まで巻き込んでしまう殺人事件に発展することもある。「身から出た錆」である。

　誰かが温かく、優しく錆取りをしてくれるなら、人生行路も変わるでしょうに。

356 全身全霊(ぜんしんぜんれい)

　古くからの言葉ではあるが、意味が深々と伝わってくる四字熟語に「全身全霊」がある。日本人特有の言葉遣いに世の中の人々はなるほどとわかったようでも、さてどういう意味か考えてしまう。

　力士の出世昇進のときの言葉に、そのようなものが多く見られる。たとえばモンゴル出身の力士、安馬の場合（大関昇進時に新四股名「日馬富士」に。力強い「日」は日輪（太陽）を表し自分を照らすという意味がある）。

　日馬富士はモンゴルから日本へ来て6年目に苦難苦闘の努力の結果、新大関の地位にたどり着き、今は横綱として活躍している。大関昇進時の昇進伝達式での口上で言った「全身全霊」は、「体と心のすべて　体力と精神力のすべて」の意味を表している。当時、「日馬富士」関がはっきり言えるように何回も練習したと報道されていた。

　その後、相撲界では八百長疑惑などが問題となって荒れたこともあったが、それこそ相撲協会は「全身全霊」の精神で改革に努力するべきである。

　多くの日本人も、日馬富士にあやかり、もっともっと努力してほしい。そして夢の実現を果たしてほしい。

357 玉磨かざれば器を成さず

　毎日、新聞やテレビを見ていれば、いろいろな事件が多かれ少なかれ私どもの眼にいやおうなしに入ってくる。見れば、まともな判断能力がありそうな人間の事件とも呼べそうもない出来事までもが、悪人と一緒くたにされて報道されている。

　たとえば優秀な官僚、学校の教師、公務員など。魔が差したという反省の言葉はもう遅い。生まれつきの悪党はいないはず。人は家庭環境や周りの環境に大きく左右されやすい。才能があって優秀でも、その才能を伸ばすことができない人、伸ばそうと思っても他人の嫌がらせや横槍にあって挫折する人。

　ダイヤモンドの素質がありながら、自分自身で磨く方法もわからない、他人も助けてくれない、磨いてもくれない。今の世のいちばんの問題は、周りの人間が冷たく、人間づくりに協力しようとしないところだろうか。

　忍耐もなく、努力もせず、根性が失われた人間破壊のふてくされ事件が頻発する現代社会。

　「玉磨かざれば器を成さず」というように、才能や素質に恵まれても、その才能や素質を伸ばすように努力しなければ、何事にも成功しない。原石を磨かずば光出ず。

　人はみな原石だ。自分で磨くも良し、他人の力を借りて磨いてもいい。磨き磨かれダイヤモンドのようになれる自分づくりを目指そう。

358 夫婦は合わせ物 離れ物

　夫婦は他人の始まりとも、会うは別れの始まりともいう。結婚適齢期に何らかの出会いとチャンスがあり、愛と希望で結ばれる。人生の上り坂。恋愛に始まり愛に燃えて、真剣に神に誓い、硬い契りを交わす。子孫繁栄、子はカスガイの力に助けられながらの生活、水がめの傷が危なげだが、それでも修理と忍耐の人生。

　20年前と比べて、夫婦喧嘩は増加の傾向にあるという。生活研究所の発表では、夫婦喧嘩を「よくする、時々する」が、20年前から13.7ポイント上がり、51.3％になった。原因は何といってもお金の問題。特にバブル崩壊後の景気悪化に左右された生活環境が拍車をかけたようだ。金の切れ目が夫婦の切れ目、亭主はいらだち、酒に暴言、愛する心が憎しみに変わる。

　昔だったら、苦難の火の中でも我慢して忍耐強く、いつかは幸せが来ると夢見たものだった。考えてみると、やむを得ない理由からの別れもあり、それが正解の場合もある。

　「おまえ百までわしゃ九十九までともに白髪の生えるまで」ということわざが正しいか間違いかはその人次第。50歳が人生の半分、残り50年はワクワク夫婦で生き抜くか。それとも50年を一人で生き抜くか。まさに選択は本人の心次第である。

　「夫婦は合わせ物　離れ物」。せっかく出会って一緒になった夫婦なのだから、その絆を大切にしましょう。

359 教育現場、正義の無罪

　何年か前、ある事件で寛大なる判決が下された。非常勤講師の指導を体罰だと訴えた定時制の生徒の事件。生徒は先生の指導に逆らい、給食のカレーライスをテーブルに撒き散らしふてくされて外に出ようとした。先生は「食器を片付けろ」と首をつかんで押し戻した。生徒は「馬鹿なやつだ、学校にいられなくしてやる、首にしてやる」などと言ったという。

　生徒の家族が訴え、注目の裁判となった。はたして教育の指導が行き過ぎなのか、指導範囲なのか、判決によってはその後の教育の流れに影響すると思われた。結果は無罪判決となり、私は裁判官の正義感に胸を撫で下ろした。もしこの事件が逆の判決だったら、日本の教育指導は終わっていたと思う。

　小さな事件だったが、学校現場で恐ろしい教育崩壊が生じるところであった。生徒の親も正義は自分にありと決めつけて子供の話を鵜呑みにする。もう少し内容を確かめて客観的に判断していたら、争いも起こらず、裁判にもつれ込むこともなかったのではないだろうか。

　首をつかんだ教師も、その生徒も、お互い「すみません」の一言で収まったような気がする事件だった。

360 無理な個性、自然の個性

　人はオギャーと生まれてからの生活のなかで、自然と個性が出来上がっていく。母親の育て方、家庭の環境、兄弟間の争い、友達、時代や地域によって個性はつくられていくのだ。

　こうした環境で自然につくられた個性を無理やり変えようとしても、魂の宿る自分の心中まで変えることは不可能なように思う。無理に背伸びをしてまで180度ねじ曲げるのはとても危険なことだ。

　ただ、時間をかけて行動とともにゆっくり変えていくことは可能だと思う。結婚の出会いで個性が変わることは大いにありうる。相手の優しさと幸福感で男も女も変わり、子供にも癒されて心にゆとりができ、夫婦ともに変わってゆく姿をよく見てきた。

　人間に、ここで完成、ということはない。しかし変わった自分に自己満足してはいけない、他人からも褒められるような個性になってほしいものだ。他人から見たあなたの個性は満点でしょうか。

　もしあなたの個性が他人から批判されるなら、それを誠実に受け止め、よく自分を振り返って見つめ直すことだ。その時点からまた、個性の改革を始めればいい。

361 仁者は憂えず、知者は惑わず、勇者は恐れず

　朝起きたら天気が良く、太陽が人間の心を掻き立てるかのようだった。ゴルフでは見知らぬ人々がプレーする姿が和気藹々(あいあい)の人間色。良い人に巡り会えると一日幸せになる。もし個性がまったく違う人でも、一日の心の修行で、波長が合うなら最高。

　社会生活も似たようなもの。出会いの人々、結婚の縁、子供の誕生と家族の宿命は、人の運命と寿命まで左右する。

・徳を備えた仁者はモノの道理に従って行動する。
・知恵を備えた知者は道理を知り鋭い洞察力をもっているから迷わない。
・勇気を備えている勇者は信念をもって行動するから恐れることはない。

　この三つを備えていれば、何一つ心配することはない。

　「行動にチャンスあり　不動にチャンスなし」。この言葉が何より私の自論である。私の考え方の原点はこの言葉から生まれた。私の座右の言葉である。

　ともあれ日々生きるなかで、心の奥にこの言葉があることに気がつけば、明日の望みも湧いて、幸せをつかむ生き方ができることでしょう。

　目標をもち、夢が叶うことを信じることから始めよう。

362 信用心と猜疑心

　午前中、あるお客様を訪問したとき、今後の講演依頼予定とその方の悩みを聞かされた。人を信じることに迷い始めた教師。学校の子供たちや保護者の方々、学校関係の仲間どれを取っても不安の種だという。心の病にかかってしまったのか、単に人間関係がうまくいかないだけなのか、人を信じることを忘れてしまったのか。

　他人を疑い、妬んだり、他人の言葉を素直に受け取れなくなってしまった。人の話を捻じ曲げて聞いて誤解が妬みに発展、人間に恐怖心を抱き、自分勝手に考えて落ち込む。

　心療内科に行ったら自律神経失調症といわれるでしょう。現代病の一つだ。真面目に全力で働き過ぎてプレッシャーに負けてしまう。責任感が強いから休むことなく走り続ける。決して強くないのに完璧主義のため、ちょっとした魔の瞬間が奈落の世界に引きずり込むのだ。

　肝心なのはお医者の薬よりも、そのときの他人の助言だろう。助言に「信用心と猜疑心」が葛藤していたが、信用して聞けば悩みの心も晴れるものだ。

　妬みも恨みも疑いも、心の誤解の始まりが、病を自分でつくり出す。心の病の危険を感じたら、いったん仕事を休んで山登りでもすればいい。苦労して頂上に登り自然と触れ合えば、自信を取り戻すでしょう。命の洗濯をして新たな一歩を踏み出そう。

363 子供と環境と植物

　この歳になって学校に行くとは想像もしていなかったが、勉強することが楽しい。自分自身を磨き、知識を取得し、人様への講演で役に立てる。幸せだとつくづく思う。

　草花の雑草の下の種などは、一生、下の下に潜っているものだが、雑草の草むしりによって、根とともに地上に現れ、花となり草となり樹木となり、この世に誕生する。

　人間社会とよく似ている。生まれた環境と大事な成長期の親の存在。植物に日の当たる時間と水分を貰う量。植物の人生は、良い種、良い土質、そして肥料や水質で決まる。

　子供の運の良さ悪さは、生まれた環境でわかる。人が皆平等とは嘘である。生きることは平等かもしれないが、生まれたときから差が生じる。これに負けない生き方が人間を強くする。しかし負ければ堕落する。運勢はわからない。宿命だ。

　幸運と不運は紙一重。それを思うと今生きていること、世に出ただけで幸せすぎるくらい幸せであることに気がついてほしいものだ。

　一生泥沼の底の種であったらどんな人生か。明るい太陽も見られず一生暗闇だったらどうでしょう。今日笑えて、動けて、生きているだけでも幸せと思う。環境がどうであろうが、運勢がどうであろうが、社会がどうであろうが、自分の考え方が肝心だ。生い立ちや足跡など振り向かず前進あるのみ。

　「行動にチャンスあり　不動にチャンスなし」

364 一日の一生と一生の一日

　今の瞬間、何を考えどんな行動をして、何を望んで何を夢見るのか。

　一日の時間を生きる積み重ねが生い立ちとなり、人生に積み上がっていく。それでいながら、長い人生の中のたったの一日24時間の社会生活の過ごし方が、一生の生き方ともいえるでしょう。反対に、現実の一日を生き甲斐に勝負を挑む生き方もある。他人がおせっかいに助言したとて、人の生き方はその人自身の問題である。

　会社は、若者を正社員として縛りつけておく雇用形態がいいのか、あるいは契約社員、派遣社員、アルバイトなど、気軽な勤め方の方がいいのか。今、大きな社会問題になっている。

　時代の変化と世の中の不景気、経営の悪化がもたらす不況がここ急に押し寄せてきた。一日を選ぶか、一生を夢見るかは、彼ら若者たちが自身で考えることだ。これに正解はない。

　人生の幸福三説。少しずつ惜しみながら幸福な人生を送る「惜福」。自分だけでなく他人にも分けて生きる「分福」。将来のため老後のために生きる「植福」。

　私は正直に一生のことを考えて生きてきた。仕事も職人として誇りに思う。私はこの幸福三説を信じている。人生の設計図は自分で描くことだ。結果がどうあれ、悔いを残さない人生と満足できる生き方が正解のような気がする。

365 人生計画は生きるうえで大切な基本

　ある会社の社長さんから、新人社員に熱意と向上心が見られないという悩みを聞かされた。日報に仕事の報告や反省を書くこともできないという。明るくて良い性格なのに口だけは一人前で、将来の計画性もなく今だけ良ければいいという考え方には首を傾げていた。もうすぐ20歳になるというのに、目的も夢もないようでは、10年後はどうなるのだろうか。

　家庭の親でも学校の教師でもいい。社会の現実と生きる厳しさを誰かが教えなければならない。彼が30歳までに仕事を覚え、一人前の機械職人になり、生活面でも安定して結婚して子供ができて……という楽しい家族計画を立てられればいいが、今のままではそれも無理かもしれない。

　熱意も根性もなく、努力もしない生き方。仕事が嫌ならさっさと次の職場を探すかアルバイトかフリーターでも構わない、それが楽しければいいという。世の中を渡る生き方の基本がわかっていないようだ。無計画の人生は人間をダメにしていく。

　私たち団塊世代は田舎から集団就職で上京し、都会で成功しようと一所懸命、努力して勤勉に働き続け家庭をもち子供を育ててきた。人生の計画があったからこそ、家も買い、貯金も残せた。そんな私たちの孫のような世代が、贅沢三昧に育ってきたためにわがまま放題になり、常識や道徳倫理もなくなってしまったのかと思うと悲しくなる。無計画な人生が間違っていることに気づいて、立派な大人になってもらいたいものだ。

あとがき

　私は10年という長い年月の積み重ねのなかで、目標と夢をもちながら毎日の日課としてブログを書き続けてきました。10年間で2000題にものぼるタイトルの中から365題を厳選し、本書にまとめられたことに深い喜びを感じています。まさに「ローマは一日にしてならず」という格言を実践した思いです。

　私は複雑な家庭環境に育ち、波瀾万丈の生き方をしてきましたが、その環境を素直に受け入れ、7人の父母に生かされて生きてきた人生に感謝しています。私の69年間の経験を生かすことは、この世に生を受けた私の使命だと思っています。「世のため人のため、そして自分のため」に生きる知恵とコツを、私は体と心のすべてで受け止めてきました。この私の経験をもってこの世に貢献したいという情熱を、皆様に役立てていただき、悩みや苦しみをいっしょに考え、幸福へと導いていきたいのです。

　本書刊行のきっかけは、我が故郷秋田のくまがい書房の熊谷社長と編集者である馬場先智明氏との出会いでした。この巡り会いのタイミングが出版を実現させた幸運を喜びたいと思います。

　最後になりますが、この本を手にとっていただいた読者の皆様方には心より感謝し、幸福をお祈り申し上げます。

　　平成27年7月吉日　　　　　　　　　　　　　白川好光

著者プロフィール

白川 好光（しらかわ よしみつ）

秋田県北秋田市阿仁生まれ。母4人、父3人。7人の父母に育てられ中学校卒業。

16歳より大工の修業に入り、20歳で上京、24歳で独立。建築不動産業に従事。

平成16年、58歳で代表取締役会長に就任。「小さな経営 大きな安定」の経営哲学を掲げ、各地を講演。子供から大人まで、また学校、青少年、一般、法人から相談を受けて指導を続けている。小中学校非常勤講師も勤める。

全国の教育機関を回り、「子育て論」「道徳教育」「キャリア教育＝生き方教育」などをテーマに教育講演を行う一方、ロータリー・クラブを始め、一般企業・団体（倫理法人会など）で「社員教育」や「経営論」の講演依頼を受けるなど、幅広く活動を展開している。

現在、夜間高校2年在学中。

NHKラジオ深夜便 こころの時代「私の小さな天職」出演3回（平成18年）、「4人の母への讚歌」出演（平成21年）

著書

『先に進む道』（自叙伝）文芸社 2005年
『生きてこそ 今』（人生の参考書）文芸社 2007年
『母への子守歌』（自伝小説）くまがい書房 2009年
『ゴンになったニャン太』（童話）くまがい書房 2010年
『人生の参考書』（人生論）文芸社 2011年

生きる力 知恵の力

平成27年11月13日　初版第1刷発行

著　　者　白川好光
発 行 人　熊谷正司
発　　行　くまがい書房
　　　　　〒010-0001　秋田市中通六丁目4番21号
　　　　　[Tel] 018-833-2220
　　　　　[Fax] 018-833-6732
印刷製本　株式会社くまがい印刷

©Yoshimitsu Shirakawa 2015 Printed in Japan
乱丁本・落丁本がございましたら、お手数ですが小社宛にお送りください。
送料小社負担にてお取り替えいたします。

ISBN978-4-9907035-7-8